生成AI時代を勝ち抜く
真のデジタル事業変革

まやかしDXとの決別！

横山浩実
Hiromi Yokoyama

日本経済新聞出版

はじめに

経営革新のキーワードとしてＤＸ（デジタルトランスフォーメーション）が頻繁に取り上げられるようになって5年ほどが経過したが、現在も日本企業の最重要課題である。「２０２５年の崖」を意識して、老朽化したインフラの入れ替えに精力を費やす企業も多い。このような取り組みはこれまで一定の成果を上げているが、日本全体としてはＤＸに対する疲労感が高まり、システム刷新に伴うトラブルも多発し、デジタル活用に対して積極的になれない企業も少なくない。

ＥＲＰ（統合基幹業務システム）の刷新プロジェクトでトラブルが生じ、商品流通が途絶する事件が発生したことをご記憶の読者も多いだろう。サイバー攻撃により「身代金」を要求され、サービス停止に追い込まれた事件は、多くの企業に恐怖を植え付けた。クラウド移行を進めたが費用やセキュリティなどの問題により、オンプレミス（自社運用）回帰を余儀なくされた事例もある。

生成ＡＩに対しても、この驚くべき技術を使ってどのようにビジネスを革新すべきか、その解を見出せず、事業での本来業務とはほど遠い領域での試行的な利用にとどまっている企業も少なくない。このような背景から、ＤＸに対する懸念は高まり、リスク過敏とも言える対応が増え、本来あるべき業務プロセス改革には手を付けず、真のＤＸを回避して、単純なインフラの入れ替えなどを「ＤＸの成功」と見なす向きもあるようだ。

しかし、今こそ、そうした「まやかしＤＸ」と決別する！と宣言し、真のＤＸを再始動すべきときである。企業全体がビジネスを進化させるための手段としてＤＸを推進することが求められている。デジタルをビジネス革新の手段にしない時代は終わりを迎え、現場リーダーが中心となって真の事業変革を遂げる時代になっているのだ。

これからのＤＸの主役になる現場リーダーは、改革の痛みに直面しながらも、切り捨てる勇気を持つことが求められる。ＤＸの推進には、従来の業務プロセスや組織構造を大胆に見直し、これまでの慣習や前例踏襲の判断で生き残っているプロセス、アナログ処理のために確保していたリソースなどの不要な部分を切り捨てる活動を伴うからだ。業務の効率化・筋肉質化を図り、経営資源を本当に重要な部分に集中させることこそが、ビジネス進化の基盤となる。

ＤＸに近道はない。愚直かもしれないが、失敗リスクをコントロールし、正しい手法で取り組み、外部リソースを適切に利用し、生成ＡＩなどの先進技術を適切に活用することが王道であり、それにより、必ずや成果を出すことができる。そしてその際には、従業員全体のマインドセットの変革も同時にすべきだ。ＤＸは単なる技術の導入ではなく、企業文化を変革させることでビジネス革新を図るものである。従業員が新しい技術を積極的に受け入れ、創造的に活用する環境整備をあわせて行う必要があるのである。

本書は、デジタル化による経営革新、事業変革を取り巻く厳しい状況を直視し、真のＤＸを成功させて競争優位を獲得するための具体的な方法論を提供するものである。本書を通じて、現場リーダーがＤＸの戦略および戦術を学び、現場の抵抗やリソース不足など多くの企業に共通する障害を乗り越え、自らの手で成功に導くための道筋を見出すことを期待している。

目次

第2章 ビジネス価値を自ら定める——Whatの視点……33

第3章 DXを事業変革の手段に——Scope/Approachの視点……87

第1章

今こそ
真のDX再始動を

ＤＸ（Digital Transformation／デジタルトランスフォーメーション）の9割は失敗している。そのためか、次のように言う人もいるようだ。「ＤＸは現場にとっての罰ゲームであり、もうＤＸには取り組まない」「普通のシステム導入で十分だ」。さらにはＤＸに成功したと自負している企業で、次のように言う人もいる。「ＤＸによりわが社の老朽化したインフラは刷新された。もうこれ以上、情報化に関する取り組みに注力する必要はない。インフラの耐用期限の前にクラウド化を進めればよく、ＤＸに取り組む必要はない」――。

このように、これまでのＤＸに対する取り組みに関して対極的な立場の人がまったく同じ結論を導き、「ＤＸは過去のものであり、これから改めて取り組む必要はない」といった意見を耳にしたことがある読者もおられるだろう。

確かに10年前から始まったＤＸブームは一巡しつつあり、ある面では成功し、ある面では失敗している。そんな今だからこそ、あらためて真のＤＸの再始動をすべきタイミングであると、筆者は確信している。

1　２０２５年の崖ではじまったＤＸブーム

〈1〉 ＤＸレポートにより顕在化された危機感

① ＤＸレポートが警告する２０２５年の崖問題

２０００年以来、大小様々な企業で恒常的に情報技術の導入を進め、業務の効率化やデータ管理の高度化などを図ってきており、ＤＸに取り組むことは経営者の共通認識となっている。２０１８年には、経済産業省が「ＤＸレポート」を発表し、日本企業が抱えるＤＸの課題、特に間近に迫った「２０２５年の崖」と呼ばれる危機の存在を社会に提示した。多くの企業が旧態依然のＩＴシステムに依存している現状のままでは経営リスクが高まり、競争力を失う可能性が高いことを指摘した同報告書は、２０２５年以降で最大12兆円の経済損失リスクが生じる可能性があると明言している。このことは多くの企業に衝撃を与え、多くの企業がＤＸの取り組みを加速化させた。

ＤＸとは「企業がビジネス環境の激しい変化に対応し、データとデジタル技術を活用して、顧客や社会のニーズを基に、製品やサービス、ビジネスモデルを変革するとともに、業務そのものや、組織、プロセス、企業文化・風土を変革し、競争上の優位性を確立すること」である。すなわち、ＤＸとは、旧態依然のＩＴシステム＝「負の遺産《レガシー》」から脱却し、新たなシステムを活用して製品やサービス、ビジネスモデルを変革することを指す。

「２０２５年の崖」のレポートでは「ＤＸの足かせになっている負の遺産脱却」の必要性が言及されたこともあり、それまで大規模システム入れ替えに躊躇していた多くの企業も、「ＤＸ」の取り組みとしてレガシーシステムの刷新に着手した。独立行政法人情報処理機構（ＩＰＡ）の調査「ＤＸ動向２０２４」では、レガシーシステムの刷新が完了、またはほぼ完了した企業は6割弱となっており、前年と比較しても20％以上の伸びを示すなど、レガシー刷新の動きはゴールに向け加速していると言える。

②「２０２５年の崖」対策であるモダナイの成果と限界

だが、実態を見ればレガシー脱却はモダナイゼーション、通称「モダナイ」によって進められた。モダナイでは、古いシステムを最新の技術に置き換えることをゴールとし、老朽化した基幹系システムやハードウェア・データベース等のインフラの入れ替えが進められた。

例えば、ある大手製造業の企業では、30年以上使い続けてきたメインフレームシステムをクラウドベースの統合基幹業務システム（ＥＲＰシステム）に移行し、システムの保守性を高め、データ処理のスピードと柔軟性の向上も図った。また、ある中堅銀行では、従来のオンプレミスサーバー（自社で管理するサーバー）の構成変更や機能統廃合を行い、災害時のリカバリ能力も強化し、さらに、最新のセキュリティ技術を導入することで、顧客データの保護も強化した。このように、「モダナイ」を実行したことにより、システムの安定性や保守性向上を果たすことができ、「負の遺産」からの脱却は急速に進んだと言えよう。

一方で、レガシー脱却の取り組みでは、「製品やサービス、ビジネスモデルの変革」に向けた新しい業務プロセスの導入などは行われず、「システムの刷新（置き換え）」にとどまるケースがほとんどであった。ＥＲＰシステムや顧客管理システム（ＣＲＭシステム）などを導入・刷新するケースでも、旧来の個別最適な業務プロセス・システムアーキテクチャ（システムの全体構成・外部接続方式等を示すもの）をそのまま新システムに置き換えるだけの「刷新」にとどまったために、「モダナイ」を事業変革・競争力強化の梃子《てこ》とすることができない企業が多かったのである。

例えば、ある小売業は、これまで長年保守を頼んでいたＩＴベンダーに基幹システムの全面刷新を依頼した。依頼内容は老朽化したインフラの入れ替えを主なゴールとしており、ＩＴベンダーは最新のクラウド技術とモダン（時代の潮流に合致して将来性にわたっての利用が可能な状態）なアーキテクチャを提案して採用され、システムの安定性と拡張性を確保した。ただし、ベンダーへの丸投げとも言える発注だったため、当然のことながら、従来の業務プロセスをデジタル技術の活用を前提としたものに見直すといったことは行われなかった。

業務プロセスが見直されないことにより、機能の標準化は進まず、同社独自の業務プロセスをそのままシステムで実現させるためのカスタマイズが頻発し、開発期間の長期化とコストの増大をもたらした。さらには、システム刷新後も現場がこだわっていた手作業を一部前提とするような煩雑な業務プロセスとなった。業務遂行の非効率性のみならず、システム運用保守の複雑性を高め、将来リスクの高い状況のまま運用を開始してしまった。

システム老朽化対策に注力し、巨額のカネを投資して技術的観点からのモダン化に注力した結果、システムを新しくすることはでき、従来のシステムが老朽化して使えなくなる危機からは脱した。しかしながら、業務プロセスそのものは抜本的な効率化がなされず、取り組みの成果としては「紙・手作業を前提とした業務の電子処理への置き換え」程度しか得られない。システム運用における将来リスクも残存してしまう――。

わが国では、この小売業企業と同じように「2025年の崖」対策に巨費を投じたにもかかわらず、肝心の業務の高度化や抜本的な生産性向上などはほとんど実現できなかった企業が非常に多い。IPAの調査（DX動向2024）でも、日本ではDXの具体的な取り組みは、アナログデータのデジタルデータへの置き換え、および現在のプロセスのデジタルでの置き換えのように比較的取り組みやすい項目にとどまり、結果として、新規製品・サービスの創出や、組織横断／全体の業務プロセス刷新、顧客起点のビジネスモデルの創出といった十分な成果を、DXの取り組みで生み出している企業は1割未満であることが示されている。様々なDXの取り組みで7割近くの企業が一定以上の成果を創出できている米国と比較して、日本は大きく後れを取っている状況なのである。

結局のところ、「2025年の崖」対策で多くの企業が成し遂げたものは、汎用機をはじめとする10年以内に市場から消滅する技術をモダンな技術に置き換えることでシステムの持続可能性を担保し、各業務の個別最適を実現したことと言える。これらの取り組みは、企業における様々な事業推進を支える基盤の見直しであり、レガシーからの脱却の意義は大きいが、企業の競争力強化や新たなビジネス機会の創出、企業力向上などの「ビジネス価値向上」に寄与するものにはなっていない。

わが国は、バブル崩壊後、企業がリスク回避を優先し、革新的な投資や事業転換を避け、構造改革が遅れてしまい、その結果、日本経済は「失われた30年」となり競争力が低下してしまったと言われている。「2025年の崖」対策のありさまは、デジタル化に対する日本企業の保守的な体質、文化を改めて顕在化させたと言えるだろう。

③生成AI等の先進技術を生かした破壊と創造のDXへのシフト

DXの本質は、企業が競争優位性を獲得し、将来にわたり市場に価値を提供し続けるための、製品・サービス、業務、システムの破壊と創造であり、ビジネス価値を創出するための営みにある。相応の投資を行ってデジタル技術を導入するにもかかわらず、現在の業務・システムの利用可能期限を延長するモダナイだけでは、投資コストに見合った成果を十分に生み出すことはできない。

ビジネス価値創出を真のDXの目標とするならば、既存の業務プロセスを根本から見直し、顧客中心の視点で新しいサービスや製品を開発することが不可欠である。さらには、現在のモダナイでは課題として残りがちなバリューチェーン（会社がビジネス価値を生み出すために行っている事業の大きな流れ）全体、そしてライフサイクル（システムが企画されてから開発され、実際にリリースして運用が終わるまでの期間）全体を見据えた「全体最適」の実現を目指したシステムを導入段階から行い、想定される失敗リスクを早い段階からコントロールして、破綻に至らないようにする術《すべ》はある。

米国などでは、ビッグデータ、クラウドコンピューティング、IoT（モノのインターネット）、AIなどの新技術を活用し、これまでなかったビジネスを生み出す企業がデジタル経済の中心的存在となっている。2022年頃からの生成AIの急速な普及により、現在は第4次AIブームに入ったとも言われており、生成ＡＩの最大市場規模は２０２７年に向け年平均成長率66％、１２００億ドルに達し、２０２３年の世界のノートＰＣ市場とほぼ同規模まで成長すると予想されている。急速なスピードで技術進化を遂げる生成ＡＩは、今まさにビジネス実装が始まったタイミングであり、様々なビジネスモデルを大きく変革させる起爆剤となり、基幹システム等と連携しながら様々な企業の事業を大きく変貌させるだろう。

わが国でも、「２０２５年の崖」対策によりモダナイでの業務・システム基盤が整い、先行企業では変革に向けての地ならしは終わった。このような背景の中、日本固有の風土・文化なども考慮し、これらの基盤を前提として生成ＡＩ等の時流を取り込んだ次の取り組み、すなわち「破壊と創造のＤＸ」に取り組むべき、いや、取り組まなくてはいけないタイミングにあるのである。また、これまでモダナイを見送ってきた企業も、先行企業の経験を生かし、外部パートナーを効果的に活用することで、当初から本格的なＤＸに取り組める環境が整っていると言えるだろう。

〈2〉もはやＩＴ部門はＤＸ推進の主役ではない

①システム導入をゴールとするＤＸの取り組み

前記の通り、ＤＸが単なるシステムの導入（置き換え）と同義になっているケースが多い。その結果、ＩＴ部門が中心となって既存の業務やシステムの課題を洗い出し、どのように「カイゼン」した業務・システムにするかを検討するケースがほとんどであった。

ＩＴ部門が中心となると、「カイゼン」の取り組みはどうしても技術的な視点に偏りがちになり、また、業務面については今の「現象」に対する打ち手のみになるケースが多い。例えば、ＤＸプロジェクトとして新しいＥＲＰシステムの導入を決定したある製造業の企業では、ＩＴ部門が業務効率化を目指してシステム要件をまとめ、外部のＩＴベンダーにその要件を伝え、システム導入を進めた。導入されたシステム自体は最新の技術が採用され、データは一元管理され、それまで実施できなかったリアルタイムの詳細分析機能が搭載されたものとなった。しかし、データ収集・精査・分析全体にわたる業務プロセスの見直しや、新しいビジネスモデルの採用は盛り込まれなかった。そのため、システムの導入後も業務フローはほぼ旧態依然で、一部の人手がかかる作業は削減されたものの、大幅な処理時間の短縮などには至らなかった。また、正確な情報が入手できるようになったものの、将来のビジネスに利用可能な示唆を得たり、営業・広報などで新たな取り組みをしてビジネスを拡大するための経営管理業務を補助したりするものにはならなかった。

このようなＩＴ部門によるＤＸは、技術的視点からの「カイゼン」にとどまるにもかかわらず、「モダナイ」により古いシステムが捨てられ新しい技術が導入されるために、過去と比較して業務の効率化やコスト削減といった一定の成果は得られる。コストや時間が計画の範囲内に収まっていれば、「ＤＸ実行計画」の観点からは、多くのケースで「成果が創出された」と社内では評価される。

すなわち、ＩＴ部門（および受注したＩＴベンダー）にとっては成功体験であり、業務部門にとってもＤＸ後も旧来のやり方から変える必要がないために痛みがなく、経営者にとってもレガシーから脱却することでリスクを削減でき、一見すると「三方よし」になる。そのため、「モダナイ」の取り組みは問題視されることがなく、10年来多くの企業で精力的に推進されてきたのである。

②ITベンダーに丸投げする「カイゼン」の実施

ＩＴ部門が主役でＤＸを推進する体制が大半の日本企業においては、内部にＩＴ人材が少ないため、外部のＩＴベンダーに大半を任せるケースが多く見られる。こうした場合、ＩＴ部門の役割はベンダーに対して技術的観点からの「カイゼン」を中心とした要求を伝え、ベンダーからの提案を取捨選択することにとどまってしまいがちだ。ＩＴ部門はプロジェクトの進行管理や調整役として機能するが、実際のシステム開発や技術的な革新はベンダーに委ねられ、ときには丸投げされてしまう。

ベンダーにおいて売り上げを立てやすいのは、新しい技術を用いたイノベーションではなく、慣れ親しんだ技術を用いた刷新である。また、様々なカスタマイズにより（結果としてシステムが複雑になり）導入費だけでなく運用保守費を稼ぐことも売り上げの観点からは重要だ。さらに、「２０２５年の崖」対策により、ＩＴベンダー各社では依然としてモダナイ対応のビジネスが盛況であり、真のＤＸに対して有能な技術者を割り当てることが難しい現実もある。これらのことから、丸投げされたＩＴベンダーからの提案はシステムの持続可能性を高めることが中心となり、ゴールが「老朽化したインフラのクラウド化」に矮小化されるのは当然のことと言えよう。

③事業部門が事業変革を担うＤＸへ

ＩＴ部門がリードしてきたこれまで「カイゼン」のＤＸでは、事業部門の関与は限定的であった。経営層より、事業部門は現状のビジネスの延長上の拡大（利益の上積み）を果たすことの責務を強く要求され、暗黙知で現場を支えるベテランのやり方をそのまま活かす方法をとらざるを得なかった。事業部門は、ビジネス拡大につながることが確実には保証されない抜本的な変革のゴールや要求を、ＩＴ部門やＩＴベンダーに伝えることができない状況だったのである。

真のＤＸである「破壊と創造のＤＸ」を実現するためには、デジタル技術に責任を負う立場であるＩＴ部門はもはや主役にはなりえない。単にデジタル技術を導入するだけではなく、業務プロセスの根本的な見直しや、新しいビジネスモデルを構築するためには、事業部門の積極的な関与、新たなる責務への転換および人的リソースの強化が必要であり、それを可能とするためには経営層のＤＸに対するコミットが必要不可欠である。

ＣＩＯ（最高情報責任者）が技術面に責任を負い、ＣＤＯ（最高デジタル責任者）にＩＴ成果を報告する形では、一定程度効率性が高まっているように見えるとしても、将来にわたる競争優位の確保や、製品サービスによる市場価値提供につなげることが不可能な時代になっているのだ。

ＤＸに対するＣＤＯおよび事業部門の役割・期待は高まっており、事業部にデジタルだけでなく、変革の知見・スキルを有する人員を配置し、予算を配賦し、ＤＸを推進する時代が到来している。同時に、ＩＴベンダーに様々な判断を委ねることは縮小すべきであり、そのためには、バリューチェーン全体、ライフサイクル全体を見据えた最適化、ベストプラクティス（業界での最善と言われる方法、価値を生み出せる模範的なやり方）の徹底活用などに事業部門自ら取り組むことが重要である。

2 ＤＸの失敗要因はデジタル人材の不足？

〈1〉ＤＸが成功している企業は1割

前節で『ＤＸ実行計画』の観点からは、多くのケースで『成果が創出された』と社内では評価される」と述べたが、「品質に満足」と対外的に断言できる企業はわずか1割にとどまる（図表1－1）。ＤＸに取り組んでいても、老朽化した基盤刷新、インフラのクラウド化のみにとどまるケースでは、当然のことながら競争力強化や市場価値提供は不可能であり、「ビジネス価値が創出された」とは言えないことは企業自身も自覚しているのである。

このような状況にもかかわらず、経営者のＤＸに対する要望は非常に高まっている。様々な便利なソリューションが世の中に普及し、国を挙げてあらゆる産業あらゆる規模の企業がＤＸを推進している情勢でもある。経済産業省の政策である「地域の伴走役たる支援機関による中小・中堅企業へのＤＸ支援」などは顕著な例だが、ＤＸに取り組むことは一時のブームではなく、あらゆる規模・業種の企業にとって当たり前の時代になっている。

多くの経営者は、これからのＤＸが企業の競争力を向上させビジネス価値を創出するための鍵であり、ＤＸにより業務が迅速化し、コストは削減され、確実な成果を得たいと考えている。この要望は、時にもはや妄信的とも言えるほどであり、現実的なリソースを考慮した計画や準備を欠いた

図表1-1　500人月以上の大規模開発プロジェクトの工期・予算・品質（2023年度）

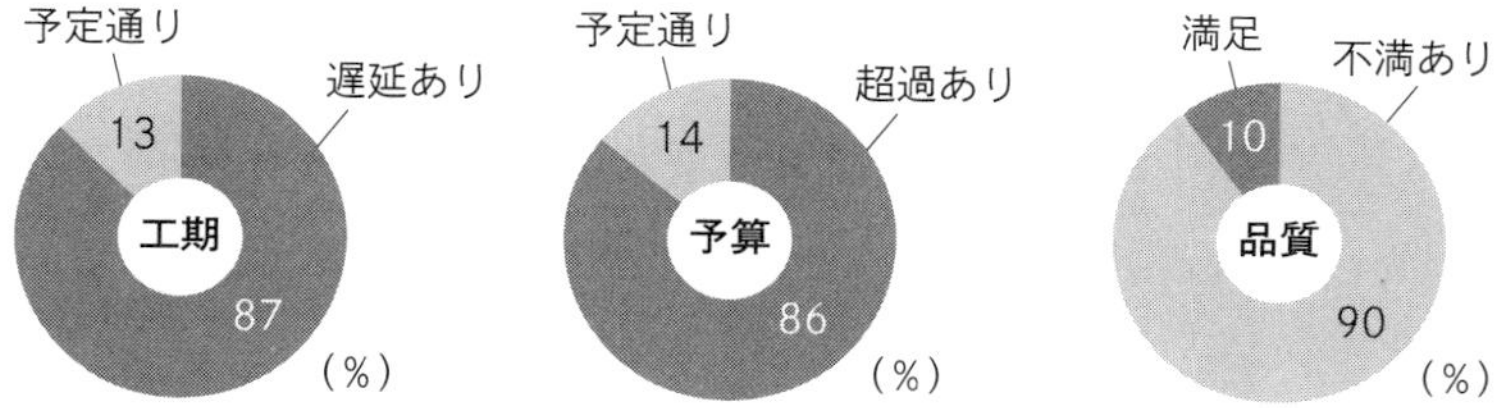

出所：企業IT動向調査報告書 2024（一般社団法人日本情報システム・ユーザー協会）より筆者作成

まま、ＤＸプロジェクトが進められることも少なくない。

〈2〉人材育成によりＤＸ課題解決？

これからＤＸで成果を上げたい、そしてこれまでのＤＸの取り組みに満足できていない企業は、当然のことながら今までの取り組みを振り返り、成果を生み出す取り組み方法へ見直そうとしている。一般社団法人日本情報システム・ユーザ協会の調査より、ＤＸ推進のための課題は「人材・スキル不足」が大多数を占め、戦略不足、企業文化、組織などへの対応を急務とする企業が多いことがわかる（図１－２）。ヒト・モノ・カネ全てが不足している。では、どうすればよいのか――。

デジタル人材を増員したいので、人材育成に対しＩＴ投資を進めようと考える企業は年々増えている（図１－３）。いよいよ、ＩＴ部門の社員だけでなく、事業部門の社員、経営層の全員がＤＸに関与し、それぞれの立場でコミットできる環境整備が進んでいる一方で、人材育成の中身は「キャリアの明示」「ＩＴスキル獲得」等を中心としたものであり、デジタル対応力やデジタル活用力などの強化につながらないケースも少なくない。

図表1-2　DXを推進する上での課題（上位3つ）

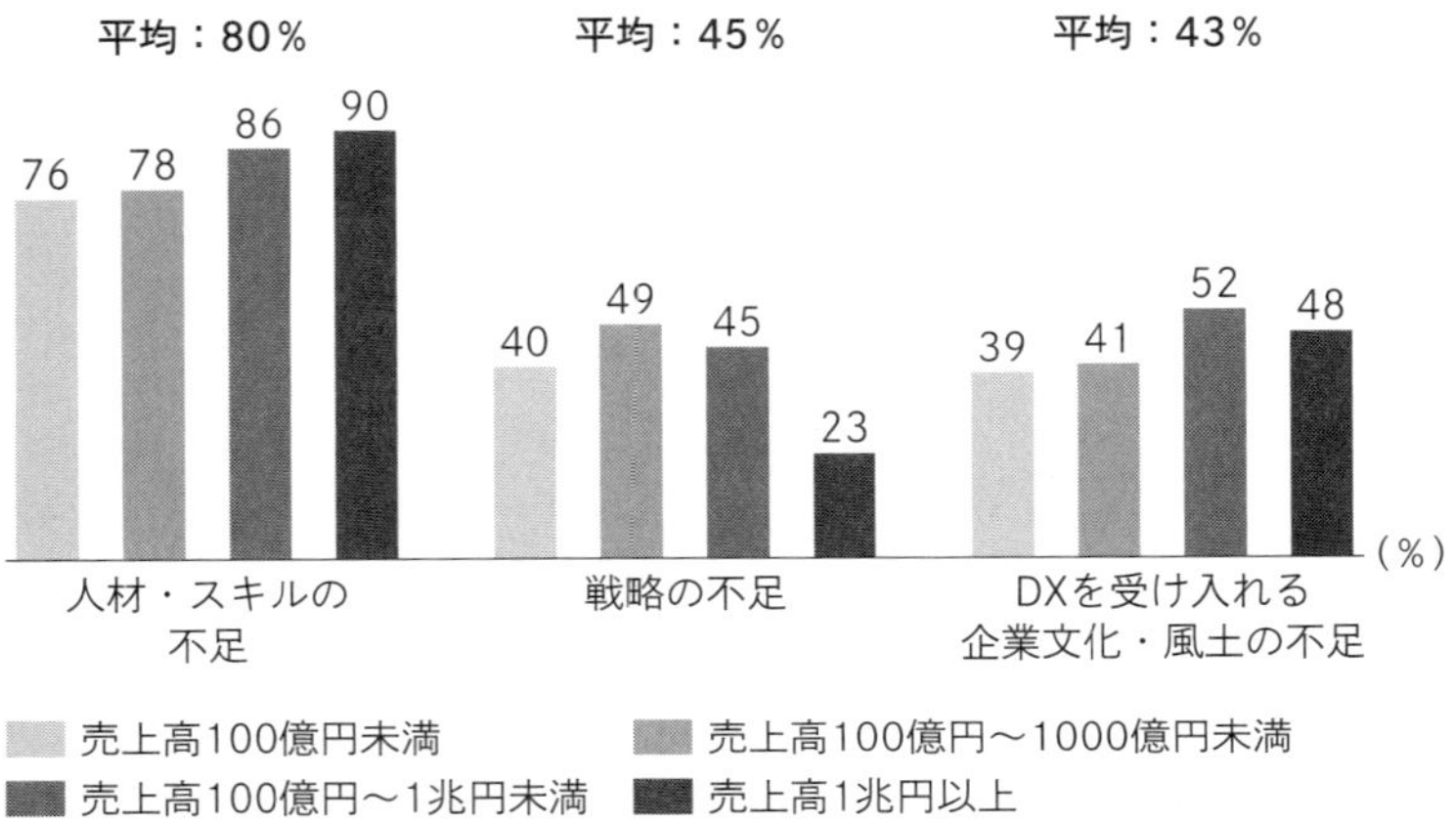

出所：企業IT動向調査報告書 2024（一般社団法人日本情報システム・ユーザー協会）より筆者作成

図表1-3　IT投資で解決したい短期的な課題（上位4つ）

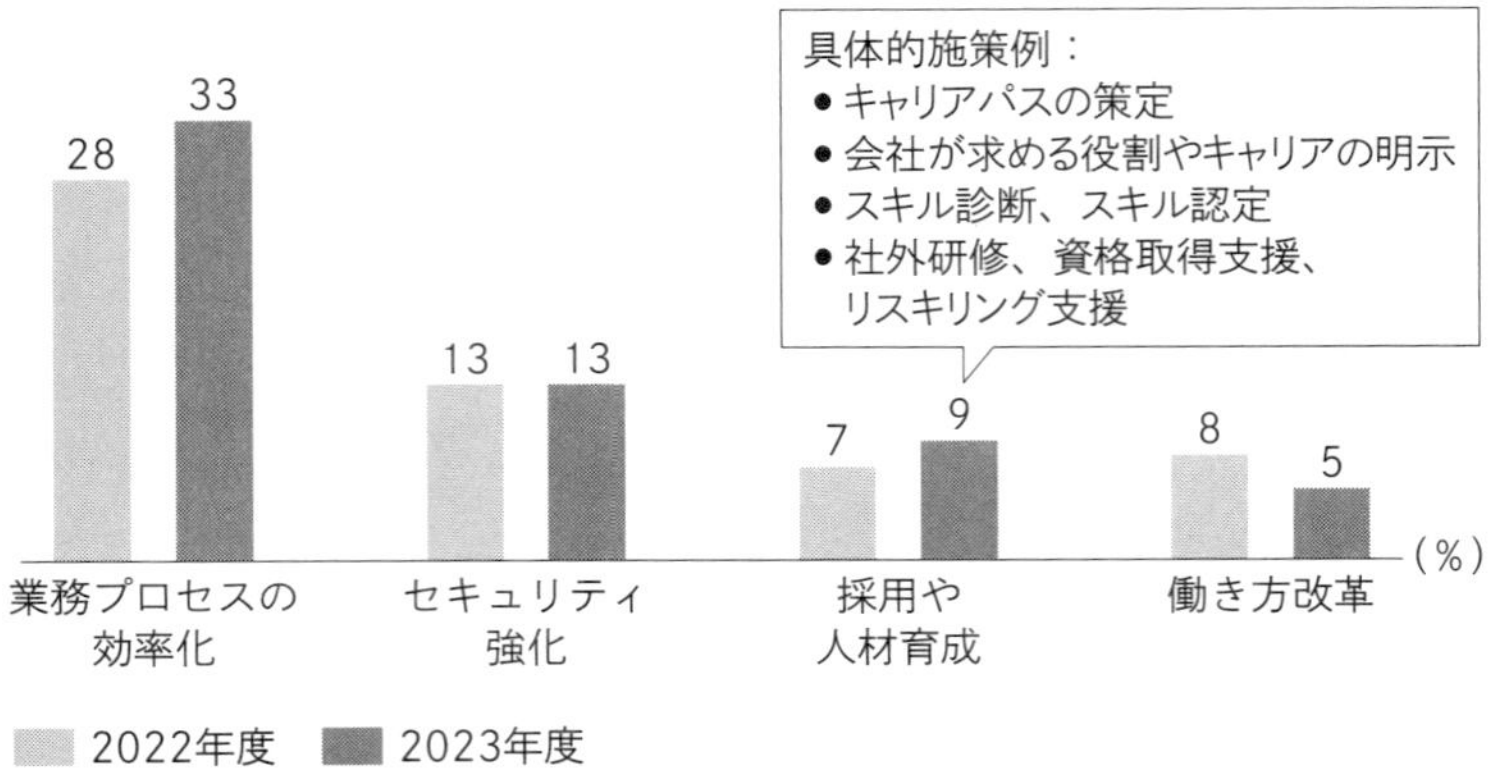

出所：企業IT動向調査報告書 2024（一般社団法人日本情報システム・ユーザー協会）より筆者作成

〈3〉ジレンマを抱える現場リーダー

①現場リーダーの困惑

このように、ＩＴ部門が技術の導入と管理を行うモダナイの時代から、事業部門がビジネス価値に責任を負うＤＸの時代へと変化している。当然のことながら、新たな役割を与えられた事業部門の現場リーダーたちは、自分たちがデジタル変革の推進役を担うことに困惑している。企業は事業部門がＤＸをリードできるよう、ＩＴ人材の育成に注力しているが、キャリアパスを示している場合でも、その育成プログラムは技術的スキルに偏り、ＤＸの本質であるビジネス変革スキルの獲得を可能とするものにはなっていない。

事業部門の現場リーダーは、従来型の事業推進スキルは持っているが、ＤＸスキルを持たない、知らない人材が多数を占める。結果として、デジタル技術を駆使してどのように事業を革新すべきかについて、戦略的な検討・判断を行うことができないのである。こうした一般企業におけるスキル不足、人材不足の状況は、ＩＴベンダーやコンサルティング会社にＤＸ検討という本丸の部分を丸投げしてしまう事象が多く発生する要因ともなっている。

例えば、ある大手製造業の事業部門の現場リーダーは、業界セミナーや他社事例などからＩｏＴやビッグデータ、生成ＡＩの重要性は理解しているものの、それを自社の製造プロセスにどう適用すべきか、具体的な方法論に落とし込み、部署の取り組みとして実践することに苦慮している。ＩＴ部門からは技術的な情報提供は行われるが、それを事業戦略と結びつけることができず、進展させられないのである。

②業務慣行を否定することへの挑戦

また、事業部門がＤＸをリードする際には、これまでの業務慣行を根本から見直し、多数の現状のやり方を否定・却下する覚悟が求められる。これは、事業部門の現場リーダーにとって非常に高いハードルだ。これまで事業部門では、従来の利益を上げ続けることを死守するために、暗黙知で現場を支えるベテランのやり方に依存する傾向があったが、これからはその既存の成功体験や業務プロセスを否定・却下しなくてはいけない。これは、過去の自分たちの努力や成果の価値を無にすることにもなりかねず、身を切る覚悟で臨む必要がある。

例えば、ある保険会社においては、従来の対面営業を中心としたビジネスモデルをデジタルチャネルにシフトする必要に迫られた。しかし、長年の対面営業の文化を変えることに対する抵抗感は強く、また、ビジネスモデルの変更に伴う業務移行コストやナレッジの可視化に係る工数が通常業務に加わることで、人件費が高まることも懸念された。デジタルチャネルにおける顧客ナーチャリング（育成）に関するノウハウの見直しに対しても、現場リーダーは適切に取り組むことができなかった。結果として、対面営業の成功体験、人的ナレッジに依存する顧客ナーチャリング方法に手を付けない業務プロセスのままの〝ＤＸ〟となり、デジタルチャネルの利用は低調にとどまり、同社は競争力を失うリスクに直面してしまった。

③ＤＸのジレンマとプレッシャー

このような現場リーダーの苦悩は、ＤＸのジレンマが原因であるとも言える。これまでに述べた通り、ＤＸは企業にとって大きな価値を生み素晴らしいものと過度な期待を受けているのが現状である。経営層はＤＸによって劇的なビジネス変革が可能になると信じている。しかし、現実には事業部門がその実現に向けて具体的なステップを踏み出すことは容易ではない。事業部門の現場リーダーは、デジタル関連の経験・知見が乏しい状況で失敗しないように進めるプレッシャーと、成果を生み出すための抜本的な打ち手の難度が高いという現実に直面し、苦悩する状況に陥っている。

例えば、ある小売チェーンの事業部門の現場リーダーは、在庫量を最小化できる在庫管理システムへの刷新を進めるよう指示を受けた。そこで、バリューチェーン全体の観点から在庫管理のあるべき姿を描いたり、デジタル技術をどこにどのように使うべきかを評価したり、ライフサイクルコストの観点から在庫削減効果を定量化することなどを検討したが、いずれも着手に至らず、プロジェクトを進捗できなかった。

行き詰まったプロジェクトを打開するためにＩＴベンダーに相談したものの、あるべき在庫管理の姿を熟知し、投資額に見合ったシステムの構想を支援できるベンダーと出会うことはなく、事業部では計画段階で実質的な検討ができないまま時間が経過していた。経営層からの期待は高いものの、現場がその期待に応えることは難しく、プレッシャーに対し苦悩し続けるのみで、具体的な成果を創出できない結果となったのである。

④失敗体験からも成果を積み重ねることによる変革の達成

このような状況を打破するためには、一気に高い成果を出すことを目指すのではなく、身の丈に合った具体的なステップを踏み出すことが重要だ。実践が難しい複雑な方法論は現場リーダーの助けにはならず、高すぎる目標を一気に達成しようという計画はジレンマをより高める結果につながってしまう。そうではなく、破壊と創造のＤＸのゴール・目指すべき姿を定めた上で、段階的に実現するビジネスモデルを描き、成功体験を積み上げることと同時に、失敗体験からも次の変革方法を明らかにすることで、生み出した効果を梃子《てこ》にさらなる変革への道を切り開くことが必要である。

また、その際には、ＩＴ技術にとどまらず、デジタルの社会実装全般についてベストプラクティスや先進事例などの適用方法を相談・助言してもらえる外部パートナーに支援を受けることも検討したい。事業部門の現場リーダーたちは、現実的で実行可能なアプローチを、頼れる外部パートナーに支援を受けながらも主体的に模索することで、ゴールにつながる次の一歩を踏み出す勇気を持つことができるだろう。

3 まやかしＤＸとの決別！

当たり前にＤＸに取り組み、競争力強化や市場価値提供を目指す時代、現場リーダーはジレンマを抱え、過去の表面的な「三方よし」の取り組みの延長線上で苦しんでいる。そんな現場リーダーがこれらの苦しみから脱却し、新たなＤＸで成功するための方法論として、本書が提案するのは、五つの「まやかしＤＸとの決別！」である。

〈1〉痛みを伴わないDXとの決別!

これまで多くのDXでは、レガシーが見直しされ新しい技術が導入されることで、IT部門の「成功体験」、事業部門の「旧来のやり方の踏襲」、経営者の「レガシー脱却」という「三方よし」の状態になり、誰にとっても痛みがないままに「成果を創出」という評価を得てきた。しかし、この成果は、本来のあるべき姿や先進技術により達成可能な将来像との乖離を埋めるものではなく、大きな投資をしたにもかかわらず、結果として企業競争力の向上をはじめとした「ビジネス価値向上」には寄与していない。

レガシー脱却の時代が終わりつつある現在、企業競争力向上に真正面から対峙する必要がある。真のDXは破壊と創造のプロセスを伴うものであり、大幅な業務や事業の見直し、つまり整理再統合やリストラが必要である。整理再統合やリストラは、過去の成功体験や自身の独自性の否定が必要であるため、心理的にも大きな負担となる。また、現状を否とできずに、この痛みを伴うプロセスに取り組む意欲を示す企業はいまだ多くない。

また、企業が現実の厳しさに直面することを避けてしまうと、顧客価値の解像度を上げられず、社会のニーズに応えられない状況に陥る。例えば、新しい顧客管理システムの導入において、単に従来のプロセスを新しいシステムに移行するだけでは、紙ベースと同様の顧客データ管理にとどまり、顧客の潜在化した多様なニーズを収集したデータから発掘するプロセスを追加することもなく、じり貧のまま競争力を失う結果になる。

さらに、痛みに向き合わない企業の中には、自身で考えることなく、短期的な観点で答えを求めてＩＴベンダーに丸投げして新しい技術の導入を選択するところも少なくない。このアプローチでは、多くの場合はベンダーから提供されるソリューションが既存ビジネスの延長線上にあるため、真の革新にはつながらない。

業界の垣根が崩れ、サービスの連携が進んでいる現在、過去の延長線に正解はなく、試行錯誤し様々な学びをすることでしか成果が得られないのが多くの企業の実態である。まさに、痛みこそが価値の源泉であり、成長に不可欠な要素である。企業の全ての部門が幸せのみを享受できる「痛みを伴わないＤＸ」があるというのは幻想であり、実際には困難や試練を乗り越えることで初めて真の成長が実現する。企業が競争力を高めるためには、痛みを伴うプロセスを避けてはならないのだ。

現場リーダーはＤＸのジレンマを抱えており、その痛みは自身の過去を否定するなどの目を背けたくなる、身を切る辛さがあるものである。それでも、破壊と創造のＤＸを推進する主役になることが必須なのだ。このような状況で、経営者は、「ビジネス価値創出」の過程で生じる経営層・現場双方の痛みや困難をどのように成長の種に転嫁させるか、痛みや困難をどのように和らげられるのかに積極的に向き合い、必要な投資や時には大きな計画変更などを行ってＤＸを推進することで初めて、企業は未来に向けての持続可能性を確保することができる。その上で、現場リーダーは、経営者のサポートを受け、ビジネス価値を高めるための「痛みを伴うＤＸ」の具体的な方策と実行プロセスをしっかりと理解し、自分ごととしてチーム全体で実践することが求められている。

〈2〉ＩＴによるカイゼンをＤＸにしない！

これまでの日本企業のＤＸの多くは、モダナイであり、「効率化」をゴールとして目指す取り組みだった。企業は負の遺産とされるレガシーシステムから脱却し、運用の効率化やコスト削減を果たした。このような取り組みは、当然、ＩＴ技術の進化に合わせ継続的に実施すべきものである。

しかし、この「効率化を進めるＤＸ」は、多くの場合、過去の延長線上にある「カイゼン」のみにとどまる。つまり、企業は現状の延長でのカイゼンに焦点を当てたシステム導入そのものを目的化し、導入以降の運用フェーズにおける定着なども考慮せず、本来あるべき姿や先進技術を活用して達成可能な未来のビジョンには目を向けないために、大きな飛躍につなげることは難しい。

さらに「効率化を進めるＤＸ」は、ＩＴ部門やシステムが依然としてコストセンター（企業に利益をもたらさずにコストのみを発生させる部門）として認識される問題もはらんでいる。ＩＴ／デジタルが利益を生み出す資源とならず、単なるコスト削減手段として扱われる限り、それは企業の競争力強化や市場価値の創出には貢献しない。例えば、ある金融機関が業務全体の効率化を目指してＲＰＡ（ロボティック・プロセス・オートメーション）を導入し、処理時間の短縮を目指したが、コスト削減手段としてのみ検討が進んだ。その結果、業務そのものは紙ベース・手作業と完全に同一であり、部署ごとのローカルルールもそのまま採用された。このため、ＲＰＡの導入は業務の標準化によるデータ品質の向上や処理結果を用いた分析などの新たな付加価値を生み出すことは一切なく、単なる個々人の作業時間短縮のみに終わってしまったのである。

抜本的な見直しを行うＤＸを実行し、競争力強化や市場価値提供を目指してビジネス価値を創出するためには、「効率化を進めるＤＸ」だけ行うのはＩＴ導入の枠組みで実施するものと位置付けるべきだ。すなわち、今の「１」を連続的に広げ、延長上の効果を生み出すような効率化にとどまるＤＸは、現場リーダーが主導するＤＸから切り離す必要がある。効率化を出発点としていても、最終的にはビジネス全体の変革をゴールとするもの、すなわち、０から１を生み出す、もしくは、10から非連続な成長により最終的には１００の価値の創出を目指す挑戦が、現場リーダーが主導するＤＸのあるべき姿である。

企業が競争力を維持し、市場での優位性を確保するためには、従来のビジネスプロセスやモデルを根本的に見直し、新しい価値を創造する取り組みが必要だ。そのためには、効率化を超えたあるべき姿を明らかにした上でＤＸを推進することが求められている。今こそ、現場リーダーは「効率化を進めるＤＸ」は他人に委ね、「破壊と創造のＤＸ」に注力すべきである。

〈3〉ＩＴ部門がリードするＤＸとの決別！

これまでのＤＸでは、実態としてはＩＴ導入そのものを目的とし、ＩＴ部門がレガシー脱却やモダンな技術の導入を進め、インフラの確立をゴールとしてきた。すなわち、ＩＴやシステムの知見を持つ担当者が専門知識を有するベンダーとやり取りし、システム最適解の観点からＩＴベンダーが持つ複数の答えのうちどれかを選択し、品質コストデリバリーを管理することが、ベストプラクティスとなっていたのである。

このように旧来のＣＩＯが技術面に責任を負い、ＣＦＯ（最高財務責任者）にＩＴ成果を報告する体制により、デジタル処理による効率性向上は比較的容易に進められてきた。しかし、インフラ整備そのものをゴールとした弊害として、ＩＴ投資がどの程度企業経営に貢献するかという観点が希薄になり、創出される価値が不透明なままプロジェクトが進行することも多かった。ビジネス課題の解消を絡められないままであると、将来的な競争優位の確保や市場価値の提供にはつながらない。さらに、レガシー脱却そのものも、複雑なシステムの解体に苦戦したり、モダンな仕組みの有効活用の評価に時間がかかるなどして「コスト高・納期遅延」が起きたりすることもしばしばであり、実際の経験者の間では、ＤＸは厄介で難しく、大変なものという認識が広がってしまっている。

ＤＸ推進と言いつつも、単なるＩＴ導入プロジェクトと化すことから決別し、企業全体の戦略的な変革のためには、ＤＸはもはやＩＴ部門の手から離れ、事業部門の現場リーダーが主導し、生成ＡＩ等の先進技術を正しく活用して遂行すべき時代に突入しているのである。

現場リーダーがＤＸを推進する上で直面する悩みには、次のようなものがある。まず、現場リーダーはこれまでのＤＸが「コスト高・納期遅延」を起こしていることを数多く見ているため、ＤＸの実行にリスクを感じている。そして、様々なＤＸ方法論を参照することが可能な時代になっている一方で、どの方法をどのように適用すると成功につながるのか確信を持てない状況にある。また、失敗が許されない文化の中では、現状の「失敗もしないが成功もしない」やり方から脱却することが難しく、現場リーダーは変革に対して立ちすくむ。

では、どうすれば事業部門がリードするＤＸが成功するのか。まず、事業部門の現場リーダーは、ビジネス価値の達成に責任を持ち、生成ＡＩ等の先進技術のビジネスへの活用方法を学び、ＩＴを単なるツールとしてではなく、戦略的な武器として活用する意識を持つことが重要である。例えば、ある消費財メーカーでは、ＩＴ部門ではなくマーケティング部門が主導して市場動向・製品目線・顧客観点などからデータ分析を駆使し、顧客の購買行動を詳細に分析した結果、パーソナライズドマーケティングを実現し、売上を大幅に向上させた事例がある。

次に、現場リーダーはＤＸのリスクを適切に管理し、失敗からも学ぶ姿勢を持つことが重要である。失敗を恐れるあまり、保守的なアプローチのみに終始するのではなく、試行錯誤を繰り返しながら最適解を見つけ出すことが求められる。多数のスタートアップ企業で、新しいサービスのプロトタイプを迅速に市場投入し、ユーザーのフィードバックを基に短期間で改善を重ねることで、成功を収めているのが好事例だろう。

このように、ＤＸをリードする現場リーダーは、自らが変革の先頭に立ち、率先して行動する姿勢が求められる。現場からのボトムアップの提案を受け入れ、かつ、全体を俯瞰して各所と連携することで、組織全体が一丸となったＤＸを推進し、企業競争力を高めることが重要である。そして、経営層は現場リーダーがスキルを発揮できるような環境を整備し、活動を支援する必要がある。

〈4〉経営を革新しないＤＸとの決別！

２０１０年代以降、技術の民主化が加速度的に進み、適用ソリューションが簡易化・多様化した。技術の民主化とは、かつては専門家や特定の企業だけが扱えた高度な技術が、広く一般に利用可能になり、誰もが手軽にアクセスできるようになったことを指す。クラウドコンピューティングの普及やオープンソースソフトウェアの台頭により、個人や中小企業でも高度なＩＴ技術を利用できるようになった。この技術の民主化により、ＩＴ技術は一部の専門家のみで検討するものから、広く一般のビジネスパーソンや企業が利用するものへと変わってきているのである。

このように、業務においてシステムやソリューションを活用するのが「当たり前」の時代になっている。しかし、多くの企業では餅《もち》は餅屋とばかりに、ＩＴはＩＴ部門に任せるものという認識が強く、経営層や事業部門にとってＩＴはただ使うだけのブラックボックス、あるいは夢の箱と見なしてきた。これでは、ＤＸにより経営を革新することはできない。

これからは、技術者ではない経営層や現場部門は、ＩＴそのものを理解するスキルではなく、「ＤＸスキル」を持ち、それぞれの立場からＤＸを推進することが求められる時代である。ＤＸスキルとは、課題発見、プロジェクト推進、プロダクト定義、ビジネスデザインスキルを指す。これらのスキルを持ち、業務推進の一環としてシステム導入を行い、ＤＸを推進し、経営を革新すべきである。ＤＸのジレンマを抱えている事業部自身こそが、身を切りつつも成果を得る変革方法を実践し、ジレンマを克服するＤＸの主役なのである。ベンダーに対してはそれぞれの目線からの適切な要求を伝え、ベンダーからの提案に対し、ビジネス上の最適解を見出すことで、自社に最も相応しいソリューションの選定やＢＰＲ（ビジネスプロセス・リエンジニアリング＝業務本来の目的に向かって既存の組織や制度を抜本的に見直し、プロセスの視点で、職掌、業務フロー、管理方式、情報システムを刷新すること）を推進することが重要なのである。

具体的な事例を挙げると、ある大手小売業では、マーケティング部門が主体となり、顧客データの分析を行い、その結果に基づいてパーソナライズドプロモーションを展開した。このプロジェクトでは、マーケティング部門がベンダーに想定ペルソナ（顧客像）やパーソナライズに必要な切り口・分析のタイミング等の具体的な要件を提示し、適切なパラメータ設定等が行われたことで、大きな成果を上げた。これは、ＩＴそのものの知見ではなく、実務に根差した課題発見力や、ビジネス価値を創出するプロダクト定義などの知見を活かした結果である。

現場部門がビジネスを適切に解釈し、ＤＸ戦略を実現するためのパートナーであるベンダーの力を引き出し、適切にソリューションを実装させる、同時に業務プロセスもしっかり見直すことが、企業競争力確保に向けた正解を導くための方法論である。企業は、経営革新のために、ＤＸ方針を策定した直後からＩＴベンダーに答えを求めにいくのではなく、ＤＸ方針に沿って自社の課題を自ら発見し、それを解決するための戦略を立てる必要がある。

〈5〉失敗リスクをコントロールできないＤＸとの決別！

これまでのＤＸは、ビジネス価値を生み出していないという現実がある。言い換えるならば、成功しているとは言えないが、失敗もしていない。真の痛みを受けることもない。その結果、大きなダメ出しをされることがなく、ビジネス価値を生み出していないにもかかわらず、それまでの取り組みをそのままの方法論で続けない理由はなかった。

しかし、一部の先進的な企業やプロジェクトに限られたものではなく、あらゆる規模、あらゆる業種の企業であれ、DXに取り組むことが当たり前の時代に突入した。DXがブームでなくなり、日常の一部となることは、特別なイベントとして取り組まれるのではなく、普段の企業活動の一環として実行されることを意味する。経営層はDXに対し、より早く、低コスト、確実な価値増大を期待するようになっている。企業においては、特別なチームを組成せず、あらゆる組織がDXに自身で取り組むことが求められる。

これまでIT部門のみにDXの営みは閉じていたために、現場にとってDXは初体験であることが多い。ITスキルを持つ人材が不足し、システム導入の経験も乏しい現場では、経営層が「当たり前」にできるだろう・やるべきだと考えていることも、実際には大きな挑戦となる。経営の期待と現場の実行能力との間にはギャップが生じ、現場にとって時としてDXが罰ゲームのようにもなっている。罰ゲームから逃れるために、経営層からの要求である「より早く、低コスト」という制約条件の中で、目の前の課題解消や地続きの変化の実現に終始し、「破壊と創造のDX」とは対極の小さくまとまった取り組みとなってしまうケースも散見される。

このような本末転倒な事態を避け、企業が競争力を維持し、市場での優位性というリターンを得るためには、失敗リスクを適切にコントロールし、「正しい失敗」をして、次の成功につなげることが重要となる。失敗リスクのない行動は、じり貧の行動でしかなく、「破壊と創造のDX」にはなりえない。同時に、万一の場合も「正しい失敗」になるようにコントロールすること、すなわち、コンティンジェンシープラン等の発動により適切な挽回を通じて次の成功を生み出すことが重要だ。今やるべきDXは、安穏としたDXではなく、失敗するリスクを適切に管理し、たとえ失敗しても再度立ち上がって成功をつかむ「破壊と創造のＤＸ」である。今こそ、企業はリスクに対峙しコントロールし、変革を実現するための新たなＤＸの道を歩むべきである。

4 まやかしＤＸと決別する現場リーダーによる〝ＤＸ再始動〟

ここまで読み進めて、「まやかしＤＸとの決別！」の重要性・必要性を認知した読者は多いのではないだろうか。あるいは、これまで考えていたことが言語化されていると思われた読者も少なくないかもしれない。同時に、これまで避けてきた・やらずに済んできた「破壊と創造のＤＸ」について、どのように取り組めばよいか、悩みが深くなった人も多いだろう。

以下の章では、五つの「まやかしＤＸとの決別！」それぞれについて、現場リーダーがどのように発想の転換をすべきか、「まやかしＤＸ」の悪しき習慣をどのように断ち切るべきか、「まやかしＤＸ」の落とし穴に陥らないようにするためには何をすべきかを解説する。また、適宜**成否の分かれ目**として、成果を出せなかった人はどこで何故落とし穴に陥ってしまったのか、成功するために何が重要なのかも紹介する。

次章に進む前に、本書全体の構成および各章で何が学べるかを案内させていただく。本書は、様々な観点からＤＸ推進がなかなか成功しない原因を根本から明らかにし、その対策を紹介するものであり、現場リーダーは本書からの学びを通じ自分ごととしてＤＸの推進を考え、ＤＸを再始動する際の実践書として使っていただくことを大いに期待する。

第2章「ビジネス価値を自ら定める――What の視点」では、「痛みを伴わないDXとの決別!」を解説する。DX成功企業の痛みを伴う「あるべき姿」とはどのようなものなのか、DXを通じて生み出すべきビジネス価値はどのようなものであり、どのように生成AI等の先進技術を活用し、ビジネスモデルとして具体化すべきかを類型・事例を含めて解説する。プロセス(オペレーション)・基盤(データマネジメント・インフラ)の抜本的改善と、製品・サービスのビジネスモデル転換・利用者中心価値向上の双方を達成する方法を議論する。読者はこの章を通じて、DX企業が得られるビジネス価値と、「まやかしDX」の悪しき習慣をどのように断ち切り、あるべき姿・ビジネスモデルを描くかを具体的な事例とともに学ぶことができる。

第3章「DXを事業変革の手段に――Scope/Approach の視点」では、「ITによるカイゼンをDXにしない!」を解説する。現場リーダーが主導する破壊と創造のDXを単なるITシステム導入にとどまらせず、「あるべき姿」を実現して事業全体の変革を実現し、ビジネス価値を生み出せるものにするためのスコープ(範囲)の定め方および具体的なアプローチを詳述する。計画時点のあるべき姿(ゴール設定)とBPR前提のビジネスモデル決定方法や、導入実践における投資対効果把握に基づく現実解/最適解への調整方法などを説明する。読者はこの章を通じて、競争力を高めるDXの具体的なアプローチと、それぞれのアプローチで陥りがちな落とし穴とその回避方法を具体的な事例とともに学ぶことで、DXのゴールに向けた実践手順・流れを理解することができる。

第4章「自己流変革からの脱却――How の視点」では、「IT部門がリードするDXとの決別!」

を解説する。現場リーダーがＤＸ計画に沿ってＤＸを実践しビジネスモデルを体現する業務・システムの変革を行う際の基本的な考え方、四つの事業変革方法論の実践的な適用方法を詳述する。「まやかしＤＸ」では方法論をどのように「誤って」適用してきたか、モダナイの次に生成ＡＩ等の先進技術を活用してどのように取り組むべきか、具体的な事例などを通じて、読者は現場が成果を上げることができる方法論の適用方法を学ぶことができる。

第５章「ビジネス目線でシステムを作る── Responsibility の視点」では、「経営を革新しないＤＸとの決別！」を解説する。現場リーダーが次の10年の企業成長に向けて、ＤＸ推進でどのような役割を果たすべきか、そのためにはどのようなスキルを獲得し、それを用いてどのようにＩＴベンダーと共創し経営を革新できるのかを詳述する。システムを使いこなす（作ってもらう）観点からのＩＴリテラシーの獲得と、現場目線の課題（ビジネス）をシステム技術につなげるスキルの獲得の双方を取り上げる。読者はこの章を通じて、それぞれの立場で獲得すべきスキルとＤＸにおける発揮方法、ＤＸを成功に導くプロジェクトチーム組成や役割分担方法を学ぶことができる。

第６章「リスクを減らし、競争優位を確立── Competency の視点」では、「失敗リスクをコントロールできないＤＸとの決別！」を解説する。失敗リスクを適切にコントロールし「早く低コストで確実な価値増大」を達成し企業の競争優位を獲得するために、現場リーダーはどのような行動指針（コンピテンシー）に基づき活動すべきか、そして、経営層がどのように現場リーダーを活躍させるべきかを詳述する。すなわち、「早く低コストで確実な価値増大」によるＤＸを通じて競争優位を確立し、ビジネス価値を創出する現場リーダーはどのように思考／志向を転換すべきかに加えて、経営者はどのようにＤＸにコミットすべきかについて触れる。読者はこの章を通じて、現場リーダーがどのような思考をすれば、チーム・部門が辛さを乗り越え、ビジネス価値を生み出し、結果としての幸せを得ることができるのか、そのために経営者がどのような覚悟・支援が必要となるのかを学ぶことができる。

本書を手に取る皆さんにとっては、この本は決して心地よい読み物ではないかもしれない。「まやかしＤＸとの決別！」は、これまでの成功体験をそのまま踏襲することを否定し、ぬるま湯の心地よさから脱却することが前提条件となる。その上で、過去の慣習を断ち切り、痛みを伴う変革に挑むことを促す本書は、読者にとって厳しい現実を突きつけるかもしれない。しかし、その痛みを乗り越えることで、企業の真の競争力と成長という果実を得ることができると確信している。

言い換えれば、日本の企業が直面している「失われた30年」を終わらせ、再び競争力を取り戻す方法を本書は紹介している。生成ＡＩ時代におけるＤＸは、単なる技術導入ではなく、企業文化やビジネスモデルの根本的な見直しを必要とする大きな挑戦だ。本書の五つの「まやかしＤＸとの決別！」の実践方法は、読者がＤＸに挑戦する具体的な方法を理解するのを助け、痛みを伴っても成果を出すための具体的な指針を提供する。

言うまでもなく、ＤＸの主役である現場リーダーは、近い将来の企業経営を担う重要な存在だ。生成ＡＩやＤＸを単なる技術導入のツールとするのではなく、経営革新・事業変革の手段として捉え、ビジネス価値の増大に貢献することが求められている。現場リーダーこそが、ＤＸの本質である「破壊と創造」に取り組み、企業の競争力を高めるべきなのだ。現場リーダーが主役となる「まやかしＤＸとの決別！」により、個人も企業も、日本全体も、変わることができるのだ。

ここまで、なぜ今、ＤＸの再始動をすべきタイミングなのか、ＤＸの本質である「破壊と創造」のために、五つの「まやかしＤＸとの決別！」が必要であることを見てきた。これから続く五つの章で、それぞれの「まやかしＤＸとの決別！」の実践方法を詳述していく。

第 2 章

ビジネス価値を自ら定める

――Whatの視点

原則1：痛みを伴わないDX との決別！
時流を読み、ビジネス価値を最大化する

1 「あるべき姿」に共感し、ビジネスモデルを描く

〈1〉DX成功企業が定める「あるべき姿」の類型

企業が将来にわたり市場で競争力を持ち続けるためには、各種事業を通じてビジネス価値、すなわち財務価値、組織価値、顧客価値を高められるようにする必要がある。DXはこれらビジネス価値獲得のために行うものであり、単なるシステムの刷新とは厳然と区別して考えるべきだ。このことから、DXを検討する際には、事業変革のゴール・目的を「あるべき姿」として描くことから始める必要がある。

DXの「あるべき姿」は、類型化して考えると頭を整理しやすい。どこまで経営革新を行うのかを尺度として「対象とするバリューチェーン・ビジネスプロセスの広さ」と「製品・サービスの変革度」により四つに分類できる。DXを成功させるには、この類型の特性および自社の現状を踏まえて「あるべき姿」を描くことが重要となる。以下では四つのDXの類型（図表2－1）について、あるべき姿はどのようなものが考えられるか、事例を挙げて簡単に触れておこう。

①製品・サービスBPR――バリューチェーン・ビジネスプロセス小×製品・サービスの変革度小

製品・サービスBPRは、現行の製品やサービスのバリューチェーンに対してBPRを実施し、新しい技術を適用することで最適化を図るDXの「あるべき姿」である。BPRとは最終的には

図表2-1　あるべき姿の４類型

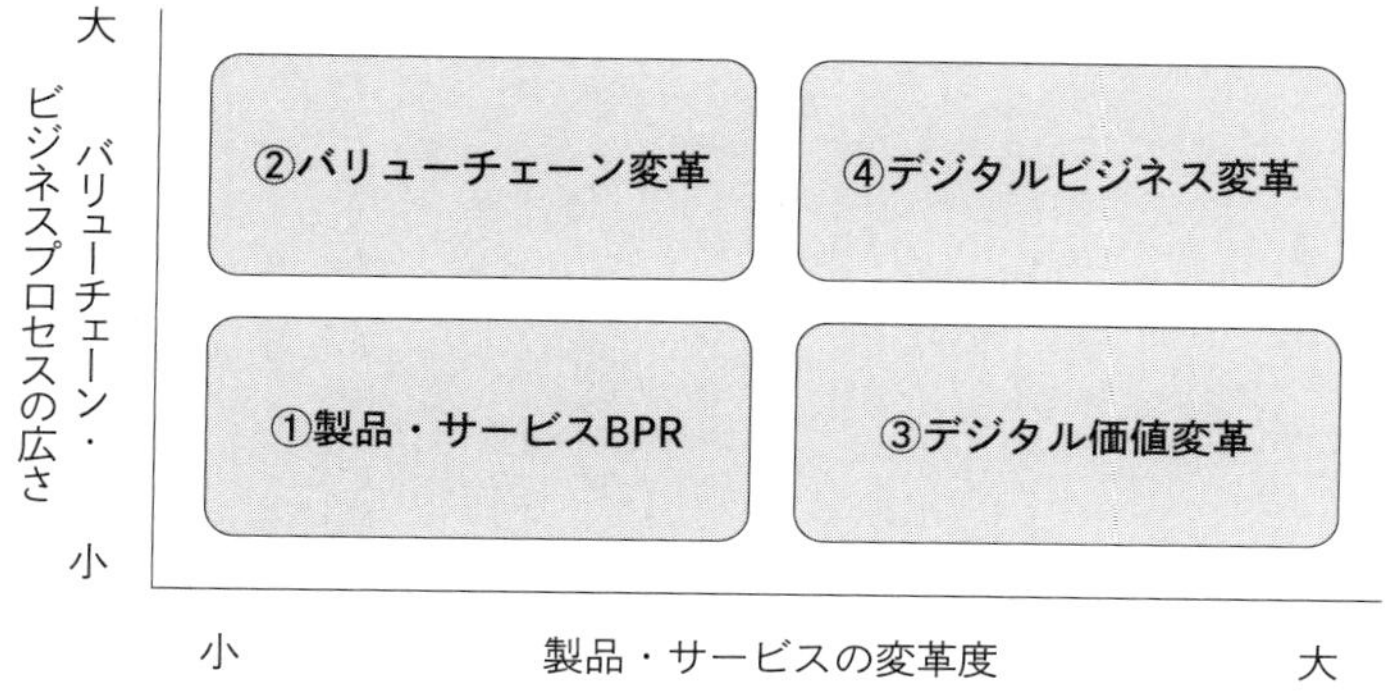

出所：筆者作成

「根本的」「抜本的」「劇的」に「プロセス」を変革させるものであり、「あるべき姿」は「モダナイ」にとどまらず、既存の事業運営を抜本的に再構成し、最新化することが前提となる。この類型のＤＸにおいても、既存の業務プロセスに対する部分的な改良ではなく、前提変えたりや制約をなくしたりといった変革を目指すことが重要だ。これにより、組織全体の効率性が向上し、新たなビジネス価値創出にもつながる。また、市場に存在する先進技術や資源を最大限に活用し、新しい製品やサービスを市場に提供するという発想を取り入れることで、システムの正しい将来像に沿ったデジタル前提の事業部の役割定義が可能となり、市場での競争力強化を図ることができる。

②バリューチェーン変革――バリューチェーン・ビジネスプロセス大×製品・サービスの変革度小

バリューチェーン変革は、現行の製品・サービス提供の枠を超え、業務機能や地域などの広範な領域を対象にバリューチェーン全体を見直すＤＸの「あるべき姿」である。この「あるべき姿」の実現で重要となるのは、バリューチェーン上の多くの関係者を巻き込んだチェンジマネジメントである。

例えば、小売業においてOMO（オンライン・マージズ・ウィズ・オフライン）マーケティングを行うケースがある。オンラインとオフラインのデータを統合し、双方の在庫管理もリアルタイムで把握し、また、顧客の購買行動を総合的に分析する。これにより、個別の店舗やオンラインの顧客接点でなく、全体としての顧客体験を最適化させるものだ。

当然のことながら、複数の顧客接点を意識した業務フローの見直しと統合が必要となり、多岐にわたるシステムの連携が必須となる。オンラインとオフラインのデータを一元管理し、リアルタイムでの分析を可能にするIT基盤も必要だ。このような新しい取り組みに対し、マーケティング担当者のみならず、店舗スタッフや販売戦略担当者など、バリューチェーン上の関係者全員が新しい仕組みを効果的に活用し、ビジネスを拡大できるよう、徹底したトレーニングとコミュニケーション戦略が求められる。プライシング戦略、すなわち、オンライン上の価格競争と立地エリアにおけるリアル店舗のローカルな価格競争の両立をどのようにするか、在庫管理も含め、システムにどう反映させるかといったことも重要な課題となる。

また、バリューチェーン改革においては、生成AIのような社会を大きく変革する先進技術を活用したり、データに対し新規価値を見出したりすることも重要である。例えば、これまでのマーケティングでは、マスの情報をメインで利用していた場合でも、OMOマーケティングでは、ミクロな顧客の購買履歴や行動データを用いて、パーソナライズされた販促サービスを提供し、顧客満足度と売上の向上を図ることが重要になる。また、取り扱うデータを顧客コミュニティやインフルエンサーの活動のデータなどにまで拡張することで、個人ではなくマスを対象としたブームを生み出すなど、より広いバリューチェーン全体での効果を高め、競争力が強化することも検討すべきであろう。

このように、バリューチェーン変革は広範な領域を対象とするため、複数のシステムや業務プロセスの見直しと連携が必要であり、社内横断的に様々な部署の協力と適応が成功の鍵となる。

③デジタル価値変革――バリューチェーン・ビジネスプロセス小×製品・サービスの変革度大

デジタル価値変革は、対象とするバリューチェーンは大きく変えず、複数の製品・サービスを組み合わせたり、新たなデータを追加したりすることで、製品やサービスを革新し新たな価値を生み出すDXの「あるべき姿」である。

この「あるべき姿」では、市場動向・顧客ニーズをつかみ、購買を喚起したり・従業員行動を変革できたりするような「新しいビジネス価値」の定義を行うことが鍵となる。そのため、イノベーションマインドが重要になるだろう。また、生成AIなどの、これまでなかった革新的な先進技術が出現した場合には、それをどのように用いるとこれまで解決できなかった課題を解消できるか、実現できなかった新たなサービスが提供できるかといった発想による「新しい価値」を定義することが有効である。

例えば、独居老人等の暮らしの安全や要介護者の生活安全に対する見守りサービスをIoTセンサーカメラとAIスピーカーを組み合わせてDXした事例では、「顧客の安全をリアルタイムで担保する」という新たに掲げた価値をとことん追求した。従来の見守りサービスでは、定期的な巡回者や見守り対象本人が緊急ボタンを押すことが異常検知の一報となっていた。新しい見守りサービスは、リアルタイムでセンサーが異常を検知し、登録した利用者に即座に異常を通知できる。

センサーカメラから得られる動きのデータやＡＩスピーカーによる音声解析データを活用することで、見守り対象者が通常と異なる動きをしたことを検知した場合や、マイクで拾った音声から異常を感知した場合には、見守り対象本人に対してＡＩスピーカーから注意を促す。同時に、見守り者が現場にいない場合、サービス利用者に対しても異常検知のアラートを発信するといった「事故予防」につながるようなサービスも検討された。このように、ＩｏＴセンサーカメラの検知レベルや、生成ＡＩを用いたスピーカーでの音声でのコミュニケーションの内容・タイミングなど、顧客ニーズに合わせて「あるべき姿」を描くことで、本人、家族や介護者がタイムリーに状況把握を行い、必要な場合に適切なアクションが取れるようになるのである。

④デジタルビジネス変革――バリューチェーン・ビジネスプロセス大×製品・サービスの変革度大

デジタルビジネス変革は、バリューチェーン全体と製品・サービスそのものを大きく変革するＤＸの「あるべき姿」である。自社で開発した先進技術を活用してブルーオーシャンな市場に新たな価値を提供することを挑戦したり、既存の業界慣行を破壊し、新しいビジネスをゼロからを創造したりするような「あるべき姿」となる。

例えば、Ｕｂｅｒはこの類型の成功事例である。Ｕｂｅｒは、自社開発のマッチングアルゴリズムとモバイルアプリケーションを用いて、従来のタクシー業界を変革した。顧客に提供するのは輸送サービスではなくマッチングサービス、すなわちユーザーとドライバーを直接つなげるプラットフォームである。低価格で気軽に移動するというニーズに合致する新たな市場を作り出し、オンラインで全て完結させるといった便利さを追求することで、既存のタクシー業界のみならず、レンタカー業界や物流業界にまで影響を及ぼした事例である。

このような変革には、技術力だけでなく、外部パートナーとの協力やエコシステムの構築も不可欠である。時には新しいサービスを普及させるために、公的な制度の改革を目指すロビイング活動も必要となるだろう。巨額な投資ときめ細やかなリスク管理、そして、経営陣の強いリーダーシップと変革へのコミットメントなど、DXの成功に必要となる様々な要素を組み合わせることが重要だ。

以上、あるべき姿の四つの類型の特徴を解説した。いずれの類型においても、ビジネス価値の創出に向けては、前例を踏襲せずに未来志向で、組織全体が連携してイノベーションが促進することが重要である。同時に、企業・事業部が取れる〝リスク〟を見極め、適切な〝リターン〟を得られる「あるべき姿」とする点にも留意いただきたい。すなわち、経営陣と事業部門の双方が痛みを伴ってでもリターンを得る覚悟を持つことが必要なのである。変革には必ず抵抗や困難が伴い、それを乗り越えなければ本当の変化は実現しない。

〈2〉生成AI時代を勝ち抜くビジネスモデル

あるべき姿に対し、実現方法や事業内容、事業オペレーション、実施体制（リソース）、営業・販売モデルなどを定めるものがビジネスモデルである。

ビジネスモデルの検討にあたっては、顧客が支払う対価を、創出するビジネス価値に対する妥当性・合理性を持つものとして定義するためにも、市場の動きや他社動向、世の中の潮流を意識することが重要である。捉えるべき潮流で重要なものは、2010年代のGAFA台頭に加え、2020年の新型コロナウイルス感染症のパンデミックにより、全世界的に生活様式やビジネス環境に大きく変化している点である。直接的には、リモートワークの普及やオンラインサービスの需要増加に伴い、企業や組織は急速にデジタル技術の導入を迫られた。例えば、Zoom や Microsoft Teams などのビデオ会議ツールは、多くの企業で標準的なコミュニケーション手段となり、従来のオフィス環境を一変させた。また、こうしたツールの利用は、一時的なブームにとどまらず、今やビジネスの常識となっている。そして、「所有から利用へ」のシフトが一層顕著になり、製品やサービスを購入して利用する形ではなく、クラウドサービスやサブスクリプションモデルを必要なときに必要なだけ利用し、対価を支払う形が一気に進んでいる。生成AIの台頭により、より一層のパーソナライズされたサービスが現実的に社会実装され始めている。多種多様なデジタルサービスの利用が一般化し、消費者の生活に欠かせないものとなっている状況下では、「メガヒット」よりも「マイヒット」が求められる時代に突入している。

また、事業オペレーションは抜本改革を伴うものにする必要がある。前項であるべき姿の類型を解説したが、完全に無から有を生み出すことは非常にハードルが高い。したがって、何らかの既存の仕組みをうまく生かすこと、それにデジタルの力を掛け算することで、抜本的な事業オペレーション変革も比較的スムーズに移行でき、あわせて既にあるブームにうまく乗る・ブームをさらに大きくすることが可能になる。

〈3〉ビジネスモデルの実現に向け、現場リーダーが身を切り、組織資産化する

破壊と創造のＤＸを行い、ビジネスモデルを達成する際には痛みを伴う。痛みこそが価値の源泉であり、成長に不可欠な要素であるからだ。一方で、当然のことながらその痛みはコントロールし耐えられる範囲に収めること、そして何より痛みにより生み出した成果を自身の果実にできるようにすることが重要である。ＤＸにより起こる典型的な痛みは以下の５パターンである。

①過去の自分の否定・独自性の否定

ＤＸは従来の業務方法や独自のノウハウを新しいデジタルプロセスで置き換え、組織資産化する活動である。自身のやり方がデジタルに置き換えられ、あるいは携わっていたプロセスそのものが不要とされることにより、これまでの経験とスキルが無価値になったと感じてしまう従業員も少なくない。

②占有していたナレッジの一般化

ＤＸでは、従業員が個人で持っていた専門知識やノウハウが形式知化され、組織全体で共有される。生成ＡＩ時代においては、情報の形式知化や共有はさらに加速化され、学習データとして取り込まれ、正確なアウトプット作成や自動処理を行うための基盤となってきている。例えば、特定のベテラン社員が持っている業務のノウハウが、チェック項目などとしてデジタル処理化され、通常

業務の中で自動処理されるようになることや、マニュアルや過去資料などを自ら検索しなくても、生成ＡＩの支援を受け、業務に必要なドキュメントを作成できるようになることなどが挙げられる。何も手当てをしなければ、そのベテラン社員は優位性や存在価値がなくなったと感じる場合が多い。

③デジタルスキルの低さによる習熟遅延

ＤＸでは、従業員が新しいデジタルツールやシステムに慣れなかったり、システムの使い方を理解するのに時間がかかったりして、生産性が一時的に低下することがある。特にこれまでのやり方に対して完全に適合させていた従業員、ＩＴリテラシーを十分有しない従業員に多く見られる。

④先見えのなさに対する不安・不信

ＤＸでは、デジタル変革の成果が短期的には感じにくい、もしくは従業員目線では成果が見えない場合が多く、変化そのもの、そして将来に対して不安や不信を感じることもある。例えば、新しいデジタルツールの導入が業務効率を本当に向上させるのか、将来的に自身の役割がどう変わるのかなどに対して懸念を感じ、後ろ向きな態度になるケースは多い。

⑤顧客対価が投資に見合わないリスク

ＤＸは新たなビジネス価値を創出するものであるが、顧客はこれまでその価値を知らず、対価を支払っていないために、対価を払うことに対する理解が得られない場合がほとんどである。ビジネスモデルの検討では、未知の価値に対して説得力を持たせる必要があるが、「売れるような適切な価格」を決定することができず、投資に対する適切なリターンを得られないケースも多い。

いずれの痛みも、緩和することはできても逃れられるものではなく、最終的には影響を受ける従業員への適切なフォローとDX成功によるビジネス価値でしか報いることはできない。組織運営においで、この痛みにどのように報いるべきかについては第6章に詳述するが、意識すべきは、現場リーダー、従業員の持つ経験・ナレッジ・スキルはDXにより無価値になるのではなく、組織資産としての価値に転換されること、そして、自身も事業・組織に合わせて変わることにより、新たな役割・存在感を得ることができるということ、新たなる取り組み・価値に対する適切な対価を関係者に納得してもらうことである。DXは人減らしの手段ではない。

一方、経営層はDXにより事業の刷新や新規サービスの開始を可能とする事業体制を確立することが第一である。その上で、デジタル時代の組織資産・デジタル人材をどのように位置付けて管理し、価値を生み出せる源にするかもあわせて見直しを行うべきであり、ビジネスモデルの対価を具体化すべきなのだ。また、現場リーダーが真価を発揮できるように、デジタル素養を持つ技術に明るい人材が現場リーダーを支援する体制を作ったり、ベストプラクティスや先進事例などの適用方法を相談・助言してもらえる外部パートナーの活用をしたりすることなども組み込むのがよい。絵空事、楽観的と捉える読者もいるかと思うが、DXに能動的に取り組み、自身の中で「こうでなくてはいけない」と決めつけていた常識や制約を拭い去り、「破壊と創造」を進めることで、組織で価値を生み出し、価値の対価に説得性を持たせ、組織資産として活用する方法や将来からのバックキャストで課題を解消するスキルを身に付けることができる。これこそが、VUCA（Volatility〈変動性〉、Uncertainty〈不確実性〉、Complexity〈複雑性〉、Ambiguity〈曖昧性〉――物事の不確実性が高く、将来の予測が困難な状態）の時代に潮流に合わせてビジネスを推進するための基礎力になるだろう。

成否の分かれ目

まやかしＤＸにおいては、現場リーダーが旧来のやり方を踏襲することを止める存在はいなかった。これからの破壊と創造のＤＸの痛みは、現状を否とすることを契機に生まれるものである。この痛みから目をそらしてしまうとＤＸの成功は難しい。

ビジネス価値別のＤＸの痛みの乗り越え方の詳細は後述するが、まず取り組むべきは「過去の自分の否定・独自性の否定」を受け入れること、生成ＡＩ等の先進技術の価値を理解し受け入れることである。これは、「まやかしＤＸ」で成功＝老朽化したインフラを刷新できた人、現行システムを用いて安定的に業務遂行しているベテラン従業員であればあるほど難しいことである。現場リーダーは生成ＡＩ等の先進技術が抜本的な変革に大きく貢献し、ビジネスモデルを大きく変え、業績等を向上させるものであること、過去のやり方を捨て去ることで既に成果を生み出している企業があること、過去を否定することは過去を活かすことでもあることなどを一つ一つ自分事として受け止め、「過去の自分の否定・独自性の否定」の必要性を腹落ちさせることが重要となる。

〈4〉DXにより生み出すべき新たなビジネス価値

このように、現場リーダーが破壊と創造のDXで身を切って目指すべき「ビジネス価値」とはどのようなものなのか——。DXを通じて事業部が創出すべきビジネス価値は、企業の経営目標から具体化するものであるが、財務、組織、顧客の三つの視点からは以下のように集約できる。

①財務視点：合理的な判断・意思決定（データ駆動）

膨大なデータが世にあふれ、消費者行動が多様化し、規制やコンプライアンス対応も必須となっている世の中において、企業はデータに基づく客観的かつ科学的な方法で業務上の判断や意思決定を行うことで、将来予測の確からしさの向上、リスクの軽減、生産性の向上、顧客満足度の向上、持続的な成長と競争力の維持を図ることが必要である。

②組織視点：事業のプロセス強化・筋肉質化、レジリエンス向上

第〈1〉項で製品・サービスBPRの説明を行ったが、「根本的」「抜本的」「劇的」なBPRと業界で有効活用できる生成AI等の先進技術を組み合わせ、既存の事業運営を抜本的に再構成して最新化することで、事業のぜい肉をそぎ落とし、最適リソースで全社の事業運営を行うことが可能となる。業務プロセスのデジタル化を行い、業務スピードや精度の向上を図り生産性を向上させること、無駄のないプロセスとリソースにより必要最低限のコストで最大の成果を生み出す組織にすること、変化に対しても迅速に対応できる耐性を持つことで事業の継続性と回復力を向上させること、これらが企業競争力確保の源になるのだ。

③ 顧客視点：ニーズ・動向に合致する顧客体験の提供

ＤＸは競争力を獲得するために行うものである以上、顧客のニーズや市場の変化に迅速に対応することが強く求められる。世の中のビジネスがモノ売りからコト売りにシフトしている状況で、個々の顧客ごとの「顧客体験」に着目し、顧客エンゲージメントを強化し、顧客満足度を高めることが、ブランドロイヤルティ向上につながり、新規顧客・リピーターの獲得双方につながるのである。

ＤＸが目指すべきこれらのビジネス価値について、続く節で、どのようにあるべき姿を描き、ビジネス価値を獲得すべきか、これまでとはどのように違うやり方・工夫をすべきか詳述する。

2 ビジネス価値1――合理的な判断・意思決定（データ駆動）

〈1〉合理的な判断・意思決定（データ駆動）で生み出せるビジネス価値

企業はデータ駆動の判断と意思決定により、過去を活かし、将来のリスクを軽減させ、勝ち筋を見極める形で、企業成長を果たすことができる。ＩＰＡの調査（ＤＸ動向２０２４）の結果においても、ＤＸの成果が出ている企業でのデータの利活用は70％を超え、ＤＸの成果が出ていない企業の回答と比較して30％以上高いことが示されているように、データの活用がビジネス価値の源泉になることに異論を唱える者はいないだろう。合理的な判断・意思決定（データ駆動）で生み出せるビジネス価値は、経営の質向上、売上成長、そしてコスト削減に分解できる。

①経営の質の向上

経営の質の向上とは、経営情報を可視化し、経営言語を共通化し、リアルタイムで共有されたデータに基づいて経営を行うことを指す。経営の質の向上には、データの特性である「客観性・公平性」および「再現性・予見性」を活かすことがポイントだ。客観性と公平性により、データは感情や偏見に左右されず、誰が見ても納得のいく結論を導ける。その上で、再現性と予見性を活用し、リアルタイムで各種応用・分析を行うことで、根拠に基づく合理的な判断・合意を図る。

②売上成長

売上成長を実現する方法として、新たな顧客を獲得すること、新規サービスを開拓すること、売上や受注確度を高めること、売上に至るまでの期間を短縮することなどが挙げられる。データから経営への示唆を導き出す「データ駆動」が売上成長を支えるものとなることから、正しい示唆を得るために、質の良いデータをタイムリーに収集する仕組みを実現すべきだ。そのためには、ＩｏＴデバイスやモバイル端末からの迅速なデータ入力、日々の活動履歴のデータ連携などを利用するのがよい。

③コスト削減

ＤＸを通じたコスト削減は、業務を効率化して作業にかかる工数や時間を削減することや、購買コストを低下させることなどが挙げられる。前者は後続の「ビジネス価値２——事業のプロセス強化・筋肉質化／レジリエンス向上」で詳述することにし、ここでは、購買コスト削減に関するデータ活用を解説する。

購買コストの削減のために実施すべき事項は、サプライヤーの定量評価や適正価格への交渉、役務工数の妥当性評価、標準作業への集中である。これらを実現するためには、購買・契約情報を多面的に分析することが重要となる。その際には、契約や請求に関する内部情報だけでなく、購買先に関する客観的な外部情報を組み合わせることで、妥当性と合理性を高めることができる。

具体的な事例を紹介しよう。ある機器製造業では、多くのサプライヤーと取引を行っており、相見積もりによって外部コストを削減する一方で、サプライヤー管理や契約調整にかかる内部コストが増加していた。この問題を解決するために、ロングテール（少数の契約しかないが、多数の企業数が存在する状態）となっている小規模サプライヤーを整理し、主要なサプライヤーに集中することで、業務品質の向上と人件費の削減を図った。この結果、サプライヤー管理の効率が大幅に向上し、内部コストの削減に成功した。

別のある通信サービス業の事例では、顧客構内設備サービスの提供に関する設置工事やメンテナンスの外注を多種多様な調達方法で行っていた。過去の契約を分析した結果、繰り返し発生しているサービスを標準化することが効果的であると判断し、標準作業として定義した。これにより、85%以上の作業を標準契約書で締結することができ、契約の手間を大幅に削減した。標準契約書で締結できないものについては、そもそもの工事やメンテナンス方法を見直すことで、標準作業でできる方法を検討し、標準化率を高めた。さらに標準化に載らない作業については、「難易度高」「高付加価値」作業と判断し、顧客提供価格に上乗せし、内部工数を外部費用に転嫁させることとした。このように標準化の取り組みによって、調達コストの削減や経営利益率を向上させただけでなく、調達プロセス全体の効率も向上させたのである。

〈2〉「合理的な判断・意思決定（データ駆動）」を妨げる「まやかしDX」の習慣

このようにDXは、合理的な判断・意思決定を可能とし、その結果として経営の質の向上、売上成長、コスト削減を達成するものである。現場リーダーは経営目線を持ち、これらのビジネス価値を獲得する方策を検討することになる。それを支えるため、経営層は会社の進むべき方向性などをしっかり言語化し、それを社員に伝える等の工夫が求められる。しかしながらその際に、経営層、もしくは現場リーダーがあるべき姿の描き方や、KPI（重要業績評価指標）の定義を誤ると、これらのビジネス価値を得ることは難しくなる。

ありがちなまやかしDXの習慣の一つが「財務指標特化KPI」である。最新のERPを導入して経営ダッシュボードで詳細な情報をいつでもトラッキングし、リアルタイム経営を実現したい。そのために、ERPを拡張し、経営ダッシュボードソリューション（BIツール）を導入するものの、経営に直結する情報、例えば製品別売上、事業部別利益率、地域別販管費などの財務集計にとどまってしまう。

ERPからは様々な切り口から財務状況そのものを可視化することはできるが、その裏付けとなる施策の効果や事業の成否の影響はわからない。当然、事業プロセスのボトルネックや改善のポイントを特定することが難しく、実際の事業推進に必要な示唆を得ることができない。また、現在の状況、すなわち過去の取り組みの結果は可視化されるが、現在の施策が与えるインパクトや将来の予測などが分析できず、未来志向のアクションを起こすことが難しい。

「乱立ＫＰＩ」となるケースもある。経営ダッシュボードへの期待により、経営層はそれぞれの立場から見たい情報を網羅的にＫＰＩとして設定したがるケースはよくある。経営ダッシュボードではそれらをグルーピングして表示し、各経営層が必要な情報を一目で把握できるようにする。しかしながら、このＫＰＩは様々な人の思いがあふれ、情報が盛り沢山のものになってしまう場合には、チャートや表が乱立し、情報の整理が難しくなる。

また、それぞれのＫＰＩの使用目的が部署ごとにばらばらになりがちで、横並びで比較できないＫＰＩが出てきたり、そもそも、何を知るためのＫＰＩなのかという意識が弱くなる。その結果、会社全体として改善に向けたアクションが取れなくなる。

「不適切データの収集・分析」となるケースもよく見られる。生データが存在せず、集計値しか存在しないデータ。リアルタイムに入力されずタイムラグが大きいデータ。継続的に入力されず、マスターの更新も不適切なデータ。これらのデータしか使えない状況でダッシュボードを構築してしまうと、表示する情報が実態を表さないものになる。

成否の分かれ目

まやかしDXにおいては、紙と帳票の世界の発想のまま、データ駆動の取り組みをアナログ処理の延長で考えてしまって失敗するケースが多い。すなわち、デジタルデータであってもアナログと類似の処理がされ、判断においては手作業での集計結果・取りまとめ結果が用いられたために、データを競争力の源泉として活用できなかったのである。

ある設備保守の会社で経営ダッシュボード導入事例を紹介したい。この企業では経営の質を向上させるために経営層が経営判断をするための財務情報を可視化することを目指した。しかし、その結果は期待外れとなり、プロジェクトは失敗に終わった。

まず、同社の経営層が経営判断を行うために必要な財務情報を可視化するという目標自体は適切だった。経営会議で売上成長を議論するツールとしての位置付けも正しい方向性だった。しかし、導入された経営ダッシュボードはその目的を達成することができなかった。その最大の原因は、扱うデータが生データではなく集計データであり、データ間の構造化ができなかったことにある。

集計データの使用にはいくつかの問題点がある。第一に、情報の鮮度が古く、リアルタイムの情報を提供することができない。これにより、経営層が現在の状況を正確に把握することが難しくなる。設備保守のような業務では、リアルタイムのデータが必要不可欠であり、遅延のある情報では迅速な対応が求められる場面での意思決定が遅れるリスクが高まる。

第二に、異なる粒度や観点が混在する元データを用いた集計を行ったことだ。結果として、集計値が同じであっても、現場の実態はまったく異なるものになったりした。また、集計作業自体に手間がかかり、その過程でデータの一貫性や正確性が損なわれる可能性がある。手間のかかる集計作業は、人為的なミスを引き起こすリスクも高く、データの信頼性を低下させる。

第三に、経営判断に用いる各種指標、売上成長、顧客問い合わせ数、保守要員稼働状況など、様々な指標の因果関係が論理的に評価できない状況になった。根拠となる生データに辿り着くことも難しく、経営層はボトルネックがどれかを判断したり、どのような打ち手を採ればよいのかがわからなくなり、多くの分析結果に溺れることになった。

成否の分かれ目は、データの質とその可視化方法と言える。単に多くのデータを集めるだけでなく、「デジタル」の特性を活かし、どのように経営判断に役立てるかを慎重に設計することの重要性を改めて確認したい。

〈3〉「まやかしＤＸ」の習慣を断ち切り、あるべき姿・ビジネスモデルを描く方法

「財務特化集計ＫＰＩ」「乱立ＫＰＩ」「不適切データの収集・分析」などの習慣を断ち切り、「合理的な判断・意思決定（データ駆動）」のビジネス価値を獲得できるあるべき姿・ビジネスモデルを描くにはどうすべきか。適宜外部パートナーの支援も受け実施すべき四つの工夫をご紹介する。

①事業ゴールの定量化・因果関係ツリーの整理

合理的な判断・意思決定では、事業ゴールを定量的に定め、それに至るまでの因果関係を明らか

図表2-2　「SMARTの法則」

S：Specific（具体的でわかりやすいか）
M：Measurable（測定可能であるか）
A：Assignable（誰が実施するか明確か）
R：Realistic（所与のリソースで実現可能か）
T：Time-related（期限が明確か）

出所：George T. Doran "There's a S.M.A.R.T. way to write management's goals and objectives" *Management Review* Nov. 1981より筆者整理

にし、それを用いることで目標達成に向けた一貫性のある判断が可能となる。事業ゴールを明確に定量化するためには、KGI（Key Goal Indicator）を設定する必要がある。KGIは最終的な目標の達成を評価する指標であり、成功しているか否かを総括的に判断するものである。KGIの設定においては、「SMARTの法則」（Specific, Measurable, Assignable, Realistic, Time-related）に従うことが原則となる（図表2－2）。

KGIの設定においては、まずは財務諸表を基に、どのように財務への影響を与えるのかを整理するのがよいだろう。例えば、事業のゴールが既存顧客をターゲットとした新製品の提供であるならば、単に年間売上高を20％増加させるというKGIではなく、新製品ラインの主要顧客層への販売拡大による売上増加や市場シェアの拡大を具体的に数値化するのである。そして、この目標は「確実に達成できる」という発想ではなく、ある程度挑戦的な目標を設定することがポイントである。市場の動向や競合の状況を基に、企業全体の競争力強化を目指す視点でKGIを設定することが重要だ。

KGIを設定した後、その達成に向けた具体的な進捗を管理

図表2-3　顧客分類と行動特性

顧客分類	ステージ	行動特性
潜在顧客	認知	サービスや製品に興味があっても、具体的な関心やニーズがまだ明確でない
関心顧客	興味関心	具体的な関心を示し、情報を収集している
見込み顧客	調査比較	サービスや製品に強い関心を持ち、具体的なニーズが明確になっている
購入顧客	購買利用	製品・サービスを決定し購買・利用する
リピート顧客	継続	再度同一・類似製品・サービスを購買・利用
ロイヤル顧客	定期・周知	複数もしくは継続的に製品・サービスを購買利用

出所：筆者作成

するために重要業績を評価する指標であるＫＰＩ（Key Performance Indicator）を設定する。この過程では、「財務指標特化ＫＰＩ」を避けるためには、ＫＧＩ検討時に整理したあるべき姿に対し、ビジネスモデルの事業オペレーションや営業・販売モデルを踏まえたものとして構造化・詳細化してツリーを整理し、財務のみに限定せず視野を広く、目標達成に必要なプロセスや要素を明確にすることが重要である。

例えば、既存顧客に対する新規製品の売上高を増加させるためには、既存顧客の新規製品への置き換えや新製品の価値認知向上、既存顧客のロイヤルティ向上などが重要となる。これらの要素がどのように連携してＫＧＩに寄与するかを明確にすることが求められる。このプロセスの分解には、バリューチェーンやジャーニーマップ（カスタマージャーニーを時系列で可視化し、タッチポイントごとの行動や体験、感情などを整理するもの）を活用するのも有効な手段である。一例を挙げると、顧客分類（潜在顧客、見込み顧客など、図表2－3）ごとに、関心状態による行動の違いを踏まえてジャーニーとして整理し、ＫＧＩに影響を与える顧客行動を特定することで、結果指標だけでなく、プロセス指標や品質指標も、因果関係を持つ形のＫＰＩとして設定することが可能となる。

② ＫＰＩの絞り込み

合理的な判断・意思決定では、適切な数のＫＰＩを用いるべきである。「乱立ＫＰＩ」は、逆に業績向上の障害となることがある。特に日本の企業文化では「あれもこれも」と多くの指標を設定しがちであり、「念のためこれも」という過剰な管理意識が働くことが多い。ある菓子製造・販売会社では、経営ダッシュボードにおいて経営目線から現場目線に落とし込んだ結果、１０００を超えるＫＰＩ管理となった。例えば、クレーム発生率、業務改善提案件数、販促実施回数などをエリア別、製品群別に設定・管理し、社員の業績評価対象にした。その結果、「自身のＫＰＩを高める」意識が強まり、恣意的にＫＰＩを高める活動（例：儲からない製品への販促）まで横行し、業績に対しては逆効果になったと判断され、その後最終成果とその因果関係の強い１００程度まで絞り込まれた。

このような事態を避けるためには、ＫＰＩの適切な絞り込みが重要である。全てのデータや指標が等しく重要ではないため、絞り込みにおいては、ビジネスの目標達成に直接的な影響を与えるＫＰＩに焦点を当てるべきである。そのための方法として、因果関係の源に近い指標を選ぶことで、ビジネスの根本的な問題を解決する方法がある。例えば、売上の増加を目指す場合、単に売上高だけでなく、リード（まだ顧客として固定していない、初期段階の見込み顧客）生成数や顧客転換率など、売上に直結する要因をKPIとして設定するやり方だ。

また、コントロールできる行動変化の結果指標を設定するのも良い方法だろう。従業員が具体的な活動を通じてKPIの改善に取り組むことができるからである。例えば、顧客満足度を向上させるために、顧客対応時間やフォローアップ率などの行動指標を設定することができる。ここで注意すべきは、単純なプロセス指標にとどめず、プロセス品質の観点を入れることである。単なる作業量の増加ではなく、質の高い成果をゴールにすることで、恣意的にKPIを高めることを阻止するのである。すなわち、顧客対応時間だけでなく、顧客利用率や成約率をKPIに含めることを考えるべきである。さらに、ボトルネックとなっている活動に対して指標を定義するのも良い方法だ。ボトルネックを解消することで、業績全体のパフォーマンスが向上できるからである。例えば、製品の出荷遅延がボトルネックになっているのであれば、出荷時間や在庫回転率をKPIとして設定することを考えるべきであろう。

③将来ロジックの組み込み

合理的な判断・意思決定では、「リアルタイムに現状を把握する」ことにとどめず、将来に向けての示唆が得られるようにすることが重要だ。すなわち、将来ロジックを組み込み、現状分析だけでなく、将来の動向を予測することで初めて、適切なアクションを計画することが可能になる。

そのためには、傾向分析を取り入れることが基本である。過去のデータからパターンやトレンドを見出し、それをもとに将来の動向を予測する。例えば、売上データや顧客行動データを分析し、季節性や周期性などの傾向から、将来の売上を予測するのである。また、因果関係ツリーを用いたシナリオ分析も重要だ。これは、ビジネスの目標達成に必要な要素やプロセスを明確にし、それらがどのように相互作用するかを理解するための手法である。さらに生成ＡＩを組み合わせることで、予測に基づく効果的なコンテンツを生成し、そのコンテンツの顧客価値をフィードバックすることで予測の精度を高めるといったサイクルも検討したいところだ。

例えば、マーケティングキャンペーンの効果を予測する際には、キャンペーンの実施がどのように顧客行動に影響し、最終的に売上にどのように貢献するかをシナリオ分析でシミュレーションすることが考えられる。また、ＡＩや機械学習を活用した予測分析機能、さらにはコンテンツ生成を取り入れることも検討すべきである。過去のデータから複雑なパターンを抽出し、キャンペーンの内容を検討すると同時に、ターゲット層がどのような文言に反応を見せ、どんな口調を好むかなどを高精度で予測し、最も多くのインプレッションとクリックにつながりそうな広告コピーをＡＩに生成させる。そして、広告コピーへの実際の反応や売り上げの結果を学習させるフィードバックループを実現することで、効果予測やコンテンツ生成の精度を自律的に高めることが可能になるのだ。ここで、市場動向や競合状況、経済指標などの外部環境のデータを内部データと組み合わせることができれば、より精度の高い予測が可能になる。

④データマネジメントプロセスの再構築

合理的な判断・意思決定には適切なデータが不可欠である。生成ＡＩにおいては、汎用ＬＬＭ（大規模言語モデル）にとどまらず各社の状況を学習させることで、より適切なコンテンツの生成が可能になる。そのため、生成ＡＩに事前のみならず事業実施中にも学習させてコンテンツ品質を継続的に高めることへの取り組みが始まっている。データそのものがタイムリーにアップデートされ、システム上で正確に管理され、意思決定に活用できる環境を整えるためには、データマネジメントプロセスの再構築は必須であり、そのために取り組むべき事項を列挙しておく。

一つ目は1ファクト1プレイス。データの一貫性を確保するために、全てのデータを一カ所に集約し、一元的に管理することである。これにより、データの重複や矛盾を防ぎ、正確な情報を得ることができる。

二つ目は生データの活用。集計値や分析結果ではなく、生データを直接扱うことで集計による情報の損失を防ぎ、より正確なインサイトを得ることができる。これには、情報の機械判読性を担保することとデータの発生源から直接入力する仕組みを整えることが必要である。例えば、営業担当者が現場で取得した顧客情報をそのままの内容として、システムの適切な項目に標準化された様式で入力することなどが挙げられる。

三つ目はマスタデータの整備。マスタデータの整備は、データの整合性を保つために不可欠である。入力者や部署間のデータ差異をなくすために、業務手順書を整備し、標準化を図る。さらに、全社共通のＩＤを導入し、製品ＩＤや顧客ＩＤなどの統一を図ることが、集計・分析の精度を高めるための必須条件となる。

四つ目は履歴の管理。データの変更履歴を管理することで、データの透明性と信頼性を確保する。例えば、製品説明の変更履歴を残すことで、過去の情報と現在の情報を比較できるようにすることなどが挙げられる。

最後にデータプライバシー・ガバナンス、権限管理である。データの取り扱いに関しては、適切な権限を有する者が適切に処理できるガバナンスが重要である。データのアクセス権限を適切に管理し、データの漏洩や不正アクセス、不適切な学習データの登録を防ぐための仕組みを整える。

3 ビジネス価値2――事業のプロセス強化・筋肉質化／レジリエンス向上

〈1〉事業のプロセス強化・筋肉質化／レジリエンス向上で生み出せるビジネス価値

企業はエネルギーコストの増大、サプライチェーンの混乱、インフレ率の上昇などへの対処に迫られており、レジリエンスの向上や生産性・効率向上などが急務となっている。これまでは部門ごとに分散された個々の処理を、そのままデジタル処理に置き換えることにとどまっていた企業は多い。今後は、一部に人的（アナログ）処理が残った状態での連携を撲滅したり、統合管理されたデータを用いた一気通貫のサービスの提供などレベルの変革を進め、無駄のないプロセスとリソースにより必要最低限のコストで遂行する必要がある。事業のプロセス強化・筋肉質化／レジリエンス向上で生み出せるビジネス価値は、生産性向上、リソースの最適配置、外部環境変化への迅速な対応である。

①生産性向上

生産性向上では、これまでも、そしてこれからも、少ない時間で多くの成果を出すことが目的であることに変わりはない。同時に、DXにおける生産性向上の特徴は、抜本的な見直しにより自動処理の範囲を大幅に広げ、創出する成果を大幅に高めてトップラインを伸ばし、各種リソースを業務の本質に回帰することを目指す点にある。

抜本的な見直しを行うBPRの最終ゴールとして、必ず目指すべきは大幅な手順の削減である。デジタル変革を可能とする大幅な見直しに向けては、業務フロー全体を対象として見直しを行うこと、標準化を徹底することが重要となる。

標準化の徹底においては、ぜひ切り捨てる勇気を持っていただきたい。必要とされていること以外の要素を排除することは、簡単なようで非常に難しい作業である。「引き算」することに対して、多くの関係者は抵抗感を示し、様々な理由をつけて残存させようとする。丁寧な人、心配性な人たちが、「あれも必要じゃないか」「これもやったほうがよい」と言い始める。そうすると、あっという間にやることが膨れ上がり、どんどん複雑になってしまう。

しかしながら、成果創出に向けては「必要であることのみをシンプルに実行する」ことが最も大切であることを強く意識すべきだ。シンプルに、物足りないくらいからスタートすることが成功の鍵であり、またその中で明らかになる課題は、次の成功の種になる。したがって、いかに太い幹を見つけて、しっかりしたストーリーを作り、抜本的なBPRを行い、最終的には業務プロセスを大幅に単純化する。今の時代、そういったビジネスの勘所を持つべきと言えよう。

具体的な事例として、ある自動車部品メーカーで、多機能工化を進める中、業務習得のための準備・実施に多くの時間を費やしていた例を紹介したい。同社では中途入社や異動も増加し、製造品質を担保するために処理の抜け漏れを防止するための確認等にも多くの工数をかける状況になっていた。また、スキル管理や労務管理も煩雑さを増していた。そこで、ナレッジ習得の徹底、スキルの可視化、手続きの自動化・効率化を目指し、ＢＰＲを行った。

ＢＰＲの際には、「業務マニュアルを念のため紙で配布すべきではないか」「トレーニング実施状況は月次で本人に通知すべきではないか」「高齢の再雇用社員のみ別途管理すべきではないか」といった意見も多く出たが、全体フローである「中途入社・異動社員の多機能工化への業務習得」および「採用からキャリア形成までの従業員スキル管理・労務管理」において重要となる業務で実施すべきことを明確にした。同時に、「ダブルチェックの目視確認等念のためにやるべき事項の不要化」「標準プロセスへの回帰」などを徹底した。この結果、従業員スキル管理・労務管理に係る情報は１００％増加したにもかかわらず、標準業務プロセスへの適合率は大幅に高められ、総作業工数は30％削減でき、大幅な生産性向上が果たせた。

②リソースの最適配置

リソースの最適配置とは、経営資源であるヒト・モノ・カネを各事業に最適に割り当てることである。システムはモノの一部として捉えるのがよい。将来のゴール達成に向けた投資のみならず、現在の問題・課題解消に向けた応急対応の双方の観点からの実施が必要である。リソースの最適配置は企業の成長の源となるだけでなく、就労環境を改善し、従業員満足度の向上にも寄与する。

リソースの最適配置を検討する際には、当然のことながらＢＰＲを前提とする必要がある。現行の業務プロセスに対するリソース再配置を検討することは意味がなく、まずはＢＰＲを通じてプロセスを見直し、その上でリソースの再配置を行う必要があるのだ。

例えば、あるプラスチック製品製造業では、まずデータの民主化から開始した。セキュリティに配慮しつつ、全ての従業員がデータにアクセスできるようにし、企画・製造・品質保証など全ての過程においてデータに基づく管理を徹底し、デジタル技術を活用して効率的なモノづくりを実現したのである。少ない人員でも365日24時間、効率的に稼働できるビジネスプロセスに変革したことで、効率化により生まれた余剰リソースを活用し、新製品の試作や量産化に取り組んだ。これにより、付加価値の高い製品の生産へとシフトすることができた。

③外部環境への迅速な対応

変化の激しい外部環境への迅速な対応を可能とするためには、業務プロセスの標準化とシステム化を進め、運用工数を最小化することが効果的であり、欧米の主要企業は実行している。これにより、日常業務のベースを安定させることができるからだ。この安定したベースの上で、状況に応じて自社独自のシステムの取捨選択を徹底することが迅速な対応につながる。また、明確な指揮命令系統を構築し、適切な権限委譲を行うことで、従業員一人ひとりが自主的かつ主体的に行動できるようにすべきである。このような環境を整えることで、従業員エンゲージメントの高い人材を育成し、組織全体の柔軟性と対応力を高めることができる。

ある製造業では、サイバー攻撃・インシデント発生の回復の迅速化によるレジリエンス向上を目指した。まず、企業は標準プロセスの一つとして「ゼロトラスト」の概念を導入した。ゼロトラストとは、全てのアクセスを常に疑い、検証を必要とするセキュリティモデルである。従来の境界防御型のセキュリティモデルとは異なり、ネットワーク内外を問わず、全てのアクセスに対して一貫したセキュリティチェックを行うことで、不正アクセスの早期検出や被害の最小化を可能とし、いざという時の耐性を高めたのである。

この際に、統合監視と検査の自動化も徹底して行った。最小限の工数で効果を創出できるよう、監視対象や検査項目を最小化できるような業務プロセス・業務遂行体制への見直しも行い、事業基盤の安定性を確保したのである。このような検討は、インシデント発生時にどこから再開することが最小業務状況であるのか等を判断できる現場部門がリードして業務継続の要件などを具体化した。自分事として取り組むことで従業員エンゲージメントを高め、日常業務のベースを整えたのである。

〈2〉事業のプロセス強化・筋肉質化／レジリエンス向上を妨げる「まやかしＤＸ」の習慣

このように、生産性向上、リソースの最適配置、外部環境変化への迅速な対応を実現し、事業プロセス強化・筋肉質化／レジリエンス向上を達成することを目指しているにもかかわらず、誤った思考法・習慣を適用してしまうケースも往々にして見られる。

「まやかしＤＸ」の習慣の一つは「イレギュラー対応プロセス」や「標準プロセスのパターン増加」である。現場での緊急対応や特異なケースに迅速に対処するためには、標準プロセスでは難しいので、イレギュラー対応プロセスが必要である。部署ごとの人員体制・スキルの差異を考えると、部署ごとに異なる標準プロセスを定義すべきではないか。このような発想により、標準化が徹底されないケースは枚挙にいとまがない。

「ノウハウのある人の固定」を行うケースも多く見られる。暗黙知化・属人化しているノウハウを維持し、その人・組織を前提とした業務設計を行うことで、標準プロセスそのものが高度化されないばかりでなく、リソース配置の見直しも進まない。

レジリエンス向上の意識により「過度なリスクの洗い出し」が行われてしまうケースもある。変化への耐性を考える際に、安全性を確保しようとするあまり、想定される全てのリスクを洗い出し、過剰に対策を検討してしまうのだ。あらゆる危機への対応はできるようになっても、その負荷（特にシステム運用における性能や継続性への負荷）は大きく、そもそもの目的である「外部環境の変化に柔軟に対応」は果たせない結果となる。

成否の分かれ目

ここでは、介護事業のケアプラン作成・訪問記録のDX導入失敗事例における、その失敗原因と成否の分かれ目を紹介したい。

この事例の狙いは、以下の3点にあった。
- ヘルパーが本来の業務である介護に専念できるようにすること。
- 日々の介護記録を用いて、より質の高いケアプランを自動作成すること。
- 良いヘルパーに対して適切な報酬を支払い、良い人材を確保すること。

これらの狙いを達成するために、ケアプランと介護記録の電子化を進めた。電子化にあたっては、これまで手作業で関係性を把握していたケアプランと介護記録を被介護者単位で電子的に一元化したが、ここで、標準化を意識せず、単にデータを集約しただけだった点が失敗の一因となった。管理項目が不足しており、介護の実態が詳細に把握できなかった。そのため、作成されるケアプランの質は向上しなかった。また、どのヘルパーが優れたケアを提供しているのかがわからず、評価や報酬に結びつけることができなかった。さらに、このデータは介護報酬請求の事務作業に連携できないものであったため、集計業務等を別途行う負荷が増えた。

また、ヘルパーの報告書作成方法が現場での手作業での作成から事業所でのPC入力に変わったことで、負荷が増大した。ヘルパーは現場で介護記録を取るのではなく、訪問後に事業所に戻ってPCで入力しなければならなくなった。この変更により、ヘルパーの負担が増えただけでなく、介護記録の記載内容も質が低下した。さらに、ケアプランや介護記録は過去の情報の転記・入力や自動作成を可能にして作業の効率化を狙った。しかしながら、自動作成されたケアプランの質の良さをヘルパーが評価し、それを踏まえてより良いケアプランを生成する仕組みが備わっていなかったため、自動作成されるケアプランは、いつまでたっても良いものにはならなかった。

このように、DX導入においては単なるデジタル化・紙の置き換えのみになってしまうと、データの有効活用、現場の負担軽減、フィードバックループの確立などにおいては逆効果になる場合も少なくない。技術の導入だけでなく、それをどのように運用し、成果に結びつけるかの視点が不可欠であるのだ。

〈3〉「まやかしＤＸ」の習慣を断ち切り、あるべき姿・ビジネスモデルを描く方法

「イレギュラー対応プロセス」「標準プロセスのパターン増加」「ノウハウのある人の固定」「過度なリスクの洗い出し」などの習慣を断ち切り、「事業のプロセス強化・筋肉質化／レジリエンス向上」のビジネス価値を獲得できる、あるべき姿・ビジネスモデルを描くにはどうすべきか。二つの工夫をご紹介する。

① ペインポイント可視化・選択と集中

プロセス強化・筋肉質化を図るためには、冗長なプロセスの排除が必要である。第〈1〉項で解説した通り、徹底的な見直しを行うために切り捨てる勇気を持っていただきたい。

業務プロセスの冗長性を関係者で合意する際には、事業部門の現場リーダーが主導し、ボトムアップでペインポイント（放置できず、コストをかけて解決する必要がある課題）を明らかにすることが効果的だ。どの部分で手間がかかっているのかというプロセスのペインポイント、どの部分に頻繁に問題が発生しその解消に時間を費やしているのかという生産性のペインポイント、処理上の不明点等をどのように学び解決しているのかというサポート面のペインポイントを明らかにするのが効果的だろう。顧客が感じるペインポイントだけでなく、従業員が感じるペインポイントも対象とすることで、見直しの必要性をより自分ごととして捉えることが可能となる。

また、データ分析を活用して、ペインポイントの定量的な把握も行うべきだ。プロセスの各ステップにおける時間やコストを数値化し、具体的な改善目標を設定し、効果を測定できるようにするべきだからである。ＤＸはシステム導入後の運用プロセスの中で成果を達成すべきものであり、そ

のためには運用プロセス中も改善サイクルを回し続けられる仕組みとし、持続的なプロセス改善を図るべきである。

ペインポイントが明らかになったら、次にトップダウンで選択と集中を行う。最も重要なプロセスを標準プロセスとして選択し、それをどこまで適用できるかを検討する。この際、標準パターンを設定する際には、最小公倍数ではなく、最大公約数の整理を軸に、いくつかのオプションを組み合わせる形で標準化することがポイントである。既存のプロセスに対する既得権益や抵抗に対しては、それが全体最適に与える負の影響を具体化し、徹底的に排除する形を目指して見直しを行うことが重要である。

ここでは、ある製造業の品質管理プロセスの例を挙げておきたい。この会社では、製造工程で頻繁に問題が発生していた。ボトムアップで製造工程の業務手順に沿ってペインポイントを特定した結果、検査工程におけるデータ取得にかかる手間が多く、また、検査そのものも重複作業がいくつもあり、生産性が低下していることが判明した。そこで、検査工程の自動化に向け、生産工程にも踏み込んで各種データを取得できる環境とした。さらには、多くの不良が予見される検査対象・品質不良項目を中心に、検査プロセスの方法を標準化した。これまでは、全ての検査対象に網羅的に、言い換えると広く浅く検査を行っていたのに対し、標準検査プロセスでは、閾値《しきいち》以内の場合には従来の検査は行われないルールに変えた。これに対して、検査対象外の箇所での不良品の発生による品質低下の懸念を強く示す従業員もいた。しかしながら、生産データの拡充と不良発生確率の分析結果に基づく閾値の定義により、全体品質は上がることが予想された。また、オプションとしての限定数抜き出し検査の実施により、これまでの「広く浅く検査」の有効性（無効性）を一定期間検証することなどとし、個別最適にこだわる品質管理から脱却することができたのである。

②生成ＡＩ等の社会を大きく変革する先進技術の活用方法の習得

ＤＸを通じて事業のプロセスを強化し、筋肉質化を図るためには、社会を大きく変革する先進技術を積極的に活用する発想を取り入れるべきだ。デジタル技術がもたらす価値を理解し、先進技術を効果的に活用することで、業務プロセスを最適化し、競争力を強化することが可能になる。

昨今、社会を大きく変革する先進技術は、急速なスピードで市場での利用が可能になっている。そのため、事業に先進技術を取り入れて市場のニーズに対応することによって、事業の実行可能性を高めることができる。クラウドコンピューティングや生成ＡＩ、機械学習（ＭＬ）、ＩｏＴなどの先進技術は、従来のプロセスを大きく変える力を持っている。したがって、先進技術の活用により、どのようなサービスが提供できるのか、どのようにビジネスプロセスを抜本的に変えられるのか、従来のやり方に存在するリスクはどのように軽減できるのか、基礎をしっかり学ぶことが重要である。「過度なリスクの洗い出し」を防ぐためにも、先進技術が変革後の姿の実現にどのように寄与するのか、そのフィジビリティを検証することがとても重要だ。

例えば、クラウド技術の導入によってどのようにＩＴインフラの柔軟性を高め、コスト削減を実現するべきなのか、生成ＡＩを活用してどのようにデータ分析を高度化し、より正確に消費者や取引先のニーズ、意向をつかむとともに、パーソナライズする価値や自動化する余地はどこにあり、そのためにはどのような学習データが必要になるのか、他業種の事例も含め理解することが重要である。これにより、現状のシステムをどのように見直し、どの部分に先進技術を適用できる可能性があるのか、最大の効果を得るためにはどのような見直しをすべきかの仮説を具体化することができるのである。

成否の分かれ目

プロセス強化・筋肉質化、レジリエンス向上において、重要な要素の一つとして捉えるべきは「従業員エンゲージメント」であると断言できる。スキルのある従業員であればあるほど、今のやり方に対しプライドを持ち、変革することに対して後ろ向きになりがちである。今のやり方の良いところのみに焦点を当て、新たなやり方のリスク・不透明性をことさらに主張する、そんな「抵抗勢力」によりＤＸが進まず、「ノウハウのある人の固定」を前提にすると、リソースの最適配置は叶わず、生産性向上や外部環境への迅速な対応が実現されない。そんな企業は多数ある。

従業員は企業にとって成果の源である。一方で、終身雇用が崩壊しつつある現在、有能な従業員ほど流動性が高いリソースだという点も考えるべきだろう。そのような環境の中、プロセス強化等に向けた従業員エンゲージメントを高めるには、新たなやり方の価値を可視化し、それをロジカルに説明して従業員に腹落ちしてもらうことが重要である。その一方で、現場リーダーが中心となり、ＤＸの目的とビジョンを共有する、それにより企業がどのように成長し、変革した自身がどのような役割を果たせるようになるのかを体感する、愚直とも言える作業を徹底することに尽きるだろう。企業も、DX後の事業で優れたパフォーマンスを創出する人に対してはどのようなインセンティブを与えるかを定義すべきであり、双方のWin-Winの関係を築くことが、従業員エンゲージメントの向上を可能とするのである。

4 ビジネス価値3——ニーズ・動向に合致する顧客体験の提供

〈1〉ニーズ・動向に合致する顧客体験の提供で生み出せるビジネス価値

モノ売りからコト売りの時代になったと言われる時代において、「製品・サービス購買」という断面で捉えず、ジャーニー全般にわたる体験に価値を提供することが多くの企業で取り組まれている。このようなニーズ・動向に合致する顧客体験の提供により生み出されるビジネス価値は、製品やサービスの価値に対する理解を促し、それと合わせた利便性向上を図ること、顧客エンゲージメント強化、ブランドロイヤルティ向上に分解できる。

①製品やサービスの価値に対する理解促進を通じた利便性向上

売上増を目的に、製品やサービスに触れる顧客体験をより向上させる施策を実施する際には、全ての顧客接点（タッチポイント）を考慮し、それぞれの段階で体験を改善することで顧客の価値に対する理解を促進し、利便性の向上を狙いたい。

製品やサービスと触れるタッチポイントでの顧客の意識は、認知、関心、購買比較、利用・購入後の感想、といった段階に分けられる。これまでは、それぞれの段階に対応する部署が独自に分断された施策を実行してきた。しかも、マスを対象とすることが大半だった。個別顧客の属性を詳細に把握しての対応は限定的だったと言えるだろう。DXにおいては、一連の段階を連続的な顧客体験として捉え、全体を通じて価値を提供し、その理解度を高め、利便性向上させることが重要である。

まず、認知段階では、顧客に製品やサービスの存在を知ってもらうことが重要だ。例えば、広告やPR活動において顧客それぞれのニーズや関心を分析し、合致したものを提供するのがよいだろう。関心段階では、さらなる詳細分析などを行い、顧客が製品やサービスに興味を持ち、詳しく知りたいと感じるような情報提供が必要だ。DXにより、顧客への一方通行の情報提供ではなく、顧客からの働きかけ・問い合わせなどのコミュニケーションを円滑化することも重要である。

さらに購買比較段階に移行させるためには、顧客に対する強い働きかけが必要となるケースが多い。そのためには、関心段階の顧客情報をデータベース化し、その中の顧客属性情報や関連購買情報から見込み顧客を特定することや、タイムリーな情報提供等を通じて見込み顧客に育て上げることが重要となる。

購買比較段階では、顧客が他の製品やサービスと比較検討するための情報を提供するものであり、顧客それぞれの状況にあった情報提供をしたり、オンラインで疑似体験をさせたりすることが効果的だ。また、意思が固まったタイミングで速やかに製品・サービスを提供できるように、リードタイムを踏まえて製品・サービス提供に向けての購買・調達プロセスも進めておくのがよいだろう。

特に重要なのが利用・購入後の段階だ。ここでの体験が顧客のエンゲージメントやブランドロイヤルティに大きく影響する。顧客が製品やサービスを利用する際に、期待する成果を得、かつ快適な体験も得られれば、仮に課題に直面した場合も、サポートを受けて迅速に解決し、満足度を高めることができる。DXにより顧客の課題を把握できるようなアフターフォロー、カスタマーサクセスの仕組みを整えることが必要となる。アフターフォローの中では、顧客のフィードバックを積極的に収集し、PDCAサイクルを回すことにも取り組むべきである。例えば、定期的なアンケート調査や使用データの分析を通じて、顧客がどのようにサービス・製品を利用しているかを把握し、改善点を見つけ出す。このような取り組みは、顧客満足度の向上だけでなく、企業の競争力強化にもつながる。

このように、DXの方法論として、顧客体験の全体を見渡し、連続的な体験を提供することは、企業の成長と顧客の満足度向上にも直接的な影響を与える。現場リーダーは、DXにより各タッチポイントでの顧客の体験を細かく把握・分析できるようにし、改善を続けることで、顧客との強固な関係を築くことができる。生成AIにより、各タッチポイントでパーソナライズされた顧客体験を提供することも、ますます重要になるだろう。単なるITシステムの導入ではなく、DXによって企業は〝モノ売り〟から脱却し、顧客に真の価値を提供する〝コト売り〟の企業へと進化することができるのである。

②顧客エンゲージメント強化

企業と顧客の関係は、かつてのように企業が一方的に良い製品・サービスを企画し提供する関係から、優良顧客からのフィードバックを受けて製品・サービスを改善する関係へと変化している。

この変化の中心にあるのが、これまでにも取り上げてきた顧客エンゲージメントだ。顧客エンゲージメントとは、顧客と企業の信頼関係を意味するが、この質と量が製品・サービスの価値を高め、最終的な売上向上につながる時代になっている。

顧客エンゲージメントを高めるためには、まず顧客理解が重要だ。DXとして顧客理解を行うためには、顧客に係る質の良いデータを取得し、顧客の行動やニーズの把握をすべきだ。これには、顧客がどのように製品やサービスを利用しているか、どのような課題や不満を持っているかをデータから明らかにすることが含まれる。質の良いデータを取得するためには、顧客との様々なタッチポイントでのやり取りを記録し、マクロ的にも、ミクロ的にも分析することが必要だ。

その上で量・質ともに顧客コミュニケーションを増やすことに取り組むべきである。これは、デジタルにより効率的に、かつ、高度に行えるようになった領域である。生成AIの登場により、パーソナライズされたデジタルコンテンツが容易に作成できるようになっている点も活用すべきポイントだ。顧客とのやり取りを通じて信頼関係を築くためには、快適なコミュニケーションが欠かせない。顧客の問い合わせに対し、迅速かつ的確にパーソナライズされた対応をすることや、さらには顧客の購買履歴や行動パターンを基にして能動的にパーソナライズされたメッセージを送るなど、タッチポイントにおけるスムーズでストレスのないやり取りや、適切なタイミングでのナッジ（軽い促し）、そしてタイムリーな対応が求められる。

また、顧客満足度を高めるために、他社と差別化できる製品・サービスの提供、把握したニーズを踏まえ、顧客が価値を感じる体験を提供することを検討すべきである。オムニチャネル戦略を取り入れ、オンラインとオフラインを問わず一貫した体験を提供することも効果的だ。例えば、オンラインでの購入履歴を店舗でのサービスに反映させることや、顧客がどのチャネルを利用してもシームレスにサポートを受けられる環境を整えることが挙げられる。

新規顧客を獲得するためのコストは既存顧客の維持よりも5倍も高いとも言われている。この観点からは、既存顧客を維持・拡大することが合理的な戦略になるケースは多い。既存顧客との関係を強化するためには、エコシステムやユーザー会の活用が効果的だ。エコシステムとは、企業が提供する製品やサービスに関連する一連のサービスや製品を含むシステムであり、これにより顧客は一つの環境内で複数の価値を享受できる。また、ユーザー会は顧客同士が情報を共有し合う場であり、ここでの活動を通じて顧客は企業や製品に対する信頼感や愛着を深めることができる。

③ブランドロイヤルティ向上

顧客満足度の先にあるのがブランドロイヤルティだ。ブランドロイヤルティとは、企業に対する高い信頼や強い愛着を持つ状況を指す。ブランドロイヤルティ持つ顧客は、他のブランドでより安価または質の高い製品が出ても、依然として同じ企業の製品・サービスを選択する可能性が高く、ブランドロイヤルティを高めることは、不毛な価格競争から脱却する手段でもある。

ブランドロイヤルティを高めるためには、顧客のジャーニー全体で最適な体験を提供し、顧客の体験や感情を踏まえたタイムリーなインセンティブを用意することや、企業が一貫した信念を持ち持続的に顧客満足度を高める存在であることを内外に理解させるが重要だ。ジャーニーの各所で顧客が潜在的に求めているニーズを満たし、潜在化しがちな不満を可視化して解消し、企業そのものも持続的に成長し、続く製品・サービスにも期待できる体験を提供することで、顧客の共感を得ることができる。

また、ユーザーコミュニティを活用することも効果的だ。ブランドロイヤルティの高い顧客同士が交流し、オンライン／オフライン双方で情報を共有する場を提供することで、相乗効果が生まれ、ブランドへの忠誠心がさらに高まる。さらに、ブランドロイヤルティの高い顧客にインフルエンサーになってもらえれば、他の顧客にもブランドの魅力を伝えることができる。

具体的には、顧客が購入後も満足できるようなサポート体制を整え、ユーザーコミュニティも活用しながら定期的なコミュニケーションを図ることが効果的だ。その際には、顧客の購買履歴や行動データを分析し、個々のニーズに合わせたサービスやプロモーションを提供することも有効だろう。これにより、顧客は自分が特別扱いされていると感じ、ブランドへの愛着がさらに深まる。今後、パーソナライズ化したコミュニケーションの実現や、その先のブランドロイヤルティの高い顧客を特別扱いするパーソナライズ化したサービスの提供は、ＤＸが可能にする目標の中でもますます重要なものの一つになるだろう。

また、現場リーダーは、企業が定めるブランディング方針に基づき、従業員全体に対してもブランドロイヤルティの重要性を伝えることが必要だ。従業員が自社のブランドに誇りを持ち、その価値を理解していることは、顧客に対して一貫したメッセージを伝えるために欠かせない。従業員教育を通じて、ブランドの価値観やミッションを共有し、全員が同じ方向を向いて行動できるようにすることが求められる。

④トラスコ中山――顧客のためのサプライチェーン改革

トラスコ中山は、プロツール（工場用副資材）の卸売業として知られる企業である。卸売業においては、サプライチェーン戦略、すなわち、どのような商品を取り扱うか（商品戦略）、どのように顧客に商品を配送するか（物流戦略）、タイムリーな配送をどう実現するか（在庫戦略）が重要となる。

卸売業においては、顧客接点である商品を対象に顧客体験を考え商品戦略を立案するものの、物流戦略や在庫戦略は顧客体験と直接の関係はなく、顧客体験を支える基盤として位置付け、業務効率化目線に絞って考えるケースも少なくない。しかしながら同社は「ＭＲＯ（Maintenance, Repair and Operations）市場でユーザーに最大の利便性を提供することが我々の使命。利便性に勝るものはない」という発想の下、サプライチェーン全体、すなわち、物流戦略や在庫戦略においても顧客体験を高める取り組みを行っている。

物流戦略として特徴的なのが、「リードタイムゼロ」を目指す施策である。計画的な進捗が求められる日本のモノづくり現場において、「欲しいときに、欲しい分だけ」を実現して工程の中断を抑制することで顧客エンゲージメントを高められるという発想のもと、工場での置き工具サービス「ＭＲＯストッカー」を提供している（図表２－４）。ここでは、顧客ごとの利用状況に合わせて事前に商品の納品を行っており、顧客目線の「必要なタイミングで手元にある」究極の即納を実現している。すなわち、供給者目線の「モノを運ぶ・届けるサービス」を、顧客目線の「モノをいつでも使えるサービス」に転換することを可能としたのだ。

在庫戦略として特徴的なのが、経営指標として「在庫出荷率」を採用している点である。一般的

図表2-4　置き工具サービス「MROストッカー」

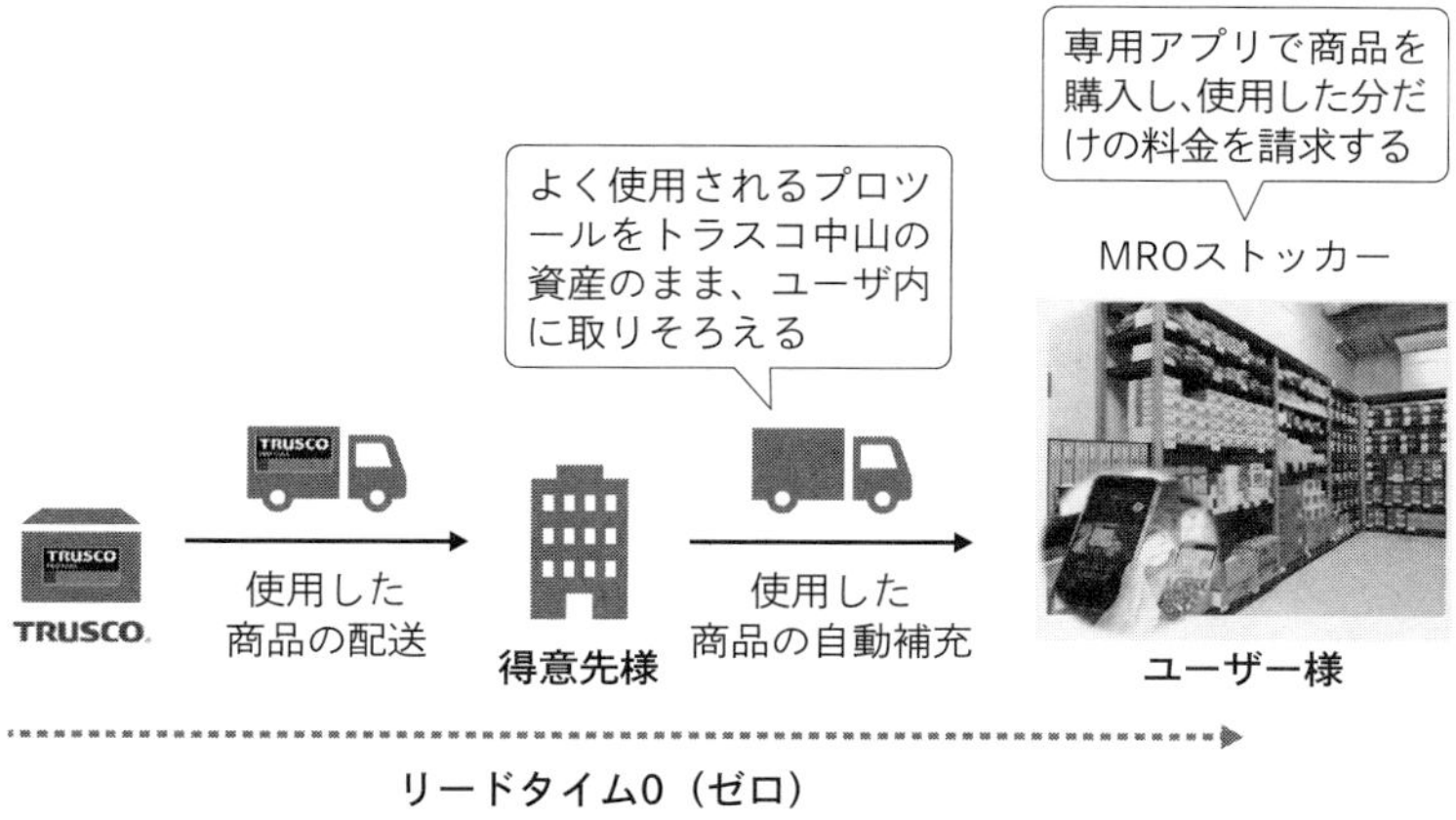

出所：トラスコ中山

に、在庫管理は、業務プロセスの簡素化・効率化の観点から、必要最小限の、売れる商品を対象として在庫をそろえ、在庫日数を短縮し在庫回転率を高めることで、倉庫管理・作業工数を下げることに取り組むケースが多い。しかしながら、トラスコ中山においては、「在庫はあると売れる」という発想から、供給者目線の「売れる商品の最小在庫」という発想をやめ、全受注のうちどれだけ自分たちの在庫から出荷できたかという「在庫出荷率」を重要な経営指標として定めた。

　在庫からの出荷によりリードタイムを短縮しサービス価値を高めるのみならず、「プロツールであれば何でもそろう」という価値を提供することで、ブランドロイヤルティを高めることを目指しているのである。在庫出荷率向上には在庫拡充が重要であるため、例えば、在庫管理システムの出荷情報等からロングテールの実態

図表2-5　トラスコ中山の売上高および在庫出荷率の推移

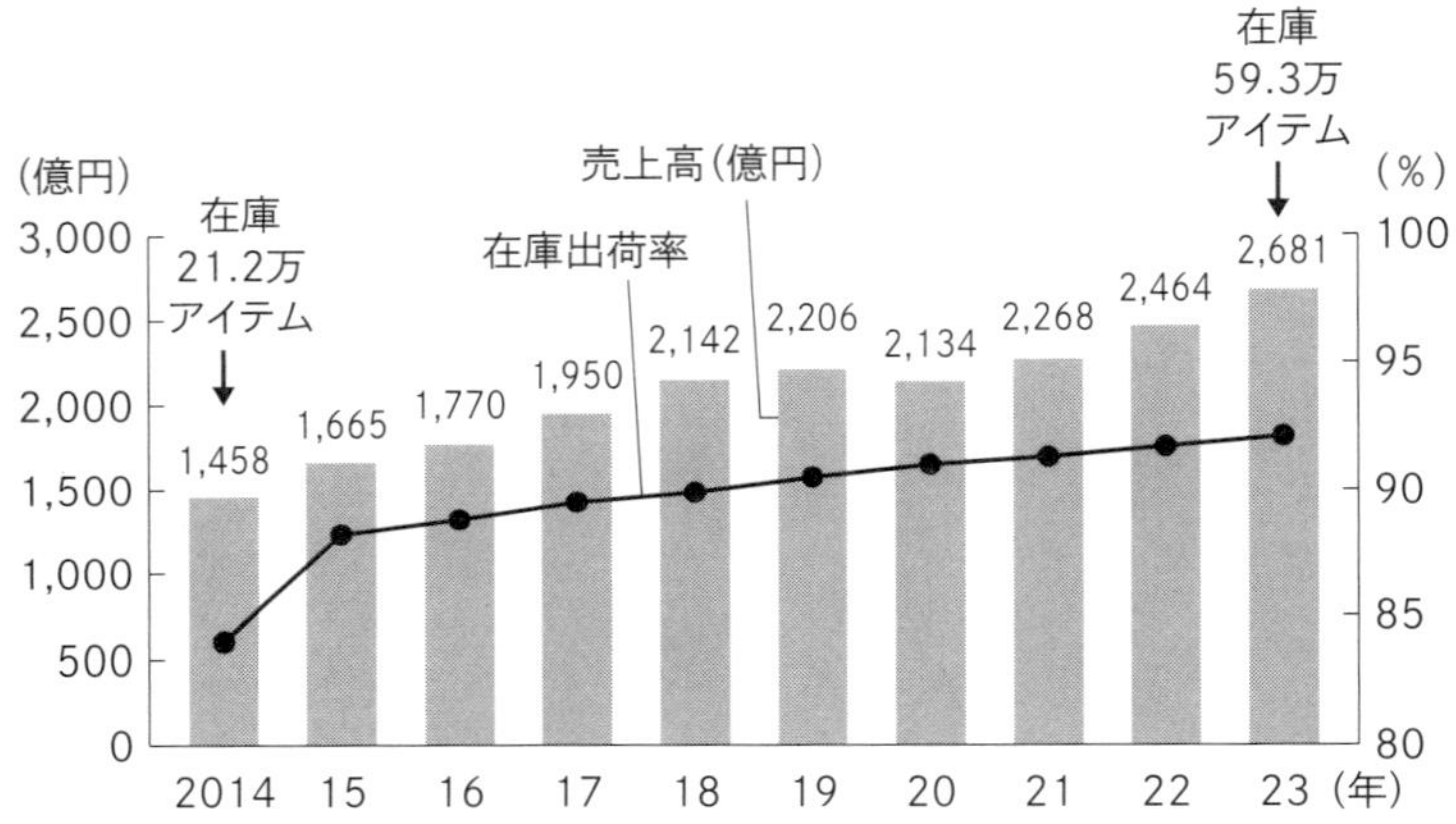

注：2014年のみ2014年3月期。2015年以降は12月期。2019年より連結決算。
出所：トラスコ中山資料より筆者作成

を分析し、ニッチな商品をどのような品ぞろえとすべきかを判断したり、日本全国の隅々までの様々な販売店との販売網を整備したりして、より広い地域に在庫を出荷し商品を届けられる仕組み・データ管理を行っている。その結果、10年前と比較して2倍以上の在庫を保有し、在庫出荷率は9割を超えている一方で、メジャーな商品からニッチな商品まで需給が合致した形での在庫管理を可能とし、廃棄量は在庫の0・1%程度に抑えられている。「トラスコならば在庫がある」という顧客満足度・信頼に基づき、売り上げを成長させている事例と言える(図表2－5)。

〈2〉ニーズ・動向に合致する顧客体験の提供を妨げる「まやかしDX」の習慣

このようにニーズ・動向に合致する顧客体験の提供は、これまでの購買に向けての顧客活動に注力してアプローチするやり方と比較して、より広範囲にかつ顧客目線での取り組みが必要になる。そのためには、顧客中心主義の文化の醸成が重要となるが、これまで供給者目線・自社発想・製品中心の考えでビジネスを推進していた企業においては、なかなかその切り替えができない場合もある。

よくある「まやかしＤＸ」の習慣の一つが、「購買活動特化顧客体験」である。顧客体験を捉える際に知見があるため取り掛かりやすい「購買前」に引き続きフォーカスし、製品・サービスの内容はそのままで、購買しやすくする、購買したくなる体験にフォーカスする。その結果として、実質は顧客目線でなく、供給者目線での取り組みになるという習慣である。顧客が製品やサービスをどう感じ、どう利用し、どう満足するかを見失い、単に内部的な販売プロセスの改善にとどまり、ＤＸで与えるべき価値である「顧客エンゲージメント強化」を果たすことができなくなる。

「過去に評価された製品・サービスの良さの踏襲」の習慣も「ニーズ・動向に合致する顧客体験の提供」の達成を大きく阻害する要因の一つである。現在の製品・サービスの中に価値があり、それを磨くことこそが価値創出方法であるという思考に起因する方法論であり、成功体験を活かしたいという願望を背景とするものである。市場もニーズも大きく変化している現実や、多様性に対応しないと生き残れないという実態から目を背けていることが多い。

市場の変化や多様性に対して過去の成功が将来には役立たないということを認めるのは感情的には非常に難しいことであるが、それを認識することが変革の第一歩だ。また、これは製品中心主義にも起因する。多くの企業で、製品・サービスを供給者目線で改善すれば、自ずと顧客がついてきて売り上げが増えるという発想も根強くある。しかし、このアプローチでは、顧客の真のニーズや期待を見落とす可能性が高い。結果として、現在の枠の中でのカイゼンにとどまり、真の変革はできないのだ。

顧客目線が過剰になり、「あらゆる顧客への最大価値提供」を目指してしまうケースもある。この場合、企業は顧客を最大化するために、既存顧客、潜在顧客の全てにアプローチしようとする。選択と集中をすることを恐れ、全方位にアプローチする傾向が強まる。しかし、このアプローチでは、限られたリソースを効果的に活用することが難しく、全てが中途半端になってしまうリスクが高い。また、このアプローチにおいては、最終的には顧客のブランドロイヤルティ獲得を目指すことに対する意識が低くなることが多い。

ブランドロイヤルティを築くためには、顧客にとっての真の価値を理解し、その価値を一貫して提供し続けることが必要である。しかし、全方位にアプローチすることで、リソース不足により個々の顧客に対する深い理解や、個別のニーズに応える能力が薄れてしまう。結果として、重要顧客に対して価値ある体験を提供できず、ブランドロイヤルティは獲得できないのである。

成否の分かれ目

まやかしＤＸでは、顧客体験の向上を意識し顧客中心主義の発想を取り入れた場合であっても、どうしても供給者理論が捨てきれず失敗するケースが多い。個々の顧客がグループ化された匿名の存在になり、そのマスに対して良いものを提供すれば売れる・受け入れられるという発想が前提となり、個々の顧客の真のニーズなどからずれた対応になってしまうのである。

以下では、大型小売業におけるポイントサービスのDX導入に失敗した事例を通じて、ニーズ・動向に合致する顧客体験の提供において、どのような躓《つまず》きが起こりうるのかを解説する。

この事例では、DXを通じてロイヤルカスタマーの購買を増加させることを狙っていた。具体的には、ロイヤルカスタマーの「ついで買い─関連商品購入」を増やし、訪問回数を増やし、他者に各種商品の良さ・小売業の品ぞろえのセンスの良さを宣伝してもらうことである。しかし、これらの目標は達成されなかった。その原因を見ていく。

まず、失敗の大きな要因として挙げられるのは、供給者目線で発想した「ロイヤルカスタマー」が狭すぎた点である。企業は「大量に買ってくれる人」をターゲットとして、ロイヤルカスタマーにしたいと考えてしまった。そのため、日々通う人や単価の高い商品を購入する人など、他のロイヤルカスタマー層にとってポイントサービスが使いにくいものになっていた。例えば、ポイント付与購入金額下限が高く、外商商品との併用が不可能であるため、頻繁に訪れる顧客や外商で高額商品を購入する顧客にとって魅力的ではなかった。この結果、ポイントサービスの利用が広がらず、顧客の購買行動を分析する機会も失われてしまった。

次に、顧客体験の深掘りに対する意識が弱く、ポイント付与による購買行動のデータを収集・分析しなかったため、顧客の多様なペルソナ（詳細な設定をした架空の人物像や当該人物の思考パターン）を把握できず、商品開発やマーケティングに活かせなかった点も問題だった。顧客がどのような商品を好み、どのような購買パターンを持っているのかを理解しなければ、効果的なポイントサービスを提供することはできない。また、ペルソナの固定化は、多様な感性を持つ潜在顧客への宣伝効果も期待できないものになってしまった。

さらに、購入者目線でのついで買いの魅力が低かった点も失敗の一因となった。関連する商品を推奨するなどのついで買いを促す購買ジャーニーが設計されておらず、顧客が偶然目についた商品を買う程度にとどまってしまった。また、購買後の体験を考慮しなかったため、「ついで買い」のために再度店舗を訪れることが顧客にとって「一度に体験が完結せず面倒」と感じられる結果となった。顧客の視点に立った購買体験を提供できなかったことで、訪問回数の増加にはつながらなかった。このように、顧客視点の取り入れにおいては、供給者理論からの脱却が成否を握ると言えよう。

〈3〉「まやかしＤＸ」の習慣を断ち切り、あるべき姿・ビジネスモデルを描く方法

顧客中心の目線になりきれない習慣、顧客にどう向き合うべきかがわからない状況からどのように脱却するか――。「ニーズ・動向に合致する顧客体験の提供」がビジネス価値を獲得できるあるべき姿であり、それを実現するビジネスモデルを描くにはどうすべきか、以下の三つの工夫を紹介したい。

①ペルソナの絞り込みおよびジャーニーの解像度向上

顧客中心になる、自身を顧客の立場に投影できるようになるためには、「絞り込んだペルソナのジ

ャーニーの解像度向上」に第一に取り組むべきだろう。
ペルソナを絞り込むためには、市場の先読みを行い、今後の中心となる世代や企業に目を向けることが必要だ。例えば、若年層のライフスタイルや価値観、デジタルネイティブ世代の特性を理解することが重要である。また、ビジネス相手として狙うべき対象を選定する際には、購買が期待できる、ロイヤルカスタマーになる可能性が高い、もしくは市場シェアが大きい標準ユーザー層をターゲットにする。これにより、効果的なリソース配分が可能となり、より具体的で実行可能なＤＸ戦略を立てることができる。

次に、ジャーニーの解像度向上のための方法論について見ていきたい。まず、現代の社会における「感性の変化」のスピードを意識することが重要である。顧客の感性は時代と共に激しく変化していることを理解し、その変化を的確に捉えること、そして、サービスデザインの発想を取り込む方法が有効である。すなわち、リサーチにおいては、顧客に与えたい将来価値の仮説を立て、その仮説に基づき、とことん観察する。潜在意識に問いかける調査を行い、顧客の深層心理を理解する。その上で、ジャーニーの整理にあたってはタッチポイントを拡大し、顧客がそれぞれの接点でどのような意識で行動するかを詳細に把握する。これにより、顧客の全体的な体験を向上させることができる。

この「調査」は、業務システムから取得できないケースが多く、まずは社内の関係者に対する疑似インタビューなどで小さく始め、あたりを付けた上で、必要に応じてパネル会社などを使ったより深い調査に進むといった工夫が必要である。

ここでは、体験定義にあたり機能優先にしないことも重要である。市場にある様々な先進技術を活用することで事業の実行可能性は高まるが、一方で発想の枠を狭めるリスクが高いため、「顧客がどのような体験で何の価値を得るか」を軸に考えるべきだ。また、ここで言うデザインとは意匠ではない点にも注意いただきたい。見た目のわかりやすさや綺麗さではなく、使いやすさや操作性、判断しやすさが「デザイン」の本質であることを意識したい。なお、これらの役割を担う「プロダクトデザイナー」の詳細については第5章に紹介する。

②コミュニティを活用した成長

かつての一方向のビジネスモデルから双方向のビジネスモデルに変わっている現代において、企業も参画するコミュニティを形成することが非常に有効だ（図表2－6）。

企業が主導するコミュニティで通常取り組まれるのは、例えば、製品やサービスの使用方法やトラブルシューティングに関する質問や意見交換、フィードバックの提供、最新情報やアップデートの共有、限定コンテンツの提供などである。顧客は企業と直接的につながり、頻度高く双方向コミュニケーションを行うことで、より深い関係を築くのである。

コミュニティの成功を左右するのは、価値あるコンテンツの提供である。顧客はインセンティブなしにコミュニティに参加することはまれであるため、魅力的な特典や限定コンテンツなどの工夫を行い、顧客の関心を引きつけ、コミュニティ全体の価値を高める必要がある。

なお、企業はコミュニティ運営において透明性とオープンなコミュニケーションを重視しなくてはいけない。顧客からのフィードバックを真摯に受け止め、それに対する対応を迅速かつ丁寧に、

図表2-6　共創による事業成長

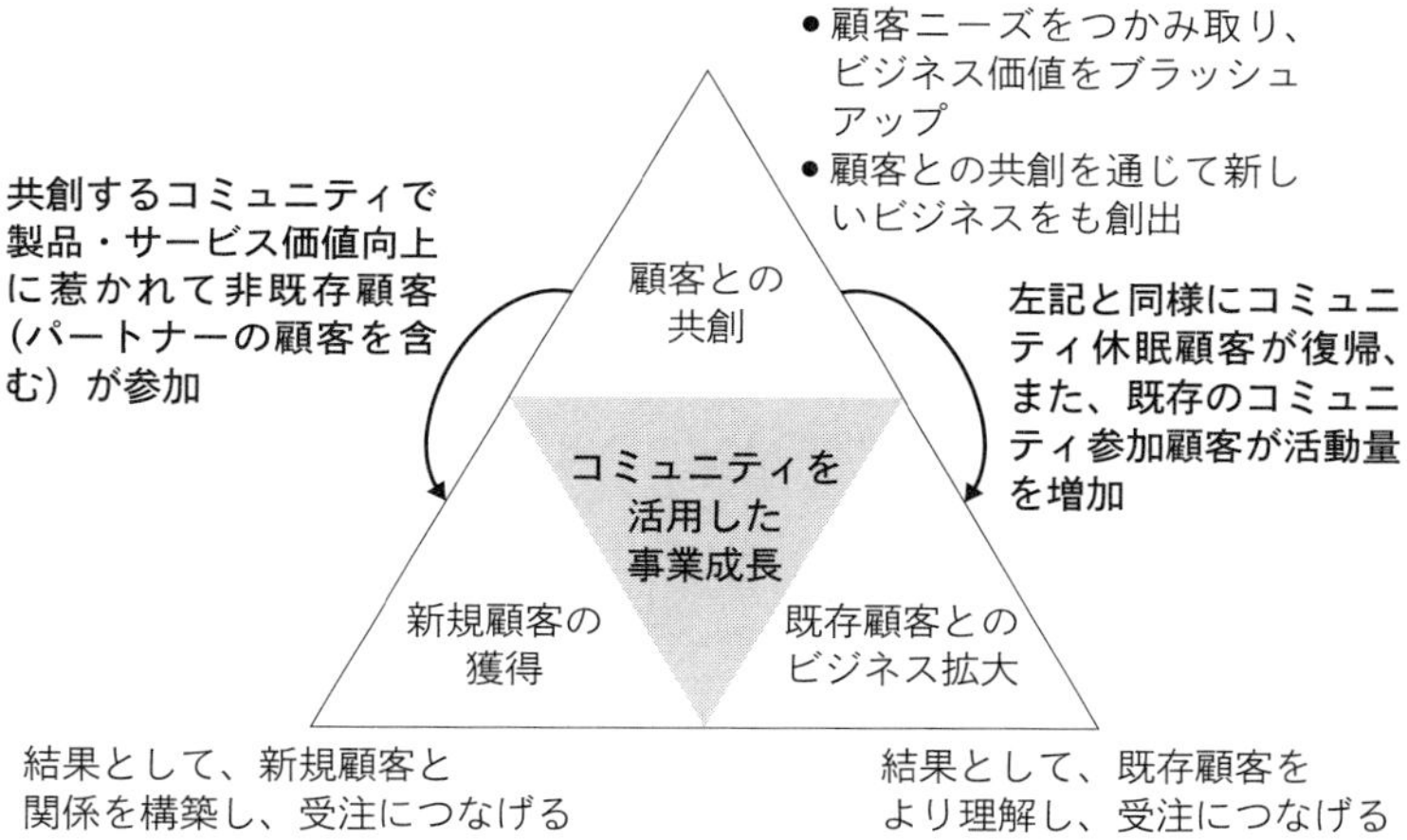

出所：筆者作成

個別の状況に応じた形で行うことで、顧客の信頼を得ることができる。これにより、コミュニティはさらに強固なものとなり、顧客エンゲージメントの向上につながる。

具体的な事例として、クラウドベンダーのユーザー会が挙げられる。これらのユーザー会では、共創の姿勢が強調され、企業からの発信だけでなく、ユーザー同士での情報交換やナレッジシェアが積極的に行われる。例えば、クラウドベンダーは自社のサービスに関する最新情報を提供しつつ、ユーザー同士が成功事例や課題解決の方法を共有する場を提供している。このようなコミュニティは、製品やサービスの向上に寄与するだけでなく、顧客が新たな顧客を呼び込むサイクルが形成されるのである。

③デジタルを活用したパーソナライズ

顧客はニーズ・動向に合致する製品・サー

ビスの提供を受けることにより満足度を感じる。これまでは、ニーズ・動向の最小公倍数を描き、それに合致する製品・サービスを開発し、個々のニーズや動向もそれに振り向ける形で誘導することで満足度を高めてきた。しかし、多様化への対応が必須となり、ブームを作ることが難しくなった現在、パーソナライズの発想がとても重要となっている。

かつてのパーソナライズは、趣味や好み、年代、性別が近しいペルソナの行動データ等から生成していた。しかし、これからのパーソナライズは、生成ＡＩを使った、自身の行動や個社独自のサービス仕様・条件を学習データとした真のパーソナライズに進化している。今後は、生成ＡＩが得意とするリコメンデーション、問い合わせ対応、コンテンツ作成、コンテンツ編集・加工、マクロ分析、将来予測、複数タスクの自動化などの機能を盛り込むことで、個々の顧客のニーズ・動向に合致する製品・サービスを提供できる時代が到来している。

パソコンの普及により手書きがパソコン入力に変化したように、人手もしくはルールベースの処理によるテキスト・音声・画像生成に代わり、生成ＡＩによるデジタルコンテンツ作成・自律処理が当たり前の時代が到来するのは確実である。生成ＡＩ時代を勝ち抜くためにも、企業内の各種データの「ＡＩでの可読性」を高めるデータマネジメントの導入や、生成ＡＩでの自動化を前提としたＢＰＲが重要となっている。この生成ＡＩを用いたパーソナライズについての具体的な方法論は、第４章で詳述する。

第 3 章

DXを事業変革の手段に
――Scope/Approachの視点

原則2：ITによるカイゼンをDXとしない！
旧弊を炙り出し、断ち切れ

1 DXのゴールはビジネス価値創出――ITシステム導入は終わりの始まり

〈1〉意欲的で身の丈に合った事業変革範囲の合意――対象事業・業務範囲定義

第2章で述べた通り、DXのゴールである「あるべき姿」は、単なる業務効率化ではなく、ビジネス価値を創出するものにすべきだ。真のDXを実現するためには、事業部自ら「あるべき姿」を目指して、どこまで事業変革を行うべきかのスコープ（範囲）を明確に定め、ITシステムの導入をその手段として位置付ける必要がある。事業変革のスコープは、企業活動をフロントサービス、バックオフィス、コーポレートマネジメントなどの機能と業務・役割に分解する形で「事業・業務範囲」を定義し（図表3－1）、それぞれの「事業・業務範囲」に対してDXが創出する「ビジネス価値」と「実現可能性」を評価することで優先度を明確にするとよい。

①ビジネス価値の評価

第2章で、DXにより生み出すべきビジネス価値について解説したが、ビジネス価値の評価は、財務、組織、顧客のそれぞれの視点から、例えば、価値創出のスピード、外部環境変化対応、顧客満足度といった要素に対して行うのがよいだろう（図表3－2）。例えば、顧客満足度を向上させることは、最終的には財務利益の増大につながる。価値創出のスピードは、競争が激しい市場での優位性を保つために重要であり、他事業との相乗効果は、企業全体の効率性と効果を高める。このよ

図表3-1　事業・業務範囲（地方銀行の例）

1　フロントサービス	**店舗サービス** 顧客対応窓口、ATMサービス、コンサルティング　等
	オンラインバンキング インターネットバンキング、チャットボットサポート、パーソナライズドサービス　等
	ローン・クレジットカードサービス 住宅ローン、個人ローン、クレジットカードサービス　等
	資産運用サービス 投資信託、証券口座、ファイナンシャルプランニング　等
	デジタル決済サービス 電子マネー、QRコード決済、ポイントサービス　等
2　バックオフィス	**取引処理** 勘定系システム、決済システム、清算システム　等
	リスク管理 クレジットリスク管理、市場リスク管理、オペレーショナルリスク管理　等
	顧客データ管理 CRMシステム、KYC、マネーロンダリング防止　等
	レポーティング 財務報告、規制報告、内部監査報告　等
	文書管理 契約書管理、申請書処理、ナレッジ管理　等
3　コーポレートマネジメント	**経営戦略** 市場分析、中長期経営計画、戦略的提携　等
	財務管理 資金調達、資金運用、バランスシート管理　等
	人事管理 採用管理、人材育成、パフォーマンス評価　等
	コンプライアンス 法令順守、内部監査、ガバナンス強化　等
	IT統制 システムロードマップ、システム開発管理、ITセキュリティ管理　等

出所：筆者作成

図表3-2　ビジネス価値の評価軸

1　企業業績が向上するか

財務の視点	● 財務利益 ● 価値創出のスピード ● オペレーショナルエクセレンス

2　企業力が高まるか

組織の視点	● 生産性・持続可能性向上 ● 外部環境変化対応 ● イノベーションの促進

3　市場での優位性・競争力を獲得できるか

顧客の視点	● 顧客満足度 ● 市場シェア拡大 ● ブランド価値向上

出所：筆者作成

うな相乗効果も含めて評価することが望ましい。

例えば、ある小売企業が「いつでもどこでも」という顧客体験の向上を目指して、オンラインショッピングのプラットフォームを導入するとする。DXの検討においては、この「顧客体験の向上」という価値にとどめないことが重要である。すなわち、まずは顧客が24時間いつでも買い物ができるようにすることで体験価値の向上を目指すべきであるが、最終的な財務利益向上を目指した取り組みを加味して検討することが不可欠である。この企業は、これまで取得できていなかった顧客購買詳細データを活用して、顧客満足度の高い商品を仕入れ、在庫回転率を高めることにした。この結果、顧客満足度が向上し、リピーターが増加し、それとあわせて仕入れの効率化により原価率も下がり、利益が大幅に増加した。このように、DXは、複合的な、段階的に創出される多面的な価値を考慮したビジネス価値の創出を目指すべきである。

② 実現可能性の評価

一方で、実現可能性の評価は、リソース状況、技術的導入難易度、基盤確立状況、業務適用難易度、経営層の積極的な関与といった要素を基準に行う。リソース状況とは、人材や資金、時間の観点からプロジェクトの実行可能性を評価することを指す。リソース状況の評価においては、リスクを適正に見極め、それに対するコストを含めた対策が十分であるかの観点も取り込む必要がある。技術的導入難易度は、新しい技術を導入する際のハードル、外部パートナーの支援の見込みを評価する。基盤確立状況や業務適用難易度は、既存のインフラや業務プロセスとの整合性を評価するものである。そして、言うまでもなく、経営層の積極的な関与は、プロジェクトの成功に不可欠な要素である。

前述の小売企業の事例では、オンライン販売用の商品の購買、調達、販売管理を行うための予算と人材を確保し、オンラインショッピングや電子決済のSaaS（ソフトウエア・アズ・ア・サービス）プラットフォームを活用する形で技術的なハードルをクリアした。同時に、対面販売での購買や販売管理との整合性確保とオンライン販売に特化した差別化を行うための業務プロセスの見直しも行い、少なくともオンライン販売が対面販売の足かせにならないよう、対面販売とオンライン販売の双方を俯瞰的に管理できるような仕組みを整えた。この実行にあたっては、調達部門・販売部門のみならず、経営層からの十分なサポートを得て、経営管理の観点からの最適解となるような対面・オンライン双方のバランスをとる仕組みを検討した。取り組みが功を奏し、プロジェクトはオンラインショッピングのみならず在庫回転率の向上などまでスコープを広げることができ、期待された効果を生み出すことができたのである。このように実現可能性の評価は、プロジェクトの成功に直結する重要なステップである。

③ビジネス価値と実現可能性のバランス

ＤＸの成功には、ビジネス価値と実現可能性のバランスを取ることが不可欠である。どれほど高いビジネス価値を追求しても、抱えるリスクが大きく、その対処（コントロール）ができなかったり、実現不可能であったりしたら意味がない。逆に、実現可能性が高くても、ビジネス価値が低ければ、コストに見合った事業変革をなし遂げることはできない。また、企業の経営目標は複数のＤＸ施策、ＤＸプロジェクトなどを通じて達成するものであり、個々のＤＸで創出するビジネス価値の範囲・量を明らかにし、複数プロジェクトを俯瞰的に見たＤＸプロジェクトのポートフォリオマネジメントも重要である。

そのため、事業変革の対象を検討する際には、企業の経営目標を踏まえ、当該事業変革にかかるＤＸを通じてどのようなビジネス価値を与えたいかという点に注力すべきだ。そこでは、企業の志向・事業部門としての意思が重要である。どのように時代を解釈し、少し先の未来を予測して、どのように適応すべきか、企業・事業部門の志向として明確にするのだ。事業部門が通常行う事業の現状分析や課題抽出だけでは、真のＤＸの方向性を見出すことは難しい。現状分析は過去の結果でしかなく、VUCAの時代においては過去の延長線上に将来は存在しない。ビジネス価値の定義において、受け入れるべきは「産業構造の変化」であり、分析すべきは競合他社や新規参入プレイヤーの動向、先読みした将来の見取り図である。その上で、過去の延長線上にはない顧客ニーズを発掘・再定義し、提供すべきビジネス価値を再定義し、企業の経営目標のどの部分に貢献するのかを明らかにすることが必要だ。

④背伸びしすぎないビジネス価値／実現可能性分析

同時に、「背伸びしすぎない」ことも重要である。第2章であるべき姿の類型を解説したが、バリューチェーン・ビジネスプロセス大×製品・サービスの変革度大を目指すデジタルビジネス変革ばかりがDXではない。早すぎる段階で一気に大規模な変革を行うと、コストがかかりすぎたり、難しすぎて頓挫したり、投資が分散してバラバラの小さな価値しか生まれなかったりするリスクがある。自社のリソースでは使いこなせない高度なデジタル技術、まだ民主化されていない技術の利用は危険である。

高い目標は、達成したいと思う前向きな人の士気を高めるが、勢いで無闇に着手し、収拾がつかなくなる可能性もある。また、普通の人はその高さに不安を感じ、やらない理由を探し始める。よって、最終的に達成すべき高い目標と同時に、まず着実に進めることができる第一歩を明確にし、段階的に進めることも重要だ。なお、「バリューチェーン変革」や「デジタル価値変革」といった変革の範囲をバリューチェーン軸、もしくは、ビジネスプロセス軸のみに絞る手法であるデジタルシフトをどのように進めるかの詳細は第4章を読んでいただきたい。

⑤合意形成とリソースの確保

プロジェクトの立案にあたっては、現場目線で作成した合理的・効果的な事業変革のスコープ案を用いて、経営層と合意を形成することが重要である。社内外の関係者の合意形成なくしては、必要なリソース（人材、資金、時間）は確保できない。また、企業の経営目標のどこにどの程度貢献するものであるか、リスクに対してどのような対処をすべきか等に応じて、確保できる、あるいは確保すべきリソースの大きさも変化する。リスクに対する合意形成がされてはじめて、経営層の支援により重要な意思決定が迅速に行われ、プロジェクトの進行がスムーズになる。さらには、経営層の積極的な関与は、組織全体のモチベーションを高め、プロジェクトへの参加意識を強化することもできるだろう。

〈2〉施策の定着までを視野に入れる――DXプロジェクトの対象とするフェーズ

DXで、あるビジネス価値の創出を達成するためには、ITシステムの導入は最初の一歩でしかなく、新しいシステムが現場で当たり前に使われ、「定着」するまでをプロジェクトの実施期間とする必要がある。DXプロジェクトの成功には、事業遂行の運用フェーズを「定着フェーズ」として位置付け、システム導入後もシステム利用に対して継続的なサポートと改善を行い、現場での実用性と価値を高め、新しいシステムを現場に根付かせることが重要なのである。しかしながら、多くのDXプロジェクトは定着にまで意識が行かず、頓挫することが少なくない。現場目線が欠如したままシステム導入が進み、システム導入の瞬間から誰もが使えて価値を出せるものと考えていたため、運用・普及フェーズに十分なリソースが割かれない。強制的な上からの指示や強制力による「プッシュ」戦略だけで進められたのが主な要因だ。この問題に、どう対処したらよいだろうか。

①定着までをDXプロジェクトの実施スコープにする際に実施すべきこと

「施策を定着させる」ことを目指して、DXプロジェクトの実施スコープを定義する際には4点を意識いただきたい。一つ目は、「現場目線で価値を提供しメリットを生む」フェーズまでを実施スコープとすることである。現場目線で価値を提供し、同時に新しいシステムが現場に直接的な（実感できる）メリットを生むようにすることが必要であり、それにより現場のモチベーションが高まり、初めて現場はDXに本気で取り組むことができる。経営層のため、顧客のためだけのDXでは、現場に受け入れられず、定着させることが難しいのだ。

例えば、新しいCRMシステムを導入する際、現場の営業担当者が顧客情報から営業タイミングを容易に判断でき、顧客の意向を把握できるようにすることが、現場にとっては営業効率の向上や業績向上という「メリット」につながり、モチベーションを高めることが可能となる。

二つ目は実施スコープの各フェーズに対する適切なリソース配分を行うことである。運用・普及には導入・開発と同程度、時にはそれ以上のリソースをかけることを検討すべきである。運用チームには、システム運用保守担当だけでなく、システム導入担当も関わるべきであり、さらにコミュニケーション、人材育成、チェンジマネジメント（変革管理、変革時の現状からの差異に対する実現管理）、コンプライアンス（法令順守・社会規範）などのスキルを持つメンバーも配属することで、定着率は一気に高まる。

三つ目は包括的なトレーニングを行うフェーズもスコープに含めることである。トレーニングは操作説明にとどまらず、システム導入の意義や改善による効果も理解できるような内容にする。例えば、新しいＥＲＰシステムのトレーニングでは、システムの使い方だけでなく、業務効率化のメリットや具体的な業務改善例を紹介することで、現場担当者がＥＲＰシステムを用いた業務遂行に価値を感じ、モチベーションが高まる。

四つ目は導入フェーズで充実したサポートを行うことである。トレーニングではマニュアル配布だけでなく、電話等でのサポートなど、誰もが容易にスキルを獲得できるような仕組みを整える。不安や迷いを早期に解消することが、生産性向上を可能とするだけでなく、旧来のやり方を払拭するのに役立ち、結果として新たな仕組みの定着に寄与する。

②「プッシュ戦略」VS「プル戦略」

ＤＸの導入にあたってはプッシュ戦略がとられることが多い。すなわち、上からの指導や、組織・個人にメリットを提供することで強制的に新システムの使用を促す方法である。例えば、新しい在庫管理システムを導入する際に、トップダウンで使用を義務付け、明確な指示と目標を設定する事例などが挙げられる。このようなプッシュ戦略は、ＤＸに馴染みのない状況で新しいスキルの獲得もしながら進める際には効果的であるが、誰もが当たり前に使うような状況を作るためには、非常に大きな工数・費用がかかるため、ＤＸの定着においては採用が難しい。

多くの場合、ＤＸの定着で目指すべきは「プル戦略」である。前述した定着に向けた環境整備が前提とはなるが、成果が知れ渡り、価値を感じる人が増えることで、自発的にシステムを使いこなそうと思ったり、連携する類似のＤＸの取り組みを行いたいという「プル」を増やすことが重要である。成功事例を共有し、具体的なメリットを示すことで、他の部門やチームも自発的にシステム導入や自身の部署でのＤＸを希望するようになる。

例えば、ＣＲＭシステムを導入する場合、顧客接点を担いＫＰＩとして顧客訪問数などが与えられている営業部門で新しいＣＲＭシステムを導入し、営業プロセスの効率化や顧客情報の一元管理から着手するやり方がある。先に述べた通り、まずは営業現場に直接的なメリットを生む業務プロセスを実現し、営業部が質の良い顧客情報や商談履歴を管理する状況を作る。これらのデータは、当然のことながら、マーケティング部やカスタマーサービス部にとっても有用なデータとなることから、他部門でもＣＲＭ利用に対するインセンティブが高まる。先行している営業部門での成果や価値を他部門での価値としてどのように転嫁できるかを社内で共有し、かつ、その推進ノウハウも提供することで、他部門もシステム利用やＤＸ実施に積極的になるだろう。

③定着のための機能実装・ＫＰＩ測定

以上のように、ＤＸで成果を創出するには定着フェーズが非常に重要な実施スコープとなるため、導入フェーズ段階から定着に必要な機能も実装するように検討することが必要である。定性的で感覚的な評価では、「よく頑張った」ことに終始し、成功・失敗がうやむやになってしまう。この事態を避けるためにも、定着状況や創出効果の可視化のためのデータ取得・分析機能を入れることが効果的である。

具体的には、アプリの使用頻度やデータ量など性能や利用実態に関するＫＰＩ、経営指標を構成

図表3-3　定着を測定するKPI例（海外旅行保険オンラインサービス事例）

1　利用実態に関するKPI	平均手続き時間、離脱者の割合、申請完了までのステップ数、サイト滞在時間、コールセンター問い合わせ解決状況、保険金支払いまでの日数
2　事業実施に関するKPI	月間契約数、リピーター割合、新規顧客数、顧客満足度、市場シェア、担当者処理時間、保険請求受理率
3　熟練状況に関するKPI	ナレッジ登録状況、従業員のトレーニング受講率、従業員満足度、コミュニケーション密度、障害対応時間
4　チェンジマネジメントに関するKPI	システム利用熟練度、トレーニング完了率、FAQでの解決率

出所：筆者作成

する事業実施に関するKPI、組織がDXをどのように受け入れ、活用できるようになっているかを示すチェンジマネジメントに関するKPI、DXプロジェクトの推進の熟練状況に関するKPIなどを定義し、測定するとよいだろう（図表3－3）。

繰り返しになるが、DXプロジェクトはシステム導入がゴールではなく、事業実施・システム運用までを連続的に行うものである以上、KPIの評価にあたっては、システムのライフサイクルを踏まえての投資対効果の評価が必要となる。すなわち、導入当初の効果だけで判断しないことが重要となる。

④拡張に向けての考慮

定着させるということは、言い換えれば、当初は一定範囲のスタートとし、その後拡張するアプローチをとるということである。一気に全てを実現するアプローチは、関係者の大きな抵抗を乗り越えるハードルが高いだけでなく、導入が失敗したときに暫定的に元のやり方に戻すことすらできなくなるリスクも高く、頓挫の原因になるためお勧めできない。

拡張させることを前提とした場合、当初に定めるスコープは拡張性を持つものにすべきであり、また、スコープそのものを確定的なものとして取り扱わず、拡張にあわせて見直すべきものである。そのために考慮したい点は二つ挙げられる。

一つ目は技術の拡張性や将来性を確認し、サポート期間等を踏まえて正しく選定することだ。枯れた（成熟した）技術はトラブルが少ない一方で、将来性の点でサービス拡張時に対応できないケースもあるため、技術採用時には、導入ベンダー等から情報を入手し、同業他社の動向なども確認の上、技術の先進性を評価することが重要となる。生成ＡＩなどの先進技術に関しては、将来性は高い一方で変革の幅も大きくなり、現場の抵抗などが大きくなるリスクもある。そうした点を踏まえて導入範囲を見極め、どのように段階展開させるかを吟味しておきたい。

二つ目は拡張・横展開を容易にするために、幹と枝葉を切り分け、ぶれない幹の展開と、拡張先の実態に合わせる柔軟な枝葉の調整を行うアプローチを組み込むことである。横展開・拡張先の全てに完璧に合致させることができるシステム・業務は存在しない一方で、企業にとって共通した標準として展開することで高付加価値・高効率性を生むベストプラクティスも存在する。その両者を適切に切り分け、それぞれを正しく展開することが、スムーズな定着に大きく寄与する。

〈3〉期間を区切って評価を繰り返し、正しく変化させる

①達成状況の可視化・変化の反映のタイミング

前項で解説した通り、ＤＸの成功には、その定着までを含む長期的な取り組みが必要であり、また、拡張・横展開させることを目指すべきであるが、プロジェクトが長期間に及ぶと、その進行中に効果を実感しにくくなり、不安や飽きが生じやすい。また、定着期間も含む長期にわたる計画において、拡張・横展開を含む先々の実施内容を計画当初に具体的に盛り込むことも現実的ではない。ＤＸプロジェクトは時代の流れを取り入れることが必要であることから、「先見えのしない将来」は流動的なものとして取り扱うべきであり、適宜のタイミングでその流動性を取り込むべきだからだ。

このような状況下のＤＸプロジェクトにおいては、適切に時間を区切り、その期間ごとに達成状況を可視化し、将来の見込みを具体化すること、その上でその都度、計画に変化を反映させることが必要である。すなわち、時間を区切った評価を行うことで、プロジェクトの透明性と信頼性が向上し、将来に対する予測確度を高めて関係者の不安解消につなげ、効果的な拡張・横展開を図る。

前項では定着に向けたＫＰＩの定義、測定について解説したが、当該ＫＰＩを活用し、「合意」に対しどのような達成が行われたのか、成果が創出されているのか、将来予測ではどのような「変化」が予想されるのか可視化することを推奨する。事業企画・要件定義・設計・テスト・事業実施（運用・改善）の様々なタイミングで、ニーズ・期待・想定効果と、実装・実現内容を比較し、必要に応じて軌道修正を行い、さらには、拡張・横展開を計画することがＤＸプロジェクトの成功に寄

与するだろう

②　評価におけるフィードバック・経営層によるプロジェクトレビュー

評価はその時点での達成状況を確認するために行うものであるが、同時に次の段階の改善点を見つけることも必要であり、さらには、どのように将来への拡張・横展開をすることが効果的かの検討もするべきだ。未達の課題等に対する分析を行い、前提事項とすべき事項を精査するなどして、それらをプロジェクト計画にフィードバックして見直すことは当然行われるべきだ。その上で重要となるのは、経営層に対して改善に向けての支援を受け、場合によってはリソース（予算・人員）の再配分を受けることである。

経営層の定期的なプロジェクトレビューでは、ＤＸの進捗状況や品質状況の確認を行う。この時、事業変革のスコープとその成果、さらにはスコープの見直しも経営層と合意形成を図りながら行うことで、経営層はＤＸプロジェクトに割り当てるべきリソースの妥当性を理解でき、改善に向けての支援が可能となる。経営層の積極的な関与、迅速な意思決定により、ＤＸプロジェクトを進捗に合わせ「正しく変化させる」ことが可能となるのである。

例えば、ある製造業の企業は新しい営業管理支援システムの導入を進めていた。経営層が参加する定期的なプロジェクトレビューで、ＰＣ処理を前提とする機能が多く、日次で使う機能であってもスマホからのデータ入力の効率が高まっておらず、出先等から隙間時間に作業することが難しいことを報告し、これらへの対応が急務であることを説明した。経営層は、現場リーダーが提案するこの課題への対応であるスマホ対応機能の追加および日次のデータ入力プロセスの統合・データ連携を承認し、予算・人員を追加で割り当てることを決定した。このように、経営層の積極的な関与と迅速な意思決定により、プロジェクトは正しい方向へと調整され、次のステップへの改善がスムーズに行われた。タイムリーな評価と変化の受け入れが、企業全体の変革を効果的に進めることを可能としたのである。

〈4〉ゴール達成に向けて取るべきDXアプローチ

これまでの〈1〉~〈3〉では、DXで取り組むスコープ、すなわち、ビジネス価値を評価して事業変革の範囲（事業・業務範囲、実施フェーズ）を定める方法、DXプロジェクトの範囲として取り扱うべき事業段階、DXプロジェクトのフェーズの区切り方の考え方を紹介した。

定めたスコープに対して、まず取り組むべきは、DXプロジェクトをどのように進めるかを明らかにすること、すなわちアプローチの決定である。第2章でもシステム導入の前に、ビジネス価値を念頭に、あるべき姿を描き、ビジネスモデルを具体化する必要性を解説したが、DXプロジェクトは一般的に以下の4段階で進められる。

1 ゴール設定（あるべき姿の設定）
2 業務見直し・ビジネスモデル決定
3 システム導入
4 事業実施・改善

続く第2節から第5節では、それぞれの段階で、競争力を高めるためのDXに必要となるアプローチと、それぞれのアプローチで陥りがちな落とし穴とその回避方法を詳述する。具体的な考え方と、各種事例を通じて、実践的なノウハウを身に付け、「最適解を常に見定め」「旧弊を炙り出し、断ち切る」ことを実践いただきたいと思う。

2 アプローチI――先進技術の活用を組み合わせたゴール設定

〈1〉デジタルの活用のみをゴールとする旧弊

①事業変革のゴールである「あるべき姿」の解像度の向上

これまで多くの企業はDXに取り組む際、事業変革のゴールや目的を単純化し、あるべき姿の構想が不十分なまま実行に移している。また、DXの手段であるシステム導入自体を目的化するケースも頻発している。さらには、DX推進時に現状の問題解決に固執する場合もある。現状に対する意識が強く、目の前の問題点に対処することがゴールとされ、その真因や根本的な課題へのアプローチが不足し、長期的なあるべき姿を実現するという発想が抜け落ちてしまうのである。

事業変革の手段としてDXを捉えるならば、DXの対象となる事業・業務範囲を製品・サービス、顧客、従業員、データの観点から再定義し、あるべき姿とビジネス価値を明確化し、企業経営目標への貢献を事業部目線から明らかにすることを重視するべきだ。そして経営層は、あるべき姿が企業の経営目標にどう貢献する見込みかを確認し、それをさらに高めるための方策を事業部門に助言し、実施に対するリソースの提供等の支援をすべきだ。

製品・サービスの再定義では、製品の機能だけでなく、顧客体験全体を見直し、付加価値を提供する方法を具体化する。顧客ニーズの再定義では現在の顧客ニーズを詳細に分析し、将来的なニーズを予測する。これにより、顧客にとって本当に価値のある製品・サービスを提供することを目指す。近年よく取り組まれている例としては、デジタルマーケティングを活用し、顧客の行動データを基にパーソナライズした提案を行うことなどが挙げられるだろう。

従業員の役割再定義では、デジタル技術を活用することで、従業員の役割や業務プロセスを最適化する。ルーティン作業の自動化や、従業員がより創造的な業務に集中できる環境を整えることを検討すべきである。データの活用戦略の再定義としては、データドリブンな（データ分析に基づく）事業推進の観点からデータの収集、分析、活用方法を見直す。例えば、顧客データをリアルタイムで分析し、マーケティング戦略の再構築などが挙げられる。

②あるべき姿の解像度向上の抵抗勢力になる旧弊

このような多面的なあるべき姿の解像度向上を行う場面においては、実際には、様々な旧弊にとらわれ、努力の甲斐なくこれまで同様の、曖昧なあるべき姿で終わってしまう企業が散見される。

旧弊の一つは、手段優先の思考だ。DXプロセスの一部であるシステムやソリューションの導入は多大な費用が発生するため、その検討が最優先事項とされる結果、現場が必要とするビジネス価値を創出する方法の検討は形式的になってしまう。例えば、新しいCRMシステムを導入するケースで、新システムの高度な分析機能や自動化ツールをどう使うかという観点から検討が進み、その設定や使い方の研修に多くの時間を費やすケースは少なくない。その過程で、実際の営業の現場で分析結果をどのように活用するかが曖昧なまま進むこともある。

商談管理の例を取り上げたい。往々にして、処理の自動化・アラートの提示などは十分に議論される。しかし、商談を成功させるためにどんなデータをどのタイミングで収集すべきか、商談記録やフィードバックデータはどうあるべきかといった本来の業務に結びついた議論は掘り下げて行われただろうか。実際に顧客とのコミュニケーションの中で、システムをどのように活用するか具体的な運用方法が不明瞭なまま、定型帳票や既存の活動報告書がシステム導入前のままの様式で実装されてしまうことが起きるのだ。このように、システム自体の検討や性能検証がゴールとなり、実際のビジネス価値を創出するための具体的なアクションが不足し、期待される効果が得られないという問題が生じるケースは少なくない。

二つ目にデジタルの誇大妄想。デジタル技術を導入するだけで様々な業務課題を解決できる手段であると捉え、発注先ベンダーに経営目標だけを伝えたり、あるいは成功した他社事例の活用を希望する旨だけを伝えたりする。ベンダーからは、短期的な問題は解決するものの、長期的な競争力強化には必ずしもつながらない解決策やソリューションが提案され、それを鵜呑みにして採用してしまう。当然のことながら他社で成功した事例を自社にそのまま適用しても、実際には自社の事業実施状況の見直しやソリューションの運用方法を調整しないことには期待した成果を得られない。

三つ目に組織内の抵抗勢力。新しい取り組みを推進する際には、従来の業務プロセスや役割を守りたいと考える従業員からの抵抗は避けられない。従業員の役割を再定義できず、結果として、歪《いびつ》な、時には達成不可能なあるべき姿が描かれてしまうのである。

ある大手製造業の企業では、新しい検品管理システムの導入を進める中で、現場の従業員から強い抵抗があった。従来の手作業による検品に慣れていた従業員たちは、新しいシステムが導入されることで自分たちのスキルが無用になるのではないかという不安を抱いていた。また、新しい検品管理システムではPCおよびスキャナーの操作が必要であり、ITリテラシーの高くない作業者は作業効率が低下することに対しても懸念を感じていた。具体的には、新しいシステムではバーコードスキャナーを使用して検品対象の製品を登録し、センサーで取得した検品結果を確認の上、リアルタイムでデータベースに記録する仕組みになっていた。

しかし、従業員たちはセンサーで取得した検品結果の確認方法やトラブルシューティングに不慣れであり、実際の現場での導入テストでも操作ミスが頻発した。これにより、従業員たちは新しいシステムに対する不信感を強め、旧来の紙とペンを使った検品方法に戻りたいと主張するようになり、センサーで取得した検品結果とは異なる結果を手入力する運用も始まってしまった。

検品管理システムは製造結果と顧客の満足度を紐づけた指標で管理するものとして導入したにもかかわらず、従業員たちが本来のシステムの利用方法を拒否したために、当初定義した役割を果たすことができなかった。製品の検品データがシステムに正確に入力されず、品質管理レポートが不完全なものとなり、製造品質を高めたり、検品作業効率を高めたりすることができなかったのである。バーコードスキャナーを使用して検品対象の製品を登録する工程だけは定着し、あたかも検品データがデジタル管理されているかのように見える状況となったが、実態は手作業で入力された情報が多数残存し、同社は真の生産性向上を果たすことができなかったのである。

〈2〉「最適解」実現のためのゴール設定方法

このような旧弊から脱却し、「最適解」に向けたゴールを設定する一つの方法として、ゼロベースの発想と社会を大きく変革する先進技術活用の発想を組み合わせ、企業の状況・特性に相応しいゴール設定を実現する方法がある。

①ゼロベースの発想・社会を大きく変革する先進技術の活用を組み合わせたゴール設定法

ゼロベースの発想は、既存の常識や枠組みにとらわれず、まったく新しい視点で物事を捉え、企業の真の意思に基づくゴール設定を行う手法である。現場リーダーは、DXのジレンマを克服するためには、痛みに耐え新たなる視点を取り入れ、抜本的な変革を図ることが重要であることから、ゼロベースの発想を取り入れることが効果的である。ゼロベースの発想を適用する際には、五つのポイントを心掛けるとよい（図表3－4）。

まず第一に、時流を理解すること。企業は、現在の市場環境や技術動向を理解し、それに基づいて、これまでの事業の延長線上とは切り離した自身のやりたいことを具体化することが重要である。すなわち、現在のデジタル技術の進展や消費者の行動変化を踏まえ、社会経済の成長等に対し、自社が社会に対しどのような価値を提供したいのかを見極めることが必要だ。

第二に、常識はそのまま使わないこと。自社の製品・サービス、顧客に関する既存の常識や当たり前を疑い、新たな顧客ペルソナやニーズを定義することから始めるのがよい。例えば、今後の時

図表3-4　ゼロベースの発想のポイント

1　時流の理解	市場トレンドの把握、技術の進化の理解、規制と法制度の変化の把握、社会的価値観の変化の理解、競合分析
2　常識をそのまま使わない	固定観念の打破、逆転の発想、外部視点・他業界事例の活用、既成概念への挑戦
3　現在の成功を出発点にしない	過去の成功体験を手放す、現状分析と評価、学習と適応、イノベーション想起、リスクテイク
4　将来の課題を予測	長期的視点の導入、シナリオプランニング、技術ロードマップの策定、環境変化にする高感度、先見性のあるリーダーシップ
5　真の強みを活かす	コアコンピタンスの再評価、リソースの最適活用、独自性の見極め、パートナーシップの構築、持続的な強みの強化

出所：筆者作成

流より、従来の顧客層とは異なるターゲット層をペルソナとして設定し、そのニーズに応える新しい製品やサービスを考案する。

第三に現在の成功・成果を起点とした検討は行わないこと。現在の延長線上にない将来を描くために、成功していない取り組みに注目すること。今成功しているものに固執せず、過去に諦めたものや現在のところ成功していないものに目を向けることで、新たな成長の機会を見出すことができる。

第四に将来の課題を予測すること。現在事業が直面している問題や課題に焦点を当てるのではなく、現時点では先送りにしている、もしくは、暫定対処のみ行っている課題を整理し、その中で将来重要になると思われる問題や根本的な対処により解決すべき課題を特定する、長期的な視野を持つことが重要である。例えば、環境問題や社会的課題に対する自社の取り組みを計画することが代表的なケースだ。

第五に企業の真の強みを活かすこと。短期的な成功ではなく、企業理念として大切にし、どんな状況であっても他社との差別化を図る・図りたいと強く意識している真の強みや将来にわたる強みをどのように活かせるか、または活かしたいかを考える。現在、そして想定する将来に保有する自社の技術力やブランド力を活かした「あるべき姿」を作れるのかを見極めることが重要となる。

第2章でも触れたが、社会を大きく変革する生成AI等の先進技術を活用するという発想は、市場に存在する技術や資源を最大限に活用し、新しい製品やサービスを市場に提供する手法である。この発想を取り入れることで、企業は、先進技術を提供する外部のリソースを自社の現有リソースとどのように組み合わせるかを検討し、独自のゴールを設定することができる。活用に際しては、先進技術活用のポイントや利用方法を、業界で多数の提供実績を有する外部パートナーから提供を受けるとともに、以下に示す四つのポイントを意識するとよいだろう（図表3－5）。

まず第一に自社の能力に注目すること。当該能力を活かして、先進技術を組み合わせると企業として何ができるか、何をすべきかを考える。手段優先の思考の旧弊から脱却するためにも、既存の製品・サービスをどのように活用するかといった実現のための方法論はこの段階では考慮しないことも重要となる。

第二に、技術の基本的な潮流を理解すること。生成AI等の先進技術により世の中がどう変わっていこうとしているのかを理解し、どのような新しいビジネスチャンスが生まれるか、自社の強みがどう活かせるかについて、各種メディアや、外部パートナーのイベント、業界団体での勉強会等

図表3-5　社会を大きく変革する先進技術活用の発想のポイント

1　企業の能力に注目	コアコンピタンスの明確化、リソースの再益配分、内部イノベーションの促進、品質の向上と維持、競争優位性の維持
2　技術の基本的な潮流を理解する	技術動向の追跡、産業標準の理解、研究開発への投資、オープンイノベーションの活用、技術ロードマップの策定
3　システムの正しい将来像を描く	ビジョンの明確化、レジリエンスの確保、モジュール化と柔軟性、持続可能性の考慮、フィードバックループの構築
4　デジタル前提の役割再定義	データ駆動型の意思決定、コラボレーションの強化、アジャイルな働き方の導入、デジタル活用スキルの習得、サービスデザイン思考

出所：筆者作成

で学ぶことが重要となる。デジタル万能妄想による実現不可能な無謀なゴールは設定しない。同時に技術の進化のスピードがとても速いことも理解し、技術の活用によりどのようにビジネス革新を進められるかは優先して検討したいポイントだ。技術の民主化により、活用可能な技術の幅は広がっていること、そのためにも技術活用の源となるデータ整備を進めることが重要になる。

第三に、システムの正しい将来像を描くこと。現在活用しているソリューションやシステムが抜本的に変わるとどのような将来像になるかを考える。例えば、データマネジメントがリアルタイムかつ一元化されることにより、企業の定量データに基づく合理的判断がどのように進化するかを想定する。顧客データの整理・分析・予測を従来の過去情報の整理から生成ＡＩによる管理・分析に切り替えることで、どのように顧客の状況把握や潜在ニーズへの対応が迅速化したり、正確性が向上したりするか、さらには顧客体験価値をどのように高められるかを予想する。ここでも、手段優先の思考とならないようにするため、システム機能起点の発想はできる限り避け、システムソリューションが生み出す価値、ビジネスプロセスの変革に着目するのがよいだろう。

第四に、業務・事業を推進する各社員の役割をデジタル前提で再定義すること。各社員の役割のうち、デジタルで代替できる業務を見極めるところからスタートし、それを前提とした各社員の新しい役割を考える。これからの時代、処理のデジタル代替、生成ＡＩによる自動化は必然であり、手作業を続けることは不可避であることを直視しなければならない。デジタルにより処理の自動化が実現することを前提に関係する社員の職掌・権限を検討することも必要である。

②B2Bデジタルセールス・コミュニケーション事例

ある部品製造のＢ２Ｂ企業は、新たな営業アプローチ戦略を立てる際、従来の購買担当者、経営陣に加え、品質管理部門やＲ＆Ｄ部門のリーダーを新たな顧客ペルソナとして定義した。ターゲットを明確にした理由は、製品の海外市場での展開・競争が激化している市場環境において、グローバルな業界標準への対応の速さや互換性の高さ、サプライチェーンリスク（製品が企画・開発されてから消費者に届くまでのプロセスが途絶える・滞る原因となるリスク）への対応などのビジネス価値を正しくより具体的に顧客に伝えることが重要であると考えたのである。

また、自社の強みが海外拠点での製造から流通までの一気通貫のサービスであったことから、それぞれのペルソナの関心を製品の製造から販売までの活動の各段階で解明し、ビジネス価値をどのように伝えるべきかを明確にすることで、デジタルセールス・コミュニケーションのゴールを明らかにした。例えば、各地域の製品や部品の供給状況やリスク要因をリアルタイムでモニタリングし、リスクが顕在化した際の代替供給ルートの確保状況を可視化し、主たる意思決定者である購買担当者に報告することで、サプライチェーンリスクへの対応のビジネス価値を伝えることにした。これにより供給の途絶や遅延を最小限に抑え、安定した供給を維持するための対応を迅速化できる。

品質管理部門のマネジャーには、部品の品質検査プロセスの詳細なデータを提供し、購買先で組み込まれる製品全体としての信頼性を保証するための情報をパーソナライズして提供する。R＆D部門のリーダーには、部品製造で用いている最新の技術トレンドや製品での新たな利用方法をタイムリーにパーソナライズして提供し、研究開発の効率を高める支援を行う。

また、デジタルセールス・コミュニケーションの実行ツールとして、マーケティングオートメーション（MA）ツールを導入し、マーケティングから販売までの一連の営業活動を一元的に管理することにした。その際に、これまではマーケティング担当者の役割はマスを対象に製品の宣伝・告知のみとしていたが、それを拡大した。すなわち個々の顧客に対し製品情報に関する双方向のやり取りを行う役割として再定義した。具体的には、新たなターゲットとする品質管理部門やR＆D部門のリーダーに対して、信頼性保証に関する情報や部品製造技術など、個々の顧客が製造する製品に直結する情報をピンポイントで提供することにしたのである。これにより、顧客との関係を強化し、時機を逃さず案件の機会創出、機会拡大、そして最終的な契約締結までの具体的な流れをDXのゴールとして明確にすることができたのである。

〈3〉「まやかしＤＸ」に陥る落とし穴とその回避方法

これまで紹介した方法であるべき姿の具体化に取り組んでもなお、「まやかしＤＸ」すなわち、矮小化された目的である効率化のみのＤＸがゴールになってしまうこともある。ゼロベースの発想で物事を捉えることができず、新しい視点のつもりが、過去に引きずられた視点になってしまうケースが典型例と言えよう。

前項で「まったく新しい視点で物事を捉える」ための五つのポイントを述べたが、新しい視点であることを確実にする、もしくは、新しい視点であることを検証するためには、視野を広く持つことがとても重要である。

そのためには、例えば、ＤＸ成功企業がＤＸのゴールに共通的に定めている項目である「将来主要顧客への価値提供」「現場データの活用」「持続可能な製品・サービス提供」などを意識し、自社における適用方法を具体化することも役に立つだろう。急速に社会実装が進む生成ＡＩなどに対しては、広く活用事例を収集し、外部パートナーから役に立つ情報を提供してもらい、現実的な落としどころをその将来性を含めて正確に評価するよう努めたい。ただし、ビッグワードに踊らされないことも重要である。本章の冒頭で「意欲的で身の丈に合った事業変革範囲の合意」の重要性を解説したが、ＤＸのゴールを描く際に世の中で起きている成功例などを見ると、様々な変革の可能性を感じ、ビッグワードを考えるケースもあるだろう。ここで留意すべきは、「あるべき姿」と自社の事業・業務範囲・リソースとの適合性である。世の中の潮流をそのまま流用すると、視野は広くなるものの、自社の目指すべき方向性と合致しない、非現実的なものになるリスクが高い点を意識する必要がある。

他にも、様々な要素を掛け算すると、どのようなビジネス価値に発展できるかを考えることも効果的だ。例えば、将来の課題やその解決策を検討する際に、自社のサービス・顧客の観点からの整理を行うだけでなく、市場に存在する他社の取り組みを組み合わせる方法を考える。過去に諦めた取り組みを復活させる際に、自社のスキルケーパビリティの拡張を考えることに加え、オペレーションモデルの見直しや組織文化の変革にも取り組むことを考える。このように、通常の「価値創出方法」とは異なるリソースを活用する掛け算を考えることで、新たな視点から物事を捉えることが可能になるのだ。

3 アプローチⅡ——しがらみを打破し、先進技術を活用したビジネスモデルの決定

〈1〉旧弊——現行を踏襲した個別最適のビジネスモデル

①ＢＰＲ前提のビジネスモデル

第２章で述べた通り、ＤＸのゴールである事業変革後のあるべき姿・目指すべき姿に対し、それをどのように実現し収益化するかについて、事業内容、事業オペレーション、実施体制（リソース）、営業・販売モデルなどを定めるものがビジネスモデルである。ＤＸ時代のビジネスモデルは、デジタルの力を掛け算して事業変革を行うものであり、痛みにより生み出した成果を自身の果実に

すべきものであり、そしてビジネス価値に対して適切な対価を設定すべきものである。

にもかかわらず、これまで多くの企業が採用してきたビジネスモデルは、現行の課題解決に終始するものになっており、抜本的な改革には至らないケースが非常に多く、新たな収益を得られるものではなかった。目の前にある課題を解決することにフォーカスし、現在の業務プロセス上の支障になっている箇所を改善するための取り組みを行うものであるため、ビジネスモデルの事業オペレーションは現行のやり方の延長線上で決定されていた。そのため、新たなソリューションを導入したり、既存のソリューションを大幅に刷新したりするケースにおいても、抜本的なBPR（ビジネスプロセスリエンジニアリング）を伴わないまま進行しているのである。

BPRは「根本的」「抜本的」「劇的」に「プロセス」を変革させるものであるべきだ。縦割り構造による事業実施において、ベテランの暗黙知を用いて過去の延長線上の着実な成果を求めがちな日本企業においては、事業部門の現場リーダーはどうしても目先のカイゼンに注力しがちであり、「BPR」に取り組めない、取り組まない傾向は強い。

例えば、ある製造業の企業では、在庫管理の合理化を図ることをゴールとし、ビジネスモデルとして在庫の適正化やリードタイムの短縮を検討した。しかしながら、各部署各様のDXへの異論が出され、製品横断的な課題分析や、全社業務プロセスの見直しは行われなかった。このため、製品ごとの観点では課題は解決したものの、製造プロセスとの連携や、流通コストの軽減といった、製造プロセス全体の効率性向上や新たな価値創出には至らず、「製品在庫管理の可視化・効率化」以上の成果を生み出せなかった。

図表3-6　バックキャストアプローチ（GAP中心）

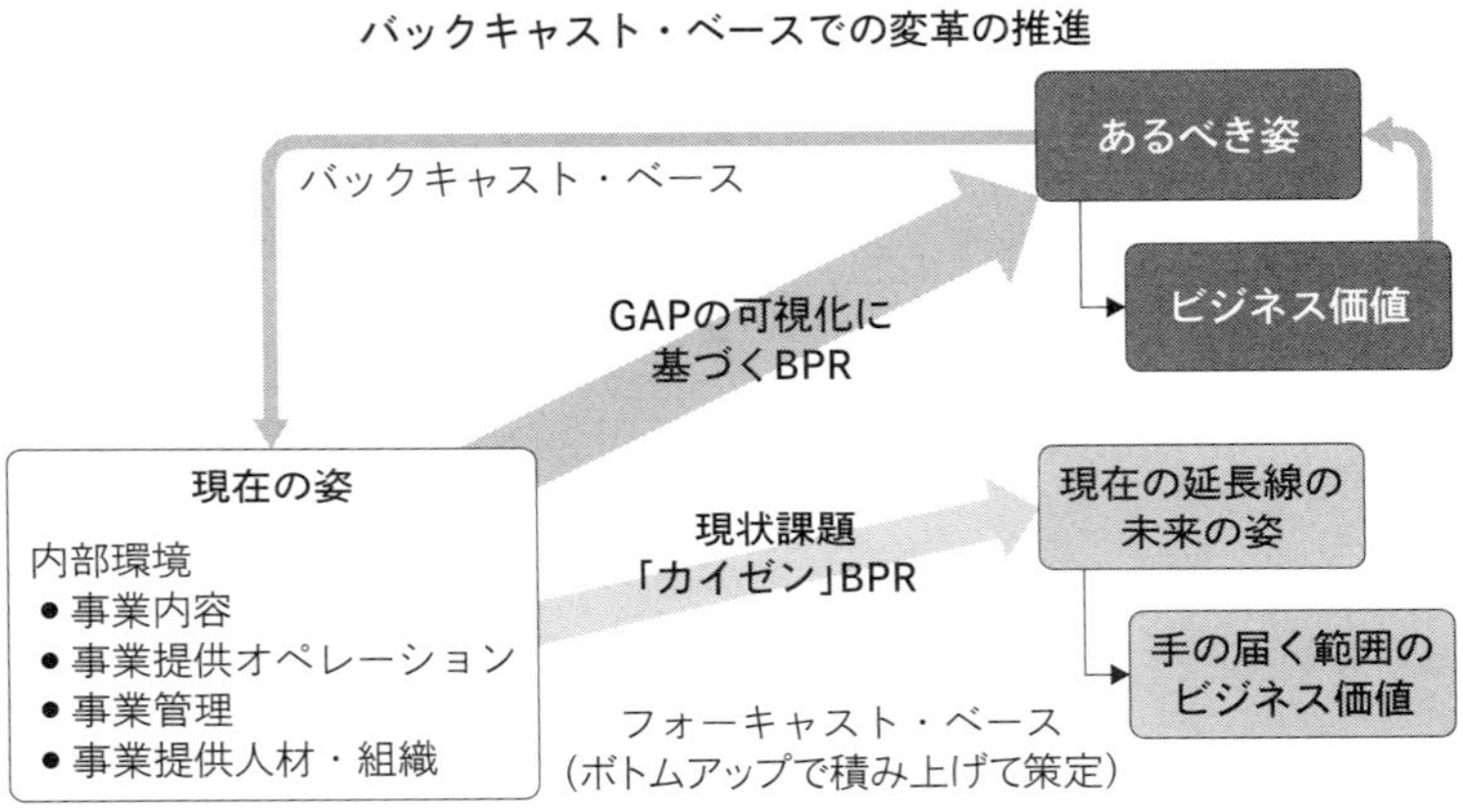

出所：筆者作成

今後のＤＸにおいては、ＢＰＲを前提としてビジネスモデルを定めること、新たなビジネス価値の対価を収益化することが必須である。そのためには、まずＤＸのゴールとして定めたあるべき姿や目指すべき姿に対し、現状とのギャップを分析し、あるべき姿に対し大きな乖離がある箇所はどこなのか、どのような変化をさせないといけないのか、その変化により創出される価値はどのような対価に換算可能かを明らかにするのがよい（図表３－６）。現状目線で全体像を捉えるのではなく、将来の理想的な状態（あるべき姿）を起点にして、そこに到達するためにすべきことを逆算する、バックキャストアプローチを採用し、変化をさせる方法をＢＰＲ内容として具体化する、変化の量を定量化して対価を具体化するのがよいだろう。

ある物流企業では、物流ＤＸにおいて全体最適化を行うことを徹底した。従来の配送センターの効率化だけでなく、配送ネットワーク全体のあるべき姿、すなわち可視化した顧客ニーズに対応する、柔軟な配送オプションが提供できるビジネスモデルを検討したのである。具体的には、オンライン注文データ、配送履歴、フィードバックなどのデータから、顧客がどのようなタイミングで、どのような配送サービスを求めているかを把握した。顧客が求める配送スピードとコストのバランスを考慮し、標準配送、即日配送、指定時間配送などの複数の配送オプションを提供する必要性を理解したのである。

それを実現するためには、配送オプションごとのビジネスモデルを具体化し、例えば、即日配送を希望する顧客には、近隣のミニハブから直接配送を行うモデルを採用した。このミニハブは、市内に点在する小規模な倉庫であり、特定地域内の迅速な配送を可能にする。また、指定時間配送については、ＡＩによる予測と最適化を活用して、顧客の希望する時間帯に確実に配送が行えるように調整した。

このように、バックキャストでＢＰＲ方法を明らかにして全体のビジネスモデルとして検討し、配送オプションの価格を決定することで、サービスレベルを大幅に向上させる等の新たな価値創出と競争力強化を実現することができるのである。

②ＢＰＲ前提のビジネスモデルの抵抗勢力になる旧弊

あるべき姿からのバックキャストを行うこと、ＢＰＲ前提でビジネスモデルを検討すること、新たなビジネス価値を対価換算すること――こうしたことを実行しようとすると、往々にして旧弊に邪魔され、期待通りの結果を得ることができない。こうした旧弊の背景について少し触れておきたい。

一つ目は過去のしがらみ。多くの企業では、現行のプロセスは長年の経験と各方面との念入りな調整の結果であるため、これを変更することに対して強い抵抗がある。特に、現在のやり方が「回っている」状態であると、変革に対する恐怖心もあり、課題が存在しないものとして扱われることが多い。例えば、ある企業では、現在の製品開発プロセスでの試作品作成・品質検証において、マニュアル化されないレベルの根深い慣習を踏襲することが暗黙の了解として避けられず、新技術の導入による抜本的なプロセス改善や品質検証における新たなビジネス価値創出がなかなか進まない状況が続いている。

二つ目は過去の成功体験依存。過去に成功したやり方を踏襲することが将来にわたり確実な成功を生むという思いが根強く、新しい取り組みの価値が認知されない。環境や技術が変化しているにもかかわらず、以前の成功体験に固執することで、思い切ったBPRが採用されず、新しい取り組みにより対価を得ることに消極的になるのである。

例えば、ある中堅出版社では、過去に大規模なキャンペーンを展開し、一度に多数の顧客に同じメッセージを送ることで高い反応率と売上を記録した経験があり、従来の一斉送信型のマーケティング手法に対する信頼度が高い。ソーシャルメディアなどからの情報が多岐にわたり、競争が激化した時代においては、顧客は自身の関心に合致する情報のみに反応する時代となっているが、経営層は顧客のニーズは「時代を切り取った鮮度の高い書籍」にあると考えており、一斉送信型のマーケティングによりブームを作る成功体験をベースとしたマーケティングに期待をし続けている。そのため、生成AIソリューションなどを活用した新しいパーソナライズされたマーケティング手法を導入し、マイヒットによって売上増大を図ることに消極的であり、結果として多様性に対応したビジネス展開は限定的になっている。

三つ目は現行プロセスの維持指向。失敗しないために、現在の安定を担保するために、既存の業務プロセスを維持し続けること、従来のプロセスを維持することが最善とされ、抜本的な改善が行われず、新しい取り組みにより対価を得ることが却下される。これは特に、現場レベルで起きがちであり、新しい取り組みが受け入れられない大きな要因になっている。例えば、ある金融機関では、従来の対面営業の体制と売上目標が強く支持されている。対面営業を通じて顧客と直接会い、個別の相談に応じることで高い顧客満足度と信頼を築いてきたという自負が強いからである。

同時に、デジタルチャネルに対しては、顧客コミュニケーションが希薄になり、操作誤りによりコミュニケーションが不成立になったり、時として誤った情報提供をしてしまったりする恐れがある、セキュリティやプライバシーが確保できないかもしれない――などといった懸念から、対面相談のオンライン予約など限定的な範囲での実施にとどまっている。当然のことながら、スマホ世代の若年層の顧客は、オンライン完結に対するニーズが強く、同社は競合他社に後れを取る結果となっている。現在の優良顧客である中高年層のみでは、今後のビジネス展開は限定的になる可能性が高く、顧客のデジタルニーズに対応することで、将来に向けた市場での競争力獲得を考える必要があるのだ。

〈2〉「最適解」実現のためのビジネスモデル決定方法

このような旧弊から脱却するためには、ＢＰＲを考える際に現場主導で、現状とあるべき姿との差異がどのようなものかギャップ分析を行うとともに、変化に焦点を当てることと、新規技術はどのような変化を生み出せるのかを理解することが重要である（図表３－７）。

①現場主導で変化に焦点を当てBPRをする方法

現場主導で変化に焦点を当てるＢＰＲは、現場のリアルな体感を重視しながら自分事として将来志向でＢＰＲを進める方法の一つである。今までＢＰＲに取り組んだことのない現場社員にとってはどのように取り組むべきかを悩む箇所である。目先の「カイゼン」ではなく、正しい将来志向の発想をする際の考え方を三つ紹介する。

一つ目は、現在ベースでの議論の禁止。現在をベースに議論をすると、どうしても現在をどうするかという議論が、現在のどの部分を維持するかという議論になりがちである。これを打破するためには、将来からのバックキャストの考えを取り入れ、未来から見たギャップという発想を持つことが重要である。現場社員にとっては、今が事実であり未来はその延長線上と考えてしまいがちであるが、ここで、現在の状況は過去の結果であり、過去の遺産と捉えることが重要だ。過去の遺産に固執せずに未来志向で進める必要がある。そのためにも、現在の状況がどのような経緯の結果なのかという分析はあえて行わず、現在の延長線ではなぜゴール（目指す姿）が実現できないのか、将来に向けての課題は何であるか、課題の解消によりどのような対価を得られる可能性があるのかを検討することが必要である。

図表3-7　変化に焦点を当てたBPR

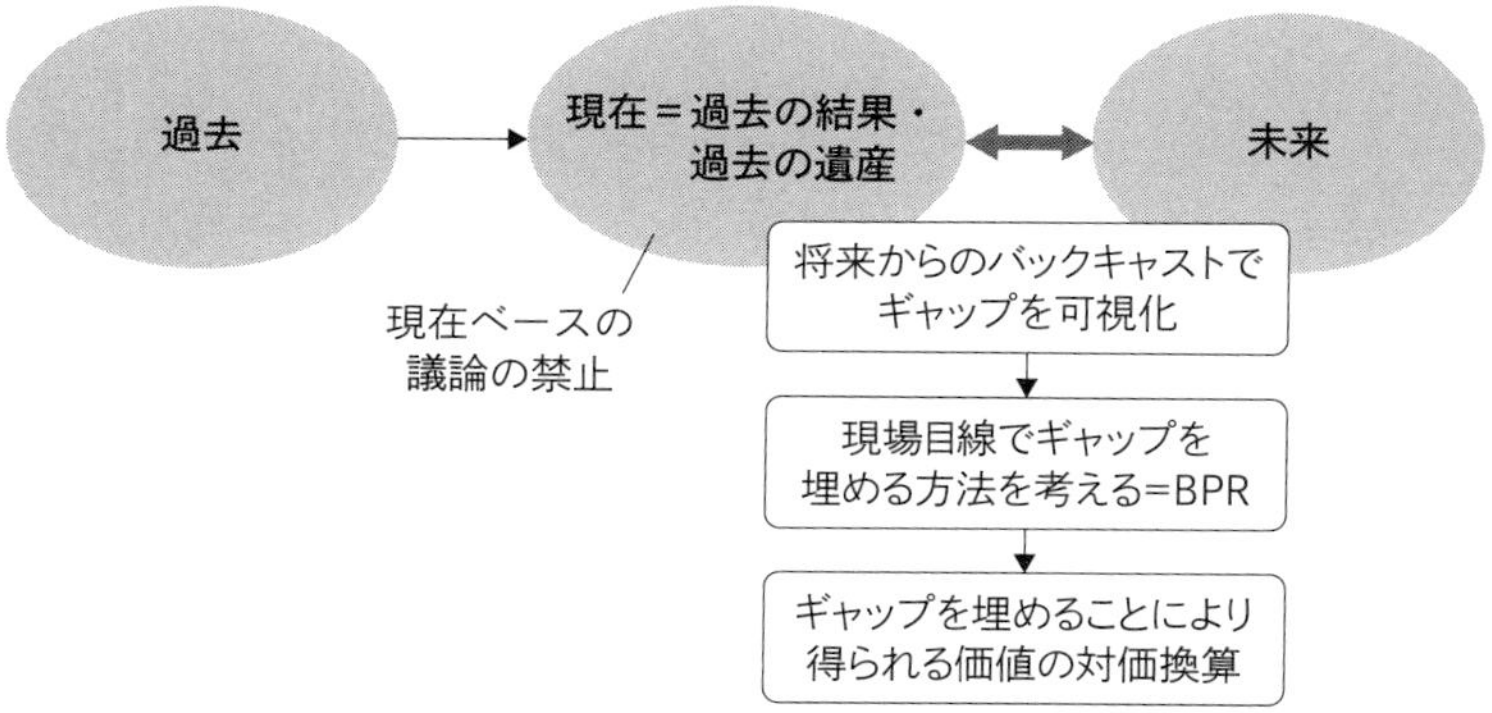

出所：筆者作成

二つ目は、将来とのギャップに焦点を当てること。変化させるべき箇所は、現在大きな課題を抱えている箇所ではなく、将来とのギャップが大きい箇所である。今のビジネスモデルで問題がないとされている箇所でも、将来的な競争力を失う大きな要因になっている可能性がある。生成ＡＩなどを活用して大きく変革させた将来のゴールについて現場目線でより具体像を描き、その達成に向け、いまから変革すべき箇所に焦点を当て、その変革の幅がどのような対価に相当するのかを明らかにすることが重要である。

三つ目が現場目線から、明確にしたギャップを埋め、定義したゴールを実現する方法を考えること。現場は、顧客サービスとオペレーションに一番近い立場であり、現場の知識と経験を最大限に活用することで、実行上の課題や具体的な制約を明らかにし、顧客が納得する対価を定義することができる。これこそが、将来の競争力確保に向けての示唆であり、「変化」すべき箇所となる。

②新規技術を理解しBPRをする方法

生成AI等の新規技術を理解し、その機能にとどまらず適切に活用する方法や生み出す成果に沿う形でBPRを行うことは、ビジネスモデルの実行性や対価の合理性を高めるためだけでなく、現在まったくできていないことを実現するための鍵となる。その際の考慮点を三つ紹介する。

一つ目は、リスク管理においては、リスク回避以外の対策も採用すること。リスクは全て避けるのではなく、低減し管理するものであるという発想が重要である。様々な技術が民主化された今、新たな技術やプロセスを上手く取り込むことで、既存の仕組みに頼らずとも安定稼働は実現でき、対価の合理性を高められる。導入時の適切なリハーサルなどにより、万一の切り戻しなども取りうるため、失敗リスクもコントロール可能である。例えば、ERPシステムの導入に際しての段階的な展開とテストの方法論、切り戻しのための技術などは大いに活用できるものであり、これらに必要な工数・コストをかけリスク軽減を図り、DXを成功させている事例もある。

二つ目は、新規技術なくしてはビジネスの将来性はないという共通理解を持つこと。時代の潮流を理解し、時代を先取りし、変わっていくことそのものが成功するビジネスの特性であり、これを真正面から受け入れることが必要であり、また、新規技術の対価は過去の価格体系と大きく異なるものになりうることを理解すべきである。

国際労働機関（ILO）の2023年8月のワーキングレポート「生成AIと雇用：雇用の量と質に対する潜在的影響についてのグローバル分析」においても、生成AIは業務に付随する事務作業の58％に対し大幅な削減を、24％に対しては中程度の削減を行い、企業の各種事業は「自動化」

されるのにとどまらず、「補強」されるものと試算されている。このように新規技術により飛躍的に変化するビジネス環境を理解し、ＡＩやＩｏＴ、クラウドソリューションなどは今後のビジネスの前提と捉え、それらをいかに活かし、どのように対価を設定するかを考え、企業の競争力の源泉とすることが重要なのだ。

三つ目は、新規技術の現状と可能性をリスク低減と対価の合理性確保のために使うこと。社会を大きく変革する生成ＡＩ等の先進技術を積極的に活用する思考で、新規技術は何ができるものなのか、何が得意なのかを把握する。他社事例を学ぶことも重要であり、他社がどのように新規技術を活用して成功したか、また失敗したか、顧客が喜んで支払う対価の大きさを学ぶ。新規技術が今後どのように進化する予定であるのか、活用の幅が広がる見込みなのかを理解する。これらの情報を用いて、自社への適用方法、将来の拡張方法、対価として設定すべき価格を考えることで、「失敗しない方法は何か」という観点を用いるとリスクを低減することができる。

③ 流通ＤＸの事例

ここで食品製造業界におけるＤＸの成功事例を紹介する。ある老舗菓子製造販売会社がＤＸを推進し、新たなビジネスモデルでビジネスを拡大した事例である。この会社は顧客ニーズに即応できる流通方法、すなわち店舗・卸を挟まないオンデマンド配送を実現することをゴールとしていた。

この企業においてはかねてから物流課題として、賞味期限理由による廃棄率の高さが浮き彫りになっていた。これは、顧客ニーズを捉えられていない結果とも考えられており、これまで取り組んできた対応の延長として、小売りでの販売量の正確な予測や、賞味期限を踏まえたダイナミックプライシングなどの施策などが初期案として提示された。しかしながらこの対応では、今のやり方の精度を高めるのみであり、顧客の真のニーズを捉えることはできず、オンデマンド配送は実現できない。

ここで、ゴールとのギャップという観点で課題を見直した。その結果、嗜好品ブームや顧客ニーズを把握しきれていないこと、適正在庫を超えた納品をしていること、消費量に合わせた製造ができていないこと、そして合理的な物流を実現できていないことが挙げられた。

これらの課題に対し、現場の知見から得られた示唆は、当然のことながらブームを予測するのは難しく、企業規模を考えると市場を席巻するようなブームを作り出すことも不可能であるというものだった。したがって、顧客からの対価を高めるためには、予測するのではなくリアルタイムで顧客ニーズに合わせる方式が最適であり、固定客やロイヤルカスタマーの意向をうまく捉え、利益率の高い製品をタイムリーに提供することが重要であると判断した。

さらに、オペレーションの経験から適正在庫の考え方を見直すことが重要であると考えた。在庫に関して製造側と小売り側の利害が一致しない状況を踏まえる必要があり、また、ダイナミックプライシングも顧客ニーズに即応させなければ効果は小さいと考えられた。そこで、在庫を持つという概念を取り払った流通方法への転換を目指すことにした。

その上で、まったく新しい挑戦である「リアルタイムで顧客ニーズを把握する」ことの導入リスク軽減が重要であると考え、既存のポイントサービス制度の顧客情報をベースに、その仕組みを応用することとした。この方法により、既存の仕組み・データを活用して新たなサービス導入リスクを最小限に抑えることを考えたのである。また、利益率の高い製品をタイムリーに提供するためには、他社の生成ＡＩによるリコメンデーションの事例を参考にした。具体的には、顧客をファンにし、ファンコミュニティを活用してニーズ把握や購買促進を行う方法である。

一度に大量購買するよう促すよりも、頻度高く購買してもらうことで安定的な売り上げを確保するコツや、製造能力を超える受注による欠品リスクを防ぐコツなども学んだ。顧客の声を直接取り入れ、リアルタイムで個別に製造能力をうまく活かすレベルの購買を喚起し、ニーズに応える実践的な方法を採用することにしたのである。

以上の検討に基づき、季節限定の利益率の高い製品を人気商品に仕立て上げ、ファンコミュニティ内で事前予約を募り、需要を正確に把握した上で製造・配送する仕組みや、ＡＩを活用したデータ分析プラットフォームを活用した購買履歴や顧客の嗜好データを基にした精度の高いリコメンデーションを行う仕組みなどをビジネスモデルとして具体化したのである。

〈3〉「まやかしＤＸ」に陥る落とし穴とその回避方法

しがらみから解き放て、新たな技術をうまく使え——そんな発想法でプロジェクトを進めても、「まやかしＤＸ」すなわち、目の前の課題を解決することにフォーカスするＤＸになってしまうことを避けるのは本当に難しいのが実態である。誰にとっても、過去の成功体験や現在のやり方を「否」として捉えることは苦痛を伴うものであり、現在のやり方から大きく変える真のＢＰＲを避けがちだからである。ＢＰＲなくしてはＤＸゴールは達成し得ない状況において、現場リーダーが抱える

DXのジレンマの根源もここにある。

前項で「現場主導で変化に焦点を当てBPRをする」ための三つの発想法を述べたが、「まやかしDX」に陥らずにしっかりとBPRを考えるためには、いったん「現状の制約を考えない」取り組みをすることが重要であろう。ギャップの大きさによる従来の変革の難しさなどは今後の考慮対象として当面の検討対象から外し、現状の問題や制約、自社のケーパビリティ・優位性からのボトムアップ的な発想ではなく、事業部として純粋に未来のあるべき姿・夢を描く。

このようなアプローチにより、まずは達成すべき「変化」を可視化することから始めるのがよい。「変化」を可視化することで、変化の重要性や意義、変化がどのように対価につながるのかを理解することができる。また、現行を知らないメンバーを多数巻き込むことの必要性も明確にできる。また、ベストプラクティスや新規技術の適用に知見を有する外部パートナーの支援を受けることや、業界セミナーなどで他社がどのような変化を成し遂げたか、成し遂げようとしているのかを理解することも役に立つだろう。このように、重要性等により内的同意を高め、多数の関係者に協力してもらい外的な支援も受けることで、可視化した「変化」の着地点を見出し、変化を継続・連続させることこそが、「まやかしDXとの決別!」のために一番必要なことだろう。

4 アプローチⅢ――ビジネスモデルを進化させるシステム導入

〈1〉旧弊――ビジネスモデルの業務・機能を実装するだけのシステム導入

①具体化したビジネスモデル・業務の基盤を確立するためのシステムを導入するという発想

これまでは、ＤＸを実施するためのシステム導入においても、ビジネスモデルの実現方法を検討する際には、実現内容を業務フロー・システムフロー、画面機能・バッチ機能などで構造化し、それをどのようなシステムアーキテクチャで実装するかを設計するアプローチが主流であった。これは、ビジネスモデルとして事業内容、事業オペレーション、実施体制（リソース）、営業・販売モデルを定めているのだから、それを具体化すればＤＸは達成できるという発想からきている。また、ビジネスモデル実現には、事業内容を業務レベルに具体化することや、機能／ソリューション・インフラとその運用をシステムとして実装する方法を明確にすることが重要であり、システム導入はそれを品質・コスト・期限の観点から管理するべきであるというプロジェクトマネジメント方法論を拠《よ》り所にしている。さらには、ビジネスモデルの成功は、企業競争力の確保とビジネス価値の創出にあり、システムはそれを支える基盤であって、必要十分な機能・性能が発揮できるものを作ることであるという考えも根拠の一つになっているだろう。

くだろう。

②ビジネスモデルの成長も可能とするシステム導入

これらはシステムの導入そのものを成功させるためには誤りではないが、ＤＸ＝変革であることから、以下の二つの要素を加味することが重要であり、それにより、事業変革の成功に大きく近づくだろう。

一つ目はサービス提供者目線からもＵＸ（ユーザーエクスペリエンス）の改善をすることである。ＤＸの取り組みにおいてもＵＸを検討する場合、顧客目線でＵＸを取り上げるケースが大半であった。すなわち、サービス提供者であるオペレーションスタッフの目線が考慮されることが少なかったのである。しかしながら顧客価値を生み出すのは、オペレーションの洗練さにあるといっても過言ではない。当然のことながら、オペレーションスタッフのＵＸとして考えるべきは、オペレーションスタッフ目線の業務効率化にとどめず、ＩＴへの熟練度や業務スキルが様々なスタッフが効率的に利用できるシステムを設計することである。

例えばある金融機関では、顧客相談対応ＤＸにおいて、その基礎情報となる顧客情報管理を行うシステムの情報登録や対応状況分析などに係るＵＸをオペレーションスタッフへのヒアリングなどによる要望に基づき、大幅に改善した。これにより、オペレーションスタッフの業務効率が向上し、ミスの減少とともに顧客情報の品質も高まり、相談業務においてタイムリーかつ先読みした対応ができるようになった。このように、オペレーションスタッフにとって使いやすいシステムを導入することで、顧客価値につながる変革を起こすことも可能になるのである。

二つ目はデータを将来のビジネス価値の源泉とすることである。従来、データは記録や結果を表すものとして扱われることが多かったが、現在では、鮮度の高い詳細なデータが、より高度な自動処理の根拠として使ったり、連携による新たな自動化を生み出したり、将来予知に用いたり、トレーサビリティ（追跡可能性）・安全性確保などにも使える時代になっている。生成ＡＩ時代においては、いかに質の高い学習データを継続的に獲得するかがビジネス品質を高めるポイントであり、トランザクションのデータであってもストックとして扱う時代になっている。したがって、システム導入時には、業務フローやビジネスの流れ目線だけでなく、データがどのようにシステム間で流れるのか、データがどのように取り扱われるのかデータフローを明らかにし、新たなビジネス価値を生み出すデータマネジメントの仕組みを構築することが求められる。

例えば、製造業において、ＩｏＴセンサーを活用してリアルタイムにデータを収集し、そのデータを分析して生産プロセスを最適化する事例は多数あるが、稼働状況や故障予知といった品質管理にとどめず、従業員のスキル可視化や、さらには健康管理、より生産性の高い業務手順への見直しなどにも用いることを視野に入れることが重要となる。

〈２〉「最適解」実現のためのシステム導入方法

前項ではシステム導入における旧弊を断ち切る方法として、加味すべき三つの要素について解説したが、固定的でないビジネスモデルを成長させるためには、システム導入においてもアジャイル（「価値」の実現を主眼にして、探索と適応を繰り返す方式）の発想とDevOps（Development & Operation、開発担当者と運用担当者が密に連携することで、柔軟でスピーディーな開発を実現するというソフトウェア開発手法の一つ）の取り組みが重要になる。このことは多くの読者も総論としては理解されている話であろう。本項では、ＤＸにおけるアジャイル発想の取り入れ方の工夫、DevOps の取り組みの留意点について解説する。

①アジャイル発想の取り入れ方の工夫

アジャイル発想の価値は、流動的な状況においても価値を創出でき、かつ、迅速に対応できる点にある。ＤＸにアジャイル発想を取り入れるための工夫を三つ紹介しておこう。

一つ目は、仮説検証スタイルを活用することである。ＤＸではニーズの流動性などに対応する必要があるが、流動的であるということは、決まった結論がないということでもある。このため、仮説を立てた上で仕様や要件を定義していく。設定した仮説は、テストの中で、顧客がＵＸを検証する、トライアルでサービスを始めてみる、オペレーターが動かしてみる、市場調査を行うなどの方法を使って検証することで、その妥当性を高めるのがよい。

あるＳａａＳサービス会社は、顧客が自身で最もお値打ちなサービスを選定・評価し、申し込みまで行える仕組みを導入した際、モックアップの時点で顧客がＵＸを評価するトライアルを実施し、さらに顧客がモックアップで選定したサービスが適切なものであったか検証を行った。簡単かつ便利に選択できるだけでなく、個人のニーズ・利用実態に相応しいサービス選定が行えるように、さらにはサービス価格戦略も検討することで、仮説をブラッシュアップさせながらビジネス価値向上を果たした。

二つ目はＭＶＰ（最小限の実行可能製品）を作ることである。ＤＸプロジェクトでは、システムを導入するのは始まりにすぎず、定着させることを目指すものである。迅速に、スムーズに定着させるためには、まず実際に稼働するものを作り、触ってもらい、課題をフィードバックして改善を重ねる必要がある。ここでは、失敗を恐れず、試行錯誤を繰り返すことが重要だ。MVPでは何らかの失敗するのが当たり前であり、失敗がなかった場合は、隠されているだけだと思う気概を持ってほしい。

三つ目は、基本に立ち返っての進捗・品質管理の徹底である。アジャイル開発では進捗が測れない、品質が管理できないという人もいる。しかしながら、DXは競争力強化とビジネス価値創出を目的とするため、一定期間での成果が求められる。計画に対する進捗や品質の可視化は困難かもしれないが、今求められているものや期待値が変化している状況を常に関係者で合意し、期待値に対する達成度という観点から進捗・品質を可視化するのも一案だろう。

② DevOps の取り組みの留意点

DevOps は運用をベースに開発を行う方法論であり、チームが一体となって顧客に価値を届ける活動をするものである。DXは価値創造の取り組みであり、その観点からの馴染みの良いアプローチであるが、より効果を高めるための三つの留意点を紹介したい。

一つ目がルール・マインドセットの横串の取り組みである。DXは全体最適を目指すものであり、サイロ化（部分最適）を避ける必要がある。DevOps を導入することで運用と事業推進を開発に反映させることができるが、事実上組織や意識がサイロ化していると、これが難しくなる。縦割り組織で統制を効かせ、責任分界のもと品質を担保する特性のある日本企業では、自立型組織と機能横断の取り組みをどのように徹底するか、ルール化やマインドセットの変革にまで踏み込む必要がある。

二つ目がバリューチェーンやライフサイクルを意識した活動をすることである。ＤＸは一定の事業・業務領域を対象としたビジネスモデルを対象に行うが、ビジネスモデルは成長するものであり、他のビジネスモデルとの相乗効果を常に狙うものでもある。そのため、DevOpsで動くＤＸチームはエンドツーエンド（最初から最後まで、一貫して連続した流れ）の責任を意識し、バリューチェーンやライフサイクル全般に責任を持つことが求められる。

三つ目が可能な限りの自動化である。ＤＸは単なる効率化や機械化ではなく、企業競争力とビジネス価値の創出を目的とする活動である。しかしながら、自動化はもはや当たり前の世界であり、さらなる高度化に向けてデジタル処理をより広く、より深く進めるべきである。事業推進の中での連携や処理があれば、それをどうやって自動化するかをしっかり取り組む必要がある。

③コロナワクチン接種証明書アプリ（デジタル庁）の例

２０２１年、感染症による世界レベルのパニックという未曽有の状況において、コロナワクチン接種は国策として進められた。感染症を封じ込めるために、海外渡航は大きく制限されたものの、ワクチン接種の普及、感染症対策の進化に伴い、国際協調の中で、ワクチン接種が証明できるケースに限って海外渡航が緩和されることになり、わが国においてもグローバルで通用する証明書発行が急務となった。

わが国では、マイナンバー制度があり、国民一人ひとりを特定できる識別番号が存在する。ワクチン接種そのものもマイナンバーと紐づける形で行われていたため、その仕組みを拡張する形で証明書の発行をすることがビジネスモデルとして定められた。

証明書の要件検討においては、将来のユースケースを見据えた仮説が立てられ、それを随時ブラッシュアップ・検証するアジャイルアプローチがとられた。コロナ感染症対策が日々進化する中、海外渡航で求められる条件は当然流動的であり、また、様々な国で利用されることから、利用シーン・確認方法など様々なバリエーションを定義の上、その拡張性も意識しながらも、最も優先度の高い機能から開発を進めた。多くの国で海外渡航の緩和が急速に進み、それに間に合わせるためには短期間の開発が必須だったこと、また、一定のユースケースでの利用から開始し、カバーできない範囲は通常の医療証明書等で補う運用を併用することで、変わりゆくニーズへの対応を可能としたのである。

コロナ対策全体の政策・ビジネスモデルを意識した開発も行われた。接種証明書の根拠であるワクチン接種記録、ワクチン配布はもとより、証明書の提示が必要となる検疫処理や保健所での感染症調査、さらには海外渡航のビザ確認などのバリューチェーンまで考慮し、それらがサイロ化せず、全体が整合し、かつ可能な限り自動的に処理が行われる、そのような検討・実装が行われた。

流動的な状況に対応し、かつ超短期間の開発であったため、既存のマイナンバー制度等のインフラがあったからこそ実現できたとも言えるコロナワクチン接種証明書アプリではあるが、縦割りの象徴であり、紙とハンコが常識の行政においても、努力と工夫次第でＤＸが実現できる、その勇気をもらえる事例と言えるだろう。

5 アプローチⅣ——ゴール達成見込みを追跡し修正を行う事業実施・改善

〈1〉旧弊——IT導入のコスト化＝事業成果への寄与度が可視化されない

① 期待成果の定量化評価

ＤＸの成功には施策を定着させることが重要であり、そのためには、適切に時間を区切り、その期間ごとに達成状況を可視化し、将来の見込みを具体化すること、都度計画に変化を反映させる必要があることは前述した通りである。

これまでは、ＤＸプロジェクトであっても、その実施スコープはシステム導入までであり、その期間においてＰＭＢＯＫ（Project Management Body of Knowledge プロジェクトマネジメントに関するノウハウや手法を体系立ててまとめられたもので、アメリカの非営利団体ＰＭＩがガイドブックを発表しており、２０２１年に第7版が発行された）に沿ってＱＣＤ（品質、コスト、納期）評価を行うことが主流であった。当然のことながら、このアプローチでは、バリューチェーンやライフサイクルに沿ったビジネス価値の評価は不可能である。プロジェクトの実施期間を定着までとする以上、特に定着期間においては、期待成果を経営価値と紐づけて評価すること、その結果を踏まえてさらなる拡張や横展開を検討することが重要となる。

すでに述べた通り、ＤＸのゴール設定では、変革のゴールがどのように経営価値に貢献するか、例えば売り上げや営業利益への貢献度などを定量化することを行う。したがって、定着期間、つまり事業実施期間では、この因果関係の解像度を上げて評価する。具体的には、まず実現したビジネスモデルのビジネス価値を構造化し（ValueTree）、経営目標と紐づけることで、ＤＸの取り組みの各要素が経営目標にどのような影響を与えているかを可視化する。

その上で、経営目標全体の達成に向け、どのような拡張や横展開をすべきかを検討し、必要に応じてプロジェクトの範囲やゴールの見直しも行う。因果関係はユースケース（顧客等の利用者がどのようにどのような目的でシステムやサービスを使うかを示すもの）やカスタマージャーニー（製品を購入し、利用、継続・再購入するまでなど、事業における最初から最後までの流れを利用者の体験に基づき整理するもの）ベースのシナリオに沿って整理することで、現場目線と経営目線の双方で理解できるものになる。評価にあたっては、定量的な数字をしっかり使うだけでなく、優劣から目をそらさない。そのためには、経営層のコミットメントや「正しい失敗」に対するプラス評価の実施が重要である。

ある老舗旅館チェーンでは顧客エンゲージメント向上をゴールに、新しい顧客管理システム（ＣＲＭ）の導入を進めた。最終的なゴールである営業利益向上に直結するリピーター顧客数やキャンペーン利用の一人当たりの売上単価、クーポン利用の売店売上などのＫＰＩに加え、顧客に対する積極的な関与がどのように経営に正の影響を与えるかをＫＰＩとするために、カスタマージャーニーを用いた。

ＣＲＭ導入前後の顧客の体験を具体的に示し、顧客体験の各要素、例えば、チェックインプロセスの効率化や夕食提供時のレストランスタッフとのコミュニケーションによる顧客満足度などが、どのように売上増加やコスト削減につながるかを明らかにしたのである。顧客満足度はアンケートだけでなく、宿泊サイトの口コミなどからも収集する方式とし、より客観性を高める工夫も行った。また、体験の向上は短期的に実現できないものも多いため、段階的な目標値や経営インパクトの係数を定めることにした。このように、現場目線からもDXの取り組み価値を経営観点で再整理することが可能であり、効果的だ。また、経営陣も試行錯誤しながらの学びを次に生かし、拡張や横展開を前向きに進めることが重要であるという経営方針を貫くことで、現場をサポートしつつ共通の目標に向かって進むことが可能になった。

② 事業実施時の期待評価の抵抗勢力になる旧弊

このような経営価値を可視化する事業運営や改善に取り組む場面でも、旧弊によって評価が適正に行われない、時には評価そのものが形式的にしか実施されず、拡張や横展開も計画倒れになってしまうこともある。

主要な旧弊の一つは、IT費用が企業においてコストとして取り扱われること、すなわち必要経費である一方でビジネス価値の源泉ではないと位置付けられることである。これは、IT部門がシステム運用組織として考えられている企業に多く見られる。IT組織がプロフィットセンターではなく、経営インフラとして位置付けられてしまっているために、DXのためのシステムは事業推進の基盤でありビジネス価値の源であるにもかかわらず、経営資源として評価されないのである。その結果、DXに割くべきリソースの是非も適切に評価されずに、ヒト・モノ・カネが浪費されるケースすらある。IT投資の稟議において、システム予算として合計予算のキャップを定め、現在稼働しているシステムの運用費との差異のみでDXプロジェクトを遂行することなどはその典型例であろう。

さらに、IT運用・保守コストが事業維持に必要な費用とされ、削減に向けた見直しがなされないことも適正な期待評価を妨げる原因になる。様々なDXを行っている企業であっても、過去のDXの成果である安定稼働しているシステムについては、運用・保守内容をそのままでよいとされ、見直しが行われないことが多い。これにより、IT運用・保守コストは固定化され、攻めの取り組み、すなわち競争力強化の取り組みの予算が増やすことができないケースも出てくる。例えば、ある小売企業では、旧来のPOSシステムの運用・保守費用が高騰しているにもかかわらず、必要経費として扱われ、顧客体験向上までも対象とするような新しいデジタル技術の導入が遅れている。この結果、競争力が低下し、気づかないうちに競合に劣後し、顧客サービスの質が低下してしまっているのである。

〈2〉「最適解」実現のための運用・改善方法

このような旧弊を脱却するためには、プロフィットセンターである事業部門にITに対する責任を集約させる方法や、ITコストの合計予算にキャップ（上限）を設定しないことが考えられる。ただ、これらはDXの取り組みを超えた、全社経営改革として取り組むことでもあり、全ての企業で実施できるものではない。

それでは、地道に・愚直に、時には形式的な評価のみがされてしまうことすら念頭に、経営価値の可視化を粛々と進めるべきなのだろうか。答えは当然「ノー」である。事業の推進に責任を持つ事業部門の現場リーダーこそ、DXの経営に与えるインパクトを経営層に説明できる存在であり、合理的かつ正しい説明を通じて事業変革におけるDXの有用性に対して合意を得るべきなのである。

多くの会社でシステム予算という概念がある以上、その中でDXを進めるためには、IT運用・保守コストを下げ、競争力強化の取り組みのリソースを確保する方法は非常に有効である。モダナイが進んだ各社においては、老朽化したシステムの入れ替えに注力する一方、その後のさらなる運用・保守改善などを進めていないケースが非常に多い。そのため、運用・保守の稼働実態の正確な可視化、ITプロジェクトのポートフォリオの見直し、ライセンス形態の改善、稼働率を踏まえてのリソースの縮小などを通じて、運用・保守費は最大25～30％の削減が可能であるとも言われている。旧弊によりDXのリソース確保に難しさを抱えている企業においては、まずはIT運用・保守の見直しに着手し、短期的なコスト削減・人員見直しを達成してそのリソース（予算・人員）をDXに振り向けるやり方が効果的であろう。

第4章

自己流変革からの脱却
——Howの視点

原則3：IT部門がリードするDXとの決別！
経営環境を見極め、事業変革手法を
選択せよ

1 ＤＸ再始動の実行・定着――自立・共創・融合

〈1〉従来のＤＸの方法論は間違っていない

ＤＸをどのように進めるべきかという「方法論」は世の中に多数存在する。ＩＴシステム導入の方法論も同様に多岐にわたる。様々な方法論があるにもかかわらず、失敗に終わったＤＸが多く、ＩＴシステム導入は工期もコストも計画を超過してしまうことが多い。その原因はこれらの方法論が未熟だからではない。方法論をこれまでの自社のやり方になぞらえて解釈したり、本質を理解せずに表面的になぞったりしたりして、正しく使わないことが主な原因なのだ。

ＤＸも事業も、成功するためのアプローチは基本的に同じである。シンプルに言えば、以下の三つのステップで実施すべきである。

第一に、目標をクリアにし、解像度を上げることだ。ＤＸプロジェクトを進める上で、具体的かつ明確な目標を設定することが不可欠と言える。目標が曖昧であると、方向性が定まらず、プロジェクトが進むにつれて混乱が生じる。目標を明確にすることで、関係者全員が同じ方向を目指し、一致団結して取り組むことができる。また、目標の解像度を上げるとは、目標を細分化し、具体的なアクションプランを策定することである。これにより、進捗を正確に把握しやすくなり、段階的に拡大する際にも各段階での到達点を踏まえての行動をとることが可能となる。

第二に、達成に向けて良い方法論やベストプラクティスを利用すること。ＤＸには多くのツールや方法論が存在するので、その中から最適なものを選び、効果的に活用することが求められる。ツールやベストプラクティスは、既存の成功事例や経験に基づいており、これを活用することでプロジェクトの成功確率は高まる。ここで、ツールや方法論をただ形式的に取り入れるだけでは不十分であり、「正しい」利用が重要となる。

最後に、実現状況を管理し、ゴール達成に向けてのアクションの解像度をさらに上げることだ。プロジェクトの進捗を定期的にチェックし、必要に応じて目標や手法を微修正する。このプロセスを通じて、プロジェクトの進め方を常に最適化し続けることが重要だ。また、方法論やベストプラクティスの活用を、プロジェクトをめぐる環境に応じてアレンジすることで、課題等への柔軟な対応が可能になる。このように、プロジェクトの進行状況を常に把握し、適切なフィードバックループを設けることで、成功率を高めることができるのである。

以上のように、成功のためのアプローチにおいて、目的に最適な方法論を選択し、その方法論やベストプラクティスを「正しく」使うことが、現場リーダーには強く求められる。限られたリソースで方法論を「正しく」使うためには、方法論の本質を見極め、最低限やるべきことにフォーカスすることが重要になるが、多くの企業では当たり前にやるべきことが実行されず、ＤＸを断念し、あるいは失敗している。以下では、陥りがちな悪手を取り上げ、成功の鍵を握るポイントを説明していきたい。

〈2〉システム導入の前にすべきこと――要件定義・システム構想から始めない

ＤＸは当然ながらシステム導入を伴う活動である。しかし、「まやかしＤＸ」では、往々にしてすぐに要件定義から始めてしまう。この背景に、システムの導入後を具体的に示したい、課題と機能を紐づけて一気に整理したい、そんな思いの表れでもあるのだろう。これにより、ＤＸプロジェクトがシステム導入プロジェクトに矮小化される結果になるケースも多い。しかし、当然のことながら、真のＤＸを実現するためには、このアプローチは不適切だ。

第3章で解説したように、ビジネスモデルはＢＰＲを前提としたものにするべきである。ＢＰＲはＤＸ後の業務プロセスを明らかにするものであり、これは要件定義やシステム構想の前に行うべき重要なステップだ。抜本的に変革した業務のあり方を具体化し、関係者全員で合意することで、ＤＸ後の「あるべき姿」を核にして、どうすべきか、すなわち、どのようなシステムを導入すべきかを正確に定義できるようになる。

したがって、ＤＸを成功させるためには、以下の手順をお勧めしたい（図表４－１）。

①あるべき姿・戦略の明確化

まず、事業スコープ（領域）、ビジネス価値、実現可能性に基づく少し大くくりにした大分類の粒度でのユースケース、ジャーニー、および業務改革方針を策定する。この段階では、企業が目指すべき未来の姿を明確にし、その実現に向けた大まかな戦略を立てる。

②現状課題の対応方法とＢＰＲの実施

次に、現在の課題を把握し、それに対する対応方法を考える。そして、業務プロセス全体を再設

図表4-1　DXを成功させるための手順

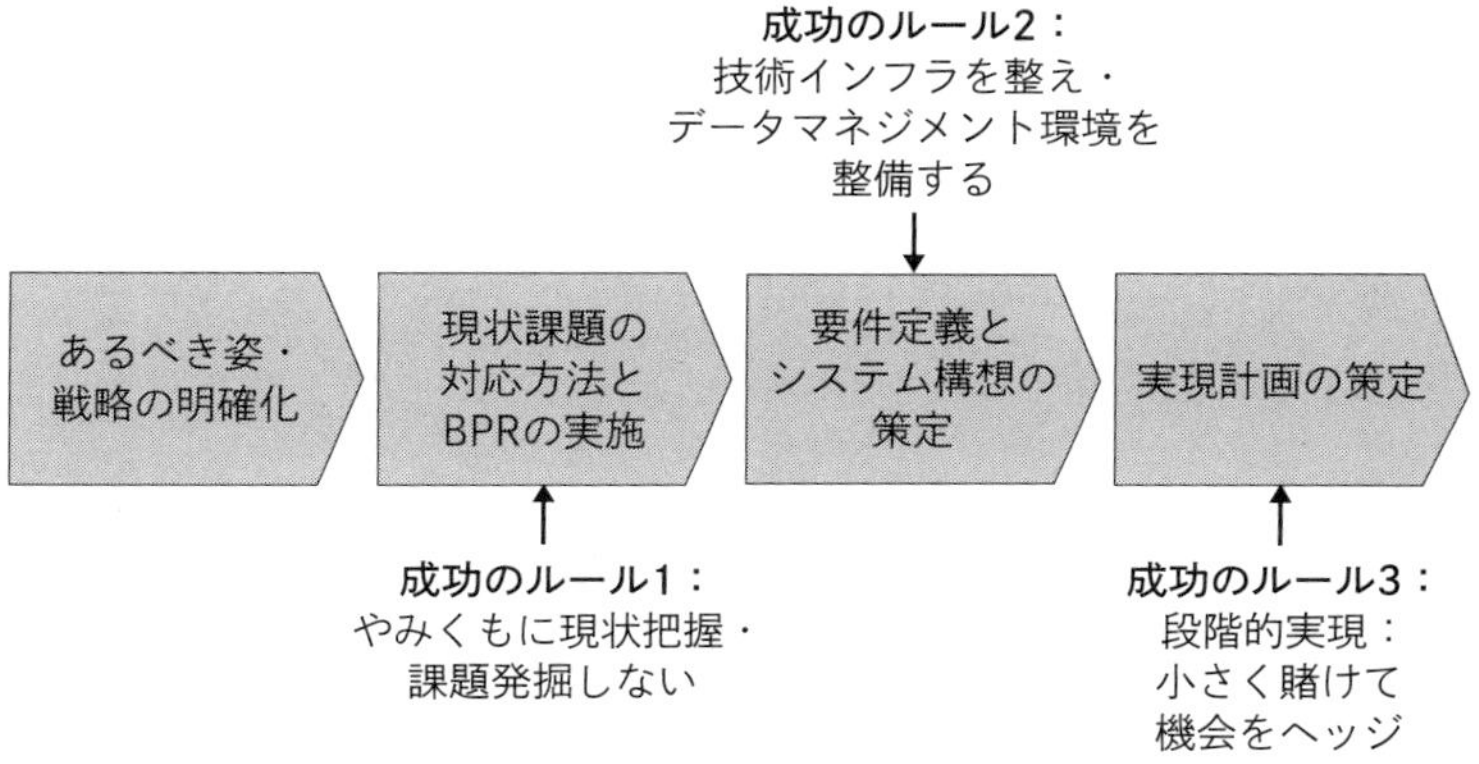

出所：筆者作成

計（ＢＰＲ）し、ユースケースを明確にする。ここでは、生成ＡＩなどの先進技術の活用を念頭に置き、かつ既存の業務プロセスを根本から見直し、効率化や改善を図る。

③要件定義とシステム構想の策定

業務プロセスの再設計が終わったら、具体的な要件定義に進む。業務、機能、非機能要件を詳細に定義し、システム構想を策定する。このステップでは、どのようなシステムが必要かを明確にする。

④実現計画の策定

最後に、ＩＴロードマップ、実施体制、スケジュールを含む実現計画を策定する。ここでは、システム導入の具体的な計画を立て、実施に向けた準備を整える。

このように、ＤＸを進めるためには、システム導入前にしっかりとした準備と計画が必要だ。適切な手順を踏むことで、ＤＸの成功確率を大幅に高めることができる。

〈3〉成功のルール

①やみくもに現状把握・課題発掘しない

ＤＸにおけるあるべき姿は、挑戦的なものになることが多い。また、そうあるべきだ。特にゼロベースの発想メインで進め、高い成果を目指す場合、達成すべき変革の幅は非常に大きくなる。この変革の幅をカバーすること、すなわち、実行可能性を担保し、関係者全員が納得できるようにするための工夫として、リアリティのあるユースケースを描くことと、ベストプラクティスを意識したＦＩＴ／ＧＡＰ分析（ベストプラクティスやあるべき姿と現状の業務・システムを比較して突合し、現状がどれだけ合致（Fit）し、どれだけズレ（Gap）があるかを明らかにする分析手法）による課題発掘が挙げられる。

ユースケースは、ビジネスがどのように実現されるのかを具体的に示すものであり、利用者とのやりとりやサービス内容、パートナーとの連携、企業内部のアクションを整理するものだ。期待する属性を有する想定利用者のペルソナを描き、実力あるパートナーを選定し、その価値を最大限に活用し、企業内部のリソースであるヒト・モノ・カネをどのように活用するかを明確にする。

このようにユースケースのリアリティを高めることで、実際の顧客を具体的にイメージし、サービス内容が顧客のニーズや行動パターンに合致しているかが評価できるようになる。また同時に、パートナーの価値も加味して、提供する手段の実現可能性・効率性を判断することが可能になり、組織として何をすべきかを可視化できる。すなわち、プロジェクトのハードルの高さを理解し、それでもなお、関係者全員が前向きに取り組むためのモチベーションを醸成することができるのだ。

こうしたプロセスを経ずに準備不足のままDXの実行に移ると、どれほど高い難度のプロジェクトなのか理解しないまま、次々に発生する様々な課題に対応することになり、往々にして組織は疲弊してしまう。

ユースケース検討の次に行う、もしくは並行して行う現状把握は、得てしてボトムアップになりがちだ。今はどうなっているのか、赤裸々に整理することで悩みや課題はリアリティを持つ。しかし、これからのDXで変革全体をカバーするためには、そのような「現状を赤裸々にする」アプローチではなく、ベストプラクティスや必要となるシステムの規模、能力（ケーパビリティ）と現状を比較するFIT／GAPの観点から「課題」を整理することが有効だ。現在の「現象」がクローズアップされがちなボトムアップ的な把握ではなく、このようなやり方をすることで取り組むべき「課題」を明確に捉えることが可能となり、変革の幅をどう乗り越えるかという観点からBPRを行うことができる。そして、ベストプラクティス実現に向けてのケーパビリティの獲得方法を考えておくことで、ギャップを乗り越える方法の実行性を高めることができるのだ。

②技術インフラを整え・データマネジメント環境を整備する

DXを進める際の要件定義やシステム構想の段階では、ビジネスモデルの実現方法、ユースケースの実装、顧客のタッチポイントでの情報提供方法、画面や機能の設計など、アプリケーションレイヤやフロントサービスに関し多くの議論がされる。これらの検討はもちろん重要だが、それらを支える基礎である「ITインフラ」と「データ資産」をしっかり整えることがDXの成功には欠かせない。DXにより実現するサービスも事業のバリューチェーンの一つであり、データを取得し、保存し、分析した上で、その結果を発信するための要素の実装が必要だ。生成ＡＩ時代においては、質の良い学習データを獲得することが重要となっている。これらを安定的に、柔軟に、安全に高品質で行う環境を整えること、すなわちＩＴインフラとデータマネジメント環境の整備が求められる。縁の下の力持ちであるこれらの基盤が整っていなければ、良いサービスを維持できず、期待する価値の継続的な提供はできなくなってしまう。

これまでのＤＸでは、負の遺産や老朽化したインフラの「モダナイ」が主な焦点だった（第１章参照）。その過程でクラウド化も進められてきたものの、多くはクラウドシフト（業務アプリケーションの見直しを行い、クラウド基盤が持つ統合運用管理等の機能を活用する）は行われずに、単なるクラウドリフト（業務アプリケーションの見直しを行わず、クラウドのＩａａＳ基盤の仮想マシン上に既存のアプリケーションをそのままインストールする）にとどまったため、ＤＸとして不十分な取り組みとなったケースが多い。

例えば、「２０２５年の崖」対策としては、多数の企業でオンプレミス環境からクラウドに移行し、サービスの刷新も検討された。その際には、モダナイという観点から「クラウドへの移行を低リスク、低コストに抑える」ことが最重要ポイントとされ、結果として各種アプリケーションのオンプレミス環境での実装という基本的な設計思想はそのままとなり、追加の設計や構築作業は抑制されることも少なくなかった。それらの企業では、データ構造もそのままで、非効率な業務連携やタイムラグの要因であるバッチ処理もそのまま温存され、検討は従来の機能・非機能をクラウド環境上でどう実現するかに終始することが多かった。そのため、無事にクラウドリフトは完了したも

図表4-2　データマネジメントプラットフォームの階層

	役割	機能
データ分析プラットフォーム	内部データと外部から連携したデータを用いて示唆を生み出す領域	BI、データ分析、AI予測など
顧客サービス提供プラットフォーム	ビジネスプロセスに用いる共通機能の提供。ユーザー体験の満足度向上、従業員体験の質の向上に寄与する	決済、ポータル、認証、顧客ID管理、コンテンツ自動生成AIなど
データ管理・基幹連携領域	System Of Record（SOR）領域。バックオフィスシステム・基幹系システムと連携し、業務のバックボーンを支える	データ管理、運用自動化（IaC）、APIマネジメントなど

出所：筆者作成

のの、クラウドネイティブな技術は使われず、業務のリアルタイム性や情報活用の安定性および柔軟性は旧来の発想のままだったため、システム移行後のＤＸサービス拡張に対応することは困難となったのである。

クラウドが真の力を発揮するためには、モダンなアーキテクチャに移行する必要がある。クラウドリフトにとどまらず、クラウドシフトを進めることが求められる。そのためにも、効率性と俊敏性を両立するＩＴインフラの検討は以下の三つの階層に分けて整理するのがよい（図表４－２）。

第一の階層は、データ管理・基幹連携領域である。ここではＩａａＳ（Infrastructure as a Service）やＩａＣ（Infrastructure as Code）の採用が推奨される。安定性のためにシンプル化しつつ、クラウド技術の良さを生かした柔軟性と拡張性を担保することが重要だ。

第二の階層は、顧客サービス提供プラットフォームだ。ここでは開発基盤、コア機能、決済システム、ポータル、認証、顧客ＩＤ管理などが含まれる。既に多くのＳａａＳプレイヤーが、エンタープライズサービスに対し「基本要素」を提供することを前提に様々なソリューションを開発しており、ＰａａＳ（プラットフォーム・アズ・ア・サービス）だけでなく、このようなサービスを利用することが効果的だ。

第三の階層は、データ分析プラットフォームである。これはＤＸを継続的に発展させるため、生成ＡＩを用いたサービスを継続的に品質向上させるために重要な領域だ。第3章で「データマネジメントプロセス再構築」について述べた通り、高品質で安全なデータを扱い、そこからインサイトを得る仕組みを作ることが求められる。

これらの取り組みを通じて、企業は安定的かつ柔軟にデータを管理・活用し、ＤＸを推進する基盤を整えることができる。これにより、企業はより迅速で的確な意思決定を行い、競争力を高めることができるのである。

③段階的実現：小さく賭けて機会をヘッジ

繰り返し述べているように、ＤＸでビジネス価値を創出するためには、ＩＴシステムの導入だけでは不十分であり、現場でそのシステムが当たり前に使われ、定着させることが必要である。新たな仕組みが社内外で定着するまでには時間がかかるが、その期間を耐えられるようにしなければ、人々のモチベーションは続かず、プロジェクトが「失敗しているのではないか」と思われてしまう。そうした疑念から、プロジェクトが継続しなくなるリスクもある。企業としてＤＸに「投資」する以上、リスクからは逃れられない。リスクを適切にコントロールすることが、現場がＤＸに対して前向きに取り組み、成功させる上でとても重要である。

したがって、このようなリスクを避けるためには、最終ゴールを段階的に実現する実行計画を立てることが重要だ。これは、最終ゴールを高いものにしているときは特に重要である。段階的実現により、プロジェクトの進捗を小さな成功体験として積み重ねることで、関係者のモチベーションを維持しやすくなる。なお、初期段階では複数のアプローチを試してみることも有効だ。未知の状況に対して一気に進めるのではなく、小さく賭けて機会をヘッジすることで、リスクを分散させることができる。また、初期段階では「高速で物事を進める」ことも意識すべきだ。仮説検証アプローチを取り入れ、何が正解かを迅速に模索する。小さなスケールでの試行錯誤を繰り返し、成功したアプローチをスケールアップすることで、リスクを抑えながら効果的に進めることができる。

成否の分かれ目

まやかしDXにおいては、本質的な変革から目をそらし、BPRを行わず、現在起きている事象のみを解決すべく要件定義に着手してしまうケースが多かった。DX推進においてシステム導入後の姿を具体化しないと、関係者のゴールに向けた意識を合わせ、それぞれの立場で役割を果たす段階にもっていくことが難しくなる。一方で、「あるべき姿」を単純な「システム導入像」に矮小化してしまうとDXの成功は難しい。

あるべき姿を描き、それを実現するために効果的な方法論をどう利用すればよいかは後に詳述するが、ＤＸを成功させるためには、「一足飛びにシステム導入に進まない」アプローチとすることを徹底すべきだ。成功のルール①〜③で述べた段取りと準備を経て、ＤＸを成し遂げるシステム構想を行うことが重要であり、それが成否の分かれ目である。

〈4〉使える四つの事業変革手法

成功するアプローチを参考にし、最適な方法論を「正しく」用いることで、現場リーダーはＤＸを効果的に推進できる。現場リーダーはＤＸ推進において「どのような変革を行うのか」に対して責任を負う立場であることから、どこを変えるのか、どのように変えるのか、どのような方法で変えるのか、どのような手順で変えるのかを、最適な方法論に基づいて的確に判断すべきなのだ。

以降の節では、この判断に用いることができる四つの事業変革手法を紹介する。

まず、「どこを変えるのか」については、デジタルシフトについて紹介する。破壊と創造のＤＸでは、あらゆる観点からデジタルディストラプション（破壊）を行わないといけないと考える企業もあるかもしれない。しかしながら、第3章で解説した通り、あるべき姿は4類型に整理でき「意欲的で身の丈に合った」ゴールを設定することが重要である。ここでは「デジタルシフト」の発想で価値を創出方法について解説する。

「どのように変えるのか」については、パーソナライズされたアウトプットを紹介する。生成ＡＩの台頭により、様々な製品・サービスでパーソナライズが可能となっている。ビジネスモデルにおいて、パーソナライズをどのように取り入れるべきか、外部サービスに加え、内部業務においてもどのように適用すべきか、などについて解説する。

「どのような方法で変えるのか」については、FitToStandard（標準導入、第4節で詳細を解説）の適用方法を紹介する。テンプレートやベストプラクティスをどのように使うべきなのか、「標準化」の目的・範囲はどう捉えるべきか、先進技術の現実・実現可能内容を踏まえて解説を行う。

「どのような手順で変えるのか」については、ＯＯＤＡ（Observe, Orient, Decide, Act）ループのフレームワークを紹介する。ＰＤＣＡではなくＯＯＤＡを採用するメリットはどこにあるのか、その際の留意点などを説明する。

2 ＤＸ方法論Ⅰ——デジタルシフトによる変革

〈1〉「まやかしＤＸ」での誤った使い方

① デジタルシフトの重要性

第2章で解説した通り、事業変革の範囲は、変革するバリューチェーンの広さとビジネスプロセスの広さの掛け算で決まる。まやかしＤＸでは、一足飛びにすべからく「デジタルビジネス変革」、すなわちバリューチェーンもビジネスプロセスも広範に変革すべきと考え、どこから何をすべきかを決定することすらできずに、初手から頓挫するケースも多かった。

ＤＸを成功させるためには、どの範囲で変革を行うのか、その変革の深さと広さを慎重に考えることが重要である。リソースに制約がある多くの企業においては、「バリューチェーン変革」や「デジタル価値変革」といった変革の範囲をバリューチェーン軸、もしくは、ビジネスプロセス軸のみに絞る方法、すなわち「デジタルシフト」から取り組むべきだ。これにより、DX推進のハードルを下げ、実現可能性を高めることができる。

デジタルシフトのビジネスモデルは、企業がこれまでの事業の課題を克服し、次の成長の柱（Next花形）を作り出すものである。そのための取るべき一つの方法は、既存の収益源（プロダクト・ポートフォリオ・マネジメントの「金のなる木」）を活用してバリューチェーン変革を行い、市場成長率の高い新たなビジネスを創出するやり方である。または、問題を抱える事業（「問題児」）に対してデジタル価値変革を行い、事業の魅力を高め、市場占有率を向上させる方法も効果的だ。

②ボトムアップな「デジタルシフト」の限界

これまでの「まやかしDX」でデジタルシフトに取り組む場合、Next花形をどのようなものにするかを具体化せずに進める、すなわちDXのゴールを最初に明確に定義することがないまま、ボトムアップ的に「金のなる木」や「問題児」をシフトさせるやり方をとることが多かった。ゴールが不明瞭であるために、現在のビジネスのやり方を踏襲しがちで、「デジタルディストラプションではなくデジタルシフトだから」という言い訳含みで、現在の延長線上の発想やボトムアップ思考にとどまってしまうのだ。

その結果、例えば、「金のなる木」に対しては、延命措置の発想が抜けず、安定した利益を享受しているためその蜜を忘れられず、過去の成功体験を踏襲したいという気持ちが強くなる。これにより、新たな取り組みに対する投資に躊躇し、エコシステムの巻き込みが弱くなり、バリューチェーンを広げることができない。結果として、既存の技術やプロセスのモダナイにとどまり、真の変革が進まない。

あるアパレル製造販売業は、制服製造販売が主力事業であり固定客に対する学校への訪問販売を通じた安定的な売り上げを生み出していた。しかしながら、市場全体を見ると少子化・私服化の動きもあり今後の制服市場が伸びないことから、シニア向け施設への販売に挑戦することにした。しかし、「制服の訪問販売」という観点から抜け出せず、シニア施設で必要な衣服、利用シーンに応じての提供という発想が乏しいまま計画は進められた。シニア施設での販売に向け、学校顧客以外のユーザーも管理できるよう顧客管理システムの拡充を行い、施設への営業情報の管理や需要予測などを行えるようなシステム改修は行ったものの、提供する製品は従業員の制服の訪問販売のみにとどまり、採用されるシニア施設の開拓も進まなかった。

このように、企業が新しい市場に進出しようとする際、既存の製品やサービスの枠を超える難しさがある。バリューチェーン改革によるDXでは、既存の枠にとらわれず、新しいニーズや価値観に目を向け、柔軟な発想が特に重要となる。例えば、シニア施設のニーズは従業員の制服のみならずタオル・シーツなどの雑貨、掃除用小物の購買などにもあったり、さらには、施設利用者の運動着のレンタルなどにもあったりする。ニーズを丹念に掘り起こし、それに応じた購買にとどまらない、サービス利用としてのビジネス価値を検討し、新たな市場での成功を収めることを目指すべきなのである。

また、「問題児」に対しては、自社の既存の優位性をどのように活かすかに終始してしまうケースも少なくない。もしくは、他社の人気のある価値をそのまま真似たデジタル導入をすれば解決すると考えてしまうケースもある。その結果、差別化が図れず、単なる「カイゼン」にとどまり、市場占有率は高まらない例も少なくない。

ある、アプリゲーム企業が売上向上を図るために、ガチャ課金を採用したケースがある。様々なアイテムが運により入手できる仕組みになったため、当初の思惑とは逆に多額のガチャ課金をしないと楽しめなくなり、ユーザーが減少してしまった。売り上げは微増したものの、ユーザー数の減少から市場占有率は下がった。このように、市場の潮流をそのまま反映させる意識が強く、それが企業の短期的な収益を生み出すものの、長期的なユーザーエンゲージメントを犠牲にすることの意識が弱くなるケースはよく見られる。

ロイヤルユーザーが求めるのは価値のある体験であり、ゲームの世界観に合ったサービスが重要であり、単に課金を促すだけではユーザーの満足度を高めることはできない。長期的成功のためのデジタル価値変革には、ユーザーのニーズを理解して新しいゲーム体験を提供し、ユーザーエンゲージメントを高めることを目指すべきだったのである。

〈2〉事業変革の成功率を高める「デジタルシフト」の適用方法

前節で述べた通り、デジタルシフトを成功させるには具体的なゴール設定が不可欠である。第2章で解説した通り、ゴール設定に当たっては、あるべき姿を定め、ビジネスモデルを描き、ビジネス価値を明確にすることが出発点となる。その上で、以下の二つの工夫を加えることで、成功率を高めることが可能になるだろう。

① 現場目線の「一歩先」を目指す

「金のなる木」のデジタルシフトにおいては、市場のニーズを喚起して「花形」にもっていく方法がある。この方法では、企業が既に成功している領域、つまり「金のなる木」の隣にある市場が有望だ。そのためには、現在の収益源となっている製品やサービスを基盤に、その優位性を活かしてどの市場で新たな成長を見込めるかを考える必要がある。そのためには、現場からの情報収集と顧客からのフィードバックを活用する行動察知力が求められる。

具体的には、従業員からの情報収集や顧客からのフィードバックを積極的に活用し、先行指標の発見や他業種の動向理解、エコシステムからの情報収集を行い、市場の変化を察知する力を養い、事業変革に活かすべきである。

ここでは、食品業界の調味料メーカーの事例を紹介したい。この企業は業務用調味料の販売で長年成功を収めており、安定した収益を上げていた。しかし、業務用市場の成長が頭打ちになってきたため、家庭用市場への進出を試みた。家庭用市場は業務用市場と異なり、関心を喚起するパッケージや簡便に使える味の多様性が求められるため、もともとの強みである調味料の質だけで勝負するのではなく、ニーズに応じた製品開発や市場での認知・関心を喚起するマーケティングに新たに取り組む必要に迫られた。そこで、この企業はこれらの活動をデータ駆動型で行い、適切な事業判断を行うことに決めた。

そのため、この企業はまず、現場の従業員から家庭用市場に関するフィードバックを集め、家庭の食卓で求められる味やパッケージデザインについての意見を収集した。とくに食品スーパー等の売り場観察や試食イベントを通じて、直接のフィードバックを得た。また、製品パッケージの潮流について、プロダクトデザイン会社のアドバイスを受けた。加えて、料理系ユーチューバーや家事手伝い会社、大手の料理教室など、家庭料理に関する知見を持つ異業種企業への調査も行った。これにより、家庭用市場での今後起きうる具体的なニーズを定量的に評価した上で、デジタルマーケティングに取り組んだのである。

また、自社の得意とする調味料のどれが差別化・競争優位性を生むかの仮説を立て、市場調査パネルSaaSソリューションを活用して市場の反応を予測し、それに応じた新製品を開発した。同時に、市場の反応の予測を踏まえ、差別化に必要となる原材料の販売価格に与えるコストインパクトをシミュレーションし、製造ロット量や原材料調達タイミングを調整した。このように、製品開発においてこれまで得ていなかった外部リソースや、潜在ユーザーの掘り起こしも行い、結果として、家庭用調味料市場でのシェアを拡大し、新たな成長を実現したのである。

他方、「問題児」のデジタルシフトにおいては、市場で求められている真のニーズ・一歩先のニーズに応えて「花形」にもっていく方法がある。そのためには、様々な情報から将来のトレンドを分析・予測し、そのトレンドに基づいて強いニーズが生まれる領域を特定することが重要となる。それに加え、他社の優位性を分析し、真似るべきところと逆張りすべきところを明確にするなど、市場認知で優位に立ち、顧客のニーズに応える戦略を構築すべきだ。

アパレル業界のある企業では、若者向けのファッションブランドを展開していたが、販売不振が続いていた。若者市場において製品の品質・コストで他社との差別化が図れず、マーケティング力の弱さもあり、認知を高めることができず、手に取ってもらえない状況に陥っていたのである。

そこで同社は、若者市場におけるトレンド分析を踏まえ、特に持続可能なファッションへの関心が高まっていることに着目することにした。環境に優しい素材を使用した製品ラインを開発し、エコフレンドリーなブランドイメージを打ち出す戦略をとったのである。素材の優しさにとどめず、サプライチェーンのエコフレンドリーやブロックチェーン技術を用いての原材料のトレーサビリティ可視化を進めたり、SNSやオンラインキャンペーンを行ったりして、感度の高いクラスタを狙い撃ちして持続可能なファッションの重要性を訴求し、若者市場での認知度を高める努力を行った。

この戦略の結果、エコフレンドリーな製品ラインは若者に支持され、ブランドの人気が急上昇した。販売不振だったブランドが再び注目を集め、売上が回復しただけでなく、持続可能なファッションのリーダーとしての地位を確立することができた。「エコ」を意識したブランドを打ち出すだけで競争に勝てるほどアパレル市場は甘くないが、同社はデジタル化以外にも、様々なリソースを投入した戦略で勝ち残っている。

なお、「2025年の崖」と呼ばれる老朽化したデジタル資産の刷新が完了、もしくは一定の目途がついた現在、当然ながらデジタル技術の潮流を踏まえて「デジタルシフト」でどのような手段を取り入れるべきかを検討すべきである。例えば、生成AIを活用したデジタルによる自律化や示唆の自動生成・タイムリーな反映を目指し、そのための柔軟性と拡張性を確保することも重要となる。

さらには、ビジネスとITの融合やデジタルサービスの提供などにも取り組むことで、「デジタルシフト」による「バリューチェーン変革」や「デジタル価値変革」を成功に導くことが可能になるだろう。

② 割り勘効果を享受し、自分たちが集めた一次データで価値を生む

デジタルシフトでは、市場に存在するプラットフォームを活用し、エコシステム全体の価値を享受することで、効果を早く・高く出すことも可能である。すなわち、自社のデータをプラットフォーム上の汎用データと疎結合し、新たな価値を創出することに挑戦したい。

具体例として、不動産業におけるデジタルシフトの事例を紹介する。中古住宅販売業界では、不動産情報の物件情報交換・共有にレインズ（REINS）を用いることがスタンダードとなっており、全ての企業で物件情報は共有されている。ある不動産業の企業は、不動産価格が高騰し、共働きが増える一方、ローンの利用方法などが多様化しており、顧客がローンの利用方法に迷いを持っている点にビジネスチャンスを見出そうとしていた。また、顧客は一生にせいぜい数回しか住宅を購入しないため、リピーターにはなりにくいが、良い顧客体験だったケースでは、不動産売買を行う知人に口コミで推薦してくれることが多いことも理解していた。

この状況を背景に、この不動産会社は、「不動産売買」の周辺サービスの価値を高めることのニーズに応えるために、銀行や生命保険会社、地元コミュニティサイトとデジタル連携を行うことにした。すなわち、顧客が良い物件を購入するだけでなく、ローンの利用方法や生命保険の選択、コミュニティとのつながりなど、住宅購入全体をサポートするサービスを提供することを目指したの

である。具体的には、銀行と連携してローンのシミュレーション・審査等機能を提供し、顧客が自身のライフプランを立てやすくした。

また、生命保険会社と連携して、住宅ローンに付帯する保険商品の提案を行い、顧客の安心感を高めた。さらに、地元コミュニティサイトとの連携により、地域の医療機関等暮らしの情報を理解したり、新しい住民向けのサポートサービスを提供したりすることで、顧客が新しいコミュニティに馴染む手助けを行うと同時に、不動産業としての同社の評価を高める基盤を醸成した。

このような包括的なサービスを提供することで、顧客満足度が向上し、この不動産会社は口コミによる新規顧客の獲得の機会を増やすことができた。また、銀行や生命保険会社、地元コミュニティサイトとの連携により、各パートナー企業との関係も強化され、エコシステム全体の価値が向上した。

なお、銀行において住宅ローンを基軸として様々なサービスを提供し顧客満足度を高める取り組みが行われている事例もある。エコシステムは業界を超え、サービスを超え拡大しており、これまでは競争相手ではなかった企業が競争相手になる時代、ビジネス拡大のためには継続的なDXに取り組むことが必要であると言えよう。

成否の分かれ目

まやかしDXにおいても、既存の収益源である「金のなる木」を前提としたデジタルシフトに取り組んだ事例は存在する。しかしながら、これらの取り組みでは、既存の取り組みの延長線のみをプロジェクトの対象としてしまい、結果として変革は成し遂げられていないのである。

デジタルシフトにおける成否の分かれ目は、「既存の収益源をＤＸにきちんと活かせるか」ではない。「これまで使えていなかったリソースを用いた一歩先のあるべき姿を具体化できるか」である。現在の企業の競争力の源泉と、将来の企業の競争力の創出方法の因果関係を適切に定義し、主従を適切に扱うことが重要である。すなわち、将来の企業の競争力を何に位置付けるか、それこそが成否の分かれ目であり、そこにはデジタルの特性・特長を活かした「あるべき姿」を描くことがとても重要である。

---

③モノ売りからコト売りビジネスへの発展――ネイチャー・エ・デグヴェルデの例

ネイチャー・エ・デグヴェルデは１９９０年に設立されたフランスの自然派雑貨の小売りチェーンで、科学、ハイキング、アウトドア、天文学、自然観察に関連する商品を開発している。自社店舗だけでなく、博物館や科学館のショップにも商品を卸しており、さらには、自然教育プログラムも提供している。「自然を大切にする」といったブランドイメージやストーリーを大切にし、自然主義団体と顧客との架け橋となる活動も展開している。

この会社のビジネス目標の一つは、自社製品を通じて顧客が自然と触れ合う機会を増やすことである。しかし、「自然派雑貨」を中心とする自社製品だけでは、顧客の自然に触れ合うことに対する全てのニーズを満たすのは難しいことから、商品の範囲を広げるとともに、体験（「コト」）も提供

図表4-3　マーケットプレイスの仕組み

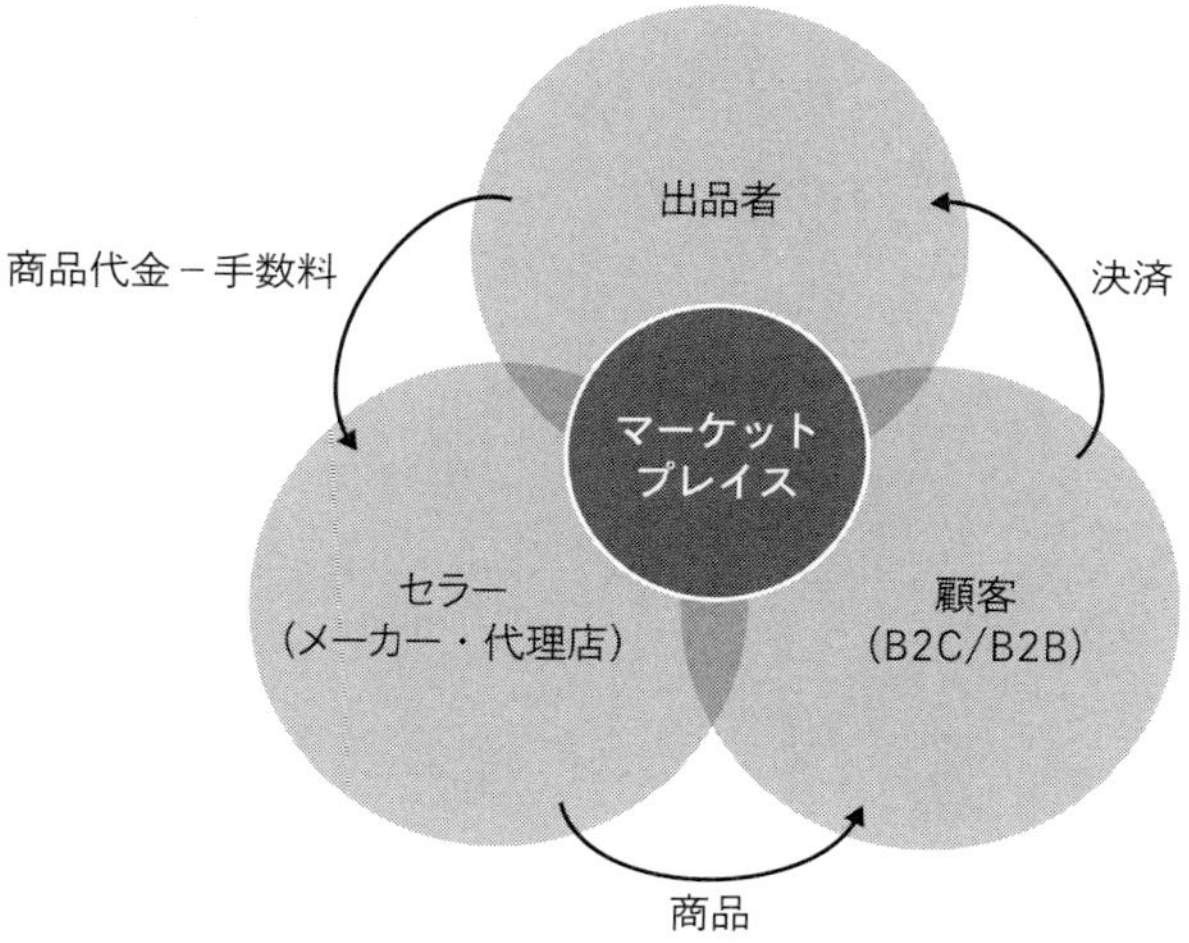

出所：Mirakl社資料に一部筆者加筆

することを考えた。自社で全ての「モノ」「コト」を提供することは不可能であることから、エコシステムを組成することを考え、その際に活用したのがMirakl社の「マーケットプレイス」である。

マーケットプレイスとは、運営企業が主催するオンラインプラットフォーム上で、顧客と出品者の間で製品やサービスを安全に取引することを可能とする仕組みである（図表4－3）。

通常のオンライン販売では、大手ECモールに参加するか、自社でECサイトを立ち上げる方法を取られる。大手ECモールでは固定的な商品販売方法のみとなり、かつ、他の出品者との共創は難しいためブランドイメージをアピールしづらい。自社ECサイトでは、自身で出品する商品を調達・管理する必要があるため、品ぞろえを広げるのが難しい。一方で、マーケットプレイスは、自社ECサイトに他社が出品できる仕組みでもあるため、他者と共創することでブランドイメージを保ちながら品ぞろえを広げることが可能なのだ。

同社は現在の収益源である製品やサービスを基盤に、「自然と触れ合う」という体験を提供することを目指した。自社の独自性・ブランドイメージの源である「自然活動に関心のある顧客」という一次情報を活用し、ブランドイメージが合う共創する他社の商品やサービスと結びつけることで、顧客のニーズに応えること、そしてこれにより、さらなるブランドイメージの向上も目指している。ここで、Ｍｉｒａｋｌ社が提供するオンラインマーケットプレイスという基盤は、他社からの出品を受け付け、自社の商品と共創させるため手段であり、「割り勘効果」を享受し投資対効果を高める要因として機能している。

具体的には、ネイチャー・エ・デグヴェルデのマーケットプレイスでは、アウトドア活動を軸にした「コト売り」を行っている。他社が同社のマーケットプレイスで提供するアウトドア活動に関連する商品やサービスと組み合わせて、顧客に「顧客の自然に触れ合う」体験をリコメンデーションするのだ。例えば、顧客がアウトドア活動の予約をする際に、必要なグッズや関連書籍、知識を深めるための商品も一緒に提案する。このようにすることで、顧客はマーケットプレイスにアクセスするだけで、自身のニーズ・状況に合致する「自然と触れ合う」体験に必要なものを一式手に入れられるのだ。

このように、ネイチャー・エ・デグヴェルデは、単なる商品販売にとどまらず、顧客に対して価値ある体験を提供する新しいビジネスモデルを実現した。マーケットプレイスを活用することで、自社の強みを活かしながら他社と効果的に共創し、顧客の多様なニーズに応えることができた。このように、「モノ売りからコト売り」への転換に、自社の強みの一次データを活用してオンラインプラットフォーム基盤を活用した成功事例は、他の業界にも参考になるだろう。

〈3〉「まやかしDX」に回帰する癖とその回避方法――大成功を強制するな

ゴールを明確にし、一歩先を見据え、プラットフォームやエコシステムを活用する「デジタルシフト」への挑戦。このような取り組みでよく起きる「まやかしDX」の罠は、経営層によるデジタルディストラプションの実現に対する過度なプレッシャーだ。

これまでのDXでは、カイゼンにとどまっていたため、ゼロベースの発想やトップダウンの観点でビジネスモデルを検討することは非常に珍しいことだった。企業がその存続をかけて大幅な投資を行うごくわずかなデジタルディストラプションのプロジェクトのみが、そのような取り組みをしてきたと言っても過言ではない。

デジタルシフトもデジタルディストラプションと同様に変革であることに変わりはない。モダナイやカイゼンでは成し遂げられないビジネス価値を創出し、企業の競争力を高めるものでなくてはいけない。デジタルディストラプションとの違いは、成功確率を高め、変革後へのスムーズな移行を両立する点にある。つまり、現状を完全に破壊するデジタルディストラプションとは異なり、現状の競争優位性の源になりうる部分は活用し、社会を大きく変革する生成AI等の先進技術などをうまく活用して、製品・サービスを飛躍させたり、バリューチェーンを大幅に拡大させたりするものなのだ。しかしながらDXは、デジタルディストラプションをすることであると誤認し、それを期待する人たちは、大成功を望み、現状の破壊を急スピードで進めることを求める。しかし、デジタルシフトでこの期待に応えることに取り組むと、現状の優位性を活かすことができなくなり、初動が立ち行かなくなる。

デジタルシフトに対し、デジタルディストラプションのプレッシャーをかけるように、着実に成功を積み上げているプロジェクトの現場リーダーに対し「あれもダメ」「もっとこうしろ」と言うのは簡単だ。しかし、それでは成功にはつながらない。DXを成功させるためにも、企業全体としてのプロジェクトを俯瞰するポートフォリオマネジメントをしっかりと行い、各プロジェクトの位置付けやバランスについて合意を得ることがまず重要だ。そして、デジタルシフトのプロジェクトを進めるにあたっては、タイムラインやトータル価値がいつ創出できるのか、そのために段階的に取り組むことの重要性を実行計画などで明確にすることが必要だ。

例えば、ある食品メーカーは、健康志向の高まりを受けて新たな健康食品ラインを開発することを決定した。しかし、全く新しい製品ラインをゼロから立ち上げるのではなく、既存の製品で定評のある健康成分を活かす形で、その健康成分に価値を感じる顧客層に訴求する製品を既存の製品とあわせて摂取する消費方法で市場に投入した。この方法により、現状のビジネスを完全に破壊することなく、新たな製品との相乗効果でロイヤルカスタマーの満足度をさらに高め、健康食品市場に実のある一歩を踏み出すことが可能になったのである。

DXは挑戦的であるべきだが、夢を見すぎるのは避けるべきだ。現実を知り、身の丈に合った改革を進めることが重要だ。デジタルシフトは現状の延長線上での改善ではなく、変革であることが重要であることに全くの異論はないが、同時に高い目標を構造化して段階的な目標に落とし込み、現実的なステップを踏んで進めることが成功の鍵となる。現場リーダーは、プロジェクトの位置付けやバランスを見極め、段階的な実行計画を立てることで、DXを着実に進めることが求められる。同時に全社的な合意とサポートを得ることにも注力すべきである。経営層から現場まで、一貫したビジョンを共有し、全員が同じ方向を向いて進むことで、DXの成功確率は大幅に高まる。具体的なゴールを設定し、その達成に向けたステップを明確にすることで、全員が目指すべき方向を理解し、協力し合うことができる。

3　DX方法論Ⅱ——パーソナライズされたアウトプット

〈1〉これからの真のDXでの使い方——生成AIの可能性・期待

生成AIとは、継続的にデータを学習し、多様なデジタルコンテンツを自動生成する技術だ。これまで、デジタルコンテンツの作成には多くの手作業が必要だったため、特定のターゲットを定義し、それに基づいてサービスやプロセスを構築していた。しかし、生成AIの登場により、リアルタイムで多様なターゲットに対してデジタルコンテンツを生成できるようになった。これはまさに、爆発的な生産性向上をもたらす革命的な変化であり、２０２２年頃からの急速な普及により、現在は第4次ＡＩブームに入ったとも言われる。２０３２年には１・３兆ドルの市場規模となるというブルームバーグの予測もある。

ＡＩの進化は非常に速く、また、例えば、ChatGPT は、わずか5日で１００万ユーザーを獲得し、さらに公開から2カ月後にはユーザー数が1億人を突破するという驚異的なスピードで技術の民主化も進んでいる。今こそ、「まやかしＤＸ」では適用できなかった、新たな技術を取り入れる時期なのである。ほぼ全ての分野で人間の叡智をはるかに上回る、ＡＳＩ（人工超知能）の世界が今後10年以内にやってくるという説もあり、その到来を見据えた動きが重要となっている。

生成ＡＩの実装機能は大きく4種類ある（図表4－4）。まず、高度な文章作成機能だ。限定的な情報や指示だけで、ＡＩが文章を自動生成できるため、「社員が文章を作る」から「ＡＩが作った文章をレビューする」形に業務がシフトする。次に、情報の集約と出力機能。曖昧な条件・母集団から的確な情報を整理することができるため、人は膨大な情報源から「探す」「判断する」という行動から解放されるのだ。３番目は、自然言語でデジタルツールにアクセスする機能。これにより、プログラミング言語や定型様式を使わずともシステムやＡＰＩと対話でき、日常業務の一環としてシステム処理が可能になる。最後が自律的なタスクの実行である。目的やゴールを指示するだけで、システムが自動的にタスクを実行するため、人は実現プロセスを理解したり意識したりすることなく業務や処理の目的を達成できるようになる。

こうした機能を活用することで、資料作成、アイデア生成、質疑応答、構成や添削、翻訳といっ

図表4-4　生成AIの実装機能

機能	No.	処理	概要
高度な文章作成	1	資料作成	●xxxxの特徴をもった製品のコピーを考えて ●xxxxという設定で、xxxx字のストーリーを考えて
	2	アイデア生成	●xxxxについて革新的なアイデアを10個提示して
	3	質疑応答	●xxxx向けに今晩の夕食のおすすめは?
	4	校正／添削	次の文章の誤字／脱字／タイプミスを見つけて
	5	翻訳	次の文章をxxxx語に翻訳して
情報の集約・出力	6	文章要約	xxxxでもわかるように、xxxx字で要約して
	7	要素抽出・カテゴリ化	次の文章から特定のオブジェクト（人物、場所etc.）／重要なキーフレーズを抽出して 次のニュースは何のカテゴリの記事？
	8	感情分析	次の文章に含まれる感情を抽出して
	9	洞察／示唆抽出	●問い合わせ事象が起きた原因とその対応策を教えて ●次の文章から商品／製品の改善点を考えて
	10	データ評価	●次の文章の10点満点での評価と理由は?
自然言語でのデジタルツールへのアクセス	11	プログラミング	●以下のCSVを、JSON形式に直してください。 ●以下のJavascriptのコードをレビューしてください
	12	BI分析	●2024年＊月の地域別売上とそのボトルネックを抽出してください
	13	業務システムデータ入力・出力自動化	●領収書データを仕訳し、経費入力データを作成してください ●請求書データを宛先別に分類し、請求書送付メールを作成してください
自律的なタスクの実行	14	基幹業務自動処理	●クレジットカード利用停止解除請求に対し、解除条件を確認し、解除許可もしくは解除不許可データを用意し、請求者に応答してください ●新規契約締結に当たり、企業のビジネス状況を確認し、必要なコンプライアンスチェック等を行った上で、取引マスタへの登録を完了させてください
	15	機器自動制御	●ロボットアームで、緑の箱の右隅に青いピンを指してください
	16	機器技術者操作支援	●製造品質から、交換が必要な部品の候補と交換時期を教えてください
	17	生産プロセス最適化	●製造プロセスにおいて部品停滞が多い箇所とその改善を教えてください

出所：筆者作成

た多様なタスクを自動化できる。さらに、文章の要約、要素の抽出やカテゴリ化、感情分析、洞察や示唆の抽出、データの評価なども自動で行えるようになる。プログラミングやBI分析、業務システムのデータ入力・出力の自動化も実現でき、さらには機器の自動制御や技術者操作支援、生産プロセスの最適化までカバーできる。ビジネスモデルとしてこれらの処理を組み込むことで、爆発的な生産性向上や、企業競争力強化を目指すことが可能になるのだ。

〈2〉生成AIが生み出すビジネス価値

生成AIがもたらすビジネス価値は計り知れない（図表4－5）。その機能を四つの軸に分けて見ていこう。

①製品・サービス軸

製品やサービスの市場参入や拡大、製造や提供プロセスの改善、製品やサービスの質の向上が挙げられる。例えば、あるEコマース企業は生成AIで顧客の過去の購入データや閲覧履歴を基に、個々の顧客に最適な商品を提案するサービスを提供している。これにより、顧客は自分に合った商品を簡単に見つけることができ、購買意欲が高まり、リピート購入率が30％向上したという。また、製造業の企業が生成AIを利用して生産ラインの最適化を図り、生産効率を20％向上させた事例もある。生産過程のデータをリアルタイムで分析し、生産ラインのボトルネックを特定するシステムを導入した。これにより、問題のある箇所を迅速に修正し、生産効率を大幅に向上させることができたのである。また、今後、予測メンテナンスの分野に導入し、機器の故障を未然に防ぐためのメ

図表4-5　生成AIがもたらすビジネス価値

製品・サービス	顧客	業務	従業員
市場参入・拡大	顧客満足度向上	計画の立案・達成状況評価	採用・育成
製造・提供プロセス改善	リピート利用	活動・プロセスの可視化	労務・人事管理
製品・サービスそのものの改善	アフターフォロー	情報の共有	従業員体験向上（EX）
管理会計・経営管理	顧客ニーズ理解	自律的な業務推進	作業負荷軽減

出所：筆者作成

ンテナンス計画を自動生成する予定である。これにより、ダウンタイムを削減し、運用コストを低減することも検討しているのだ。

②顧客軸

顧客満足度の向上、リピート利用の促進、カスタマーサクセスの実現、顧客ニーズへの合致が期待できる。例えば、あるアパレル小売業で、生成ＡＩを活用して顧客向けリコメンデーションとクーポン発行による集客を行った事例である。この企業では、顧客の購買履歴や閲覧履歴をリアルタイムで分析し、顧客一人ひとりにカスタマイズされた商品リコメンデーションを行うサービスを開始した。この際、このリコメンデーションに基づいて、顧客に対してパーソナライズされたクーポンを発行した。例えば、顧客が過去に購入したブランドの新作が入荷した際、その顧客のファッションの嗜好に合わせて、特定の商品に対する割引クーポンを送付し、再来店を促す施策を実施した。このシステムの導入により、クーポン利用率は25％、顧客購買単価も高まり、顧客の再来店回数も増加した。生成ＡＩが小売業の顧客エンゲージメント向上と集客において非常に有効であることがわかるだろう。

③ **業務軸**

情報共有の深化、活動やプロセスの可視化、自律的なプロセスの実行・自動化、計画マネジメントの高度化、管理会計や経営管理の向上を目指すとよい。あるソフトウェア企業では、生成ＡＩを活用してソフトウェアの利用問い合わせ・回答管理の自動処理を行い、活動やプロセスの可視化を図り生産性の向上を果たすのみならず、顧客満足度を大幅に向上させた。具体的には、生成ＡＩが顧客からの問い合わせを分類し、適切な担当者に自動的に割り振る仕組み、担当者がＦＡＱ等を効率的に検索し適切な回答を作成することを支援する仕組み、対応結果からＦＡＱを自動生成する仕組みを導入したのだ。これにより、問い合わせの対応時間が短縮され、ＦＡＱの充実により対応の確からしさも高まり、顧客からの評価が向上した。生成ＡＩは継続的に学習し、パーソナライズされたアウトプットの質は継続的に向上し、より高いレベルのカスタマーサービスを提供することが可能になるのである。

④ **従業員軸**

タレントマネジメントの可視化、労務や人事管理の高度化、従業員体験の向上（ＥＸ）、作業負荷軽減が期待できる。具体的な事例として、倉庫管理・輸送業の企業が生成ＡＩを活用して社員の勤務スケジュールを自動生成し、適切な人員配置を行うことで、労働コストの削減と業務効率の向上を実現した。この企業では、生成ＡＩが過去の在庫管理データ、配達データ、配達先データを分析し、倉庫にいつどれだけの荷物が届き、いつどのように配達が必要かを予測し、最適なシフトスケジュールを作成するシステムを導入した。これにより、ピーク時の人員不足や閑散期の過剰配置を防ぎ、効率的な運営が可能になり、従業員の負荷軽減にも寄与した。

また、製造業の企業が生成ＡＩを利用して社員のフィードバックをリアルタイムで収集・分析し、社員のニーズに基づいた柔軟な働き方や人事評価フィードバック、福利厚生を提供することで、社員のエンゲージメントと生産性を向上させた事例もある。この企業では、生成ＡＩが社員の業務パフォーマンスや満足度を分析し、適切なフィードバックを提供するシステムを構築した。これにより、社員は自分の業務のどこが評価され、どこを改善すべきかをリアルタイムで把握できるようになり、モチベーションの向上とスキルの向上が促進された。

〈3〉生成ＡＩに対する誤認・誤用

以上のように、様々なビジネス価値の創出が期待できる生成ＡＩだが、多くの企業でＰｏＣ（概念実証）や社内版導入などを進めているものの、それより先に進めることに苦労しているケースが散見される。生成ＡＩは、導入事例はまだ多くなく、商用利用はこれから本格化する技術と言えるが、当然のことながら万能ではなく、限界・制約がある点を忘れてはならない。

まず、学習データに基づいてコンテンツを生成するため、完全に新しいアイデアやコンテンツを生成することは不可能である。生成されるアイデアは学習データから生み出されたものであり、世の中に存在しないものから発明されたものではない点を理解し、場合によっては根拠となったアイデアやコンテンツなどを参照することや、著作権侵害等を起こしていないかなどを検討すべきである。また、生成されるコンテンツの品質は、作成の指示内容（プロンプティング）に依存する場合が多い。そのため、複雑な業務ロジックに対応するコンテンツを生成するためには、学習データを増やすだけでは対応が難しく、高度なプロンプティングを行う、もしくは、プロンプティングそのものを自律的に成長させることが不可欠である点を踏まえて、適用方法を検討すべきだ。

また、専門領域や各社個別情報を踏まえて生成ＡＩを活用する場合、生成ＡＩに標準で具備されているＬＬＭ（Large language Models：大規模言語モデル。大量のデータとディープラーニング〈深層学習〉技術によって構築された言語モデルであり、文章作成などの自然言語処理で用いられる）は専門領域や各社個別情報に関する深層学習量が十分ではないため、本格的な業務利用に向けて追加学習させるデータの用意など準備に一定の時間とコストを要することには注意が必要だろう。また、生成ＡＩのアウトプットを継続的に品質向上させるためには、事業実施プロセスの一環として学習データを用意し、取り込める環境が重要であり、「ＡＩでの可読性」を高めるデータマネジメントの導入が必要だ。

さらに、生成ＡＩを効果的に機能させるためには、ビジネスプロセスや人の処理そのものが「生成ＡＩ対応」できるようにＢＰＲを行うことが必要である点も忘れてはならない。生成ＡＩは入れるだけで効果が出る魔法のツールではなく、その真価が発揮できるように環境整備をすべきなのだ。

なお、完全な自立性や誤謬なしの動作も不可能である。生成ＡＩの出力結果に対して適宜、人間の確認とフィードバックを行うことや、自律的な処理そのものを学習により品質向上させる仕組みを取り入れることが重要である。

〈4〉パーソナライズされたアウトプット

目指すべき姿・ビジネスモデルにおいて「どのように変えるのか」を決定する際には、これまで述べたパーソナライズされたアウトプットの特性を踏まえて検討・見極めを行うことが重要であることは言うまでもない。その上で、ここでは、よりビジネス価値を高めるための二つの工夫を解説する。

①ナッジによる潜在ニーズの顕在化

ナッジとは行動経済学などで提唱されている概念で、ウェブサイト上で限定セールの通知を表示することで購入意欲を高めるなど、顧客の行動を自然に促す手法である。ナッジは顧客自身が気づいていない潜在ニーズを引き出すのに有効であるため、生成ＡＩを利用し、よりタイムリーに、かつ、個人の嗜好・志向に合致して、よりスムーズに行動を促す仕組みを目指すとよい。

同時に、ＡＩ倫理の観点からも、ナッジの適用には配慮が必須である点に注意を促したい。２０２４年3月21日、国連総会で、安全、安心で信頼できるＡＩに関する初めての国連総会決議「持続可能な開発のための安全・安心で信頼できるＡＩシステムに係る機会確保に関する決議」をコンセンサスで採択している。国際法上の拘束力はないが、加盟国が採択したものであり、国際社会の総意である。ＡＩの運用においては、人のバイアスや行動特性の知見を悪用して、必ずしも「望ましくない選択」に誘導、悪用してはいけない。全てのナッジは透明であるべきであり、決して顧客の誤解を招くものにしてはいけない。ナッジをやめる選択肢（オプトアウト）を明確に提供し、顧客がいつでもナッジを拒否できるようにすることも必須である。そして、促す行動は、介入を受ける人が享受する価値・幸せが向上すると信じるに足るものにする必要がある。

例えば、ヘルスケアアプリにおいて、ユーザーの健康データを基に、運動不足を感じさせる通知を送ることで、ユーザーが自身の健康に対する関心を高め、行動を変えるきっかけを提供することをゴールにした事例がある。この通知はユーザーが容易に設定変更できるようにし、また医療に踏み込む分析や評価は決して行わず、運動不足解消のためにリコメンドする「運動」も一定の科学的根拠を有するものに限定するなどの工夫をした。

②ロングテールの刈り取りとペルソナに提供すべきコアバリューの見極め

パーソナライズの技術を駆使することで、これまで見過ごされがちだったロングテール、すなわちニッチなニーズにも対応できるようになる。ロングテールとは、大量の少数派の需要を総計することで大きなビジネスチャンスを見出す考え方である。これにより、少数の大きな市場だけでなく、多様な小さな市場でもビジネス機会を創出でき、総合的に大きなビジネス価値を提供することが可能となる。オンラインストリーミングサービスでユーザーの視聴履歴を分析し、特定のニッチなジャンルの映画やドラマを推薦する例などはわかりやすいだろう。このように、これまでは見過ごしてきた個別の細かいニーズにタイムリーに応えることで、ユーザーの満足度を高め、継続利用などを促すことが可能なのだ。

ただし、ロングテールの戦略を実施するにあたり、ペルソナごとに提供すべき「コアバリュー」(真に届けたい価値)を明確にすることが重要であることに注意したい。ロングテールの全てを潜在ニーズとしてやみくもに対応するのではなく、それらのニーズがＤＸのゴールである、あるべき姿の「特性」（どう変革したいか）や「コアバリュー」に合致しているかを見極めるべきである。また、見過ごしていた潜在ニーズをどこまで拾うことが、真のビジネス価値増大に役に立つかという観点も忘れてはいけない。生成ＡＩによりデジタルコンテンツの生産性は爆発的に高まっている一方で、その精度・品質を保つための学習やフィードバック管理などには一定の工数がかかり、また、「ブランディング・レピュテーション」（当該ブランドの評判）の観点からの絞り込みも重要である。無限大に増やすことが必ずしも得策だとは限らないという点は肝に銘じておくべきポイントである。

その観点からは、デジタルとフィジカルのつなぎの整理にも留意したい。デジタルプロダクトは比較的容易に多様化できるが、物理プロダクトの多様化にはコストや時間がかかる。このバランスを取ることが、成功の鍵となる。例えば、カスタマイズ可能なスマートフォンケースの販売を考えた場合、オンラインでデザインを選び、そのデザインに基づいて製造するというプロセスがある。この際、デザインの多様性はデジタルで管理しつつ、製造のコストやスピードを考慮して最適化する必要がある。

成否の分かれ目

生成ＡＩの技術は急成長しているものの、パーソナライズされたアウトプットを業務で有効活用できている事例は現時点では非常に少ない。直近の事例でも、PoCやChatGPT の社内版導入程度でとどまっているケースが多いのが実態である。しかしながら、生成ＡＩ技術の進歩の速さや民主化スピードは目覚ましく、２０２５年以降あらゆる業界のあらゆる業務において一気に適用が進み、現場作業の生産性向上や顧客価値増強が進むことが予想される。

当然のことながら注意すべきは、生成ＡＩも魔法の杖ではないことである。あるべき姿の具体化やＢＰＲを行うことは前提であり、ＡＩのリスクや精度、ＡＩ倫理をしっかり考慮したビジネスモデルとすることが成否を分けるといっても過言ではない。従来のデジタルに最適化されていない業務プロセスには手を付けずに残し、取り扱うデータを整備しないままに、そこに生成ＡＩを接合しても、得るものは少ないだろう。日進月歩で進化する生成ＡＩ技術を正しく「事業変革手法」として取り入れるには、現場リーダーはその学びを深めることが求められる。

③ Zendeskを活用したカスタマーサクセスの実現――日本旅行の例

日本旅行は、日本初の旅行会社であり、創業１００年の歴史を持つ。国内旅行の販売が強く、「赤い風船」のブランド名でのパック旅行販売で知られている。コロナ禍をきっかけに構造変革を進めている同社は、ＤＸを通じて「顧客と地域のソリューション企業」への転換を目指し、ＣＸ（顧客体験）を向上させることでＬＴＶ（顧客生涯価値）を高める、という目標を掲げ、その一環としてコンタクトセンターＤＸを行った。その事例を紹介する。

日本旅行のコンタクトセンターは、東京、大阪、広島などに分散しており、これまではそれぞれが地域でのみの電話対応をしていた状況にあった。また、顧客とのコミュニケーションは電話対応がメインであったが、近年、Ｗｅｂサイトのお問い合わせフォームなどからのやり取りも増え、メールなどのテキスト対応が増加していた。コンタクトセンターのオペレーターは、これまでは電話での会話ベースで業務を遂行していたため、口頭でのコミュニケーションによる意思疎通は得意であっても、ＰＣで文章を書くのが苦手なベテランオペレーターも多数いた。このため顧客からのあらゆる問い合わせを受け付け、顧客接点のフロントの中核を占めるコンタクトセンターにおけるＤＸにおいては、オペレーターのデジタルリテラシーも考慮した施策が重要であると考えた。

このような背景から、コンタクトセンターなどでの顧客体験向上を支援するツールとして知られるZendeskを導入し、技術インフラを整え、データマネジメント環境を整備することから着手した。すなわち、あらゆるタイミングで呼応率を高め、多種多様なお客様の問い合わせに適切に回答できるようにするためには、集中管理を行うことが不可欠と考え、物理的に分断されていたコンタクトセンターをクラウドでバーチャル統合したのである。例えば東京センターが忙しいときに、手が空いている広島センターで対応できるようにし、リソースの有効活用を目指した。問い合わせ内容・対応も共通活用することで、ニッチな問い合わせに対しても属人的なナレッジではなく、組織としてのノウハウを活かして対応することで回答率を高めることを狙ったのである。

さらに、生成ＡＩの文章自動生成機能を活用することにした。従来、ベテランオペレーターが電話でやりとりしていたスムーズな顧客コミュニケーションを、メールベースでも実現するオペレーションに整備したのである。これにより、例えば、オペレーターは「キャンセル可能、３日前、返金一部」など答えたいポイントのみを書くことで、「キャンセルは可能でございます。本日キャンセルする場合は、ご出発の３日前となるため、旅行代金の70％をご返金します」といったわかりやすい長文を自動生成できるようになった。これにより、電話対応が中心だったオペレーターであっても、わかりやすく正確な文章での回答が可能になり、メールでの対応品質を向上させることができた。

さらに、問い合わせに対して情報の集約と出力機能を強化した。例えば、問い合わせのやり取りからＦＡＱを効率的に作成する仕組みを作り、顧客・オペレーター双方で参照できるようにしたのである。ＦＡＱを充実させることで、業務知見の少ないオペレーターであっても対応速度を高められることや、顧客が自己解決できる割合を増やして定型的な問い合わせの削減を狙ったものだ。

また、全ての問い合わせは、データベースに一元化してログとして管理する仕組みとした。これにより、データに基づく分析が可能となり、各オペレーターの生産性が可視化され、問い合わせの動向（例えば、年末年始やゴールデンウィーク前にどのくらい問い合わせが増えるか）も予測可能となった。データの分析から、人員などリソースの最適配置や効率的な運営が検討できるようになったのである。

このように「パーソナライズされたアウトプット」をはじめとするＣＸ向上の取り組みにより、日本旅行が得たビジネス価値は多岐にわたる（図表４－６）。生成ＡＩやその他クラウド先進技術の活用によって、旅行手配そのものの手軽さ・効率性向上にとどまらないビジネスモデル実現の可能性が高まった。日本旅行の事例は、その成功例の一つとして参考になるだろう。

図表4-6　日本旅行が目指したビジネス価値

	ビジネス価値	創出した成果
製品サービス軸	製造・提供プロセスの改善	オペレーターの回答品質向上、1次回答完結率向上
顧客軸	顧客満足度向上	メール回答の品質への満足度向上、FAQを通じた課題自己解決
業務軸	情報の共有	FAQの効率作成による業務ノウハウ習得の高速化
従業員軸	従業員体験の向上(EX)	業務ナレッジのビジネス転嫁による自尊心の獲得、リソース最適配置による業務負荷平準化

出所：筆者作成

〈5〉「まやかしDX」に回帰する癖とその回避方法

生成ＡＩを利用し、これまで実現できなかった「パーソナライズされたアウトプット」を活用した製品・サービスを提供する際には、導入時点をゴールとしてしまい、継続的な反復・見直しプロセスが不十分になるという「まやかしＤＸ」の罠に陥らないようにする必要がある。

「まやかしＤＸ」では、導入までをスコープとし、ウォーターフォール型（事前に決めた工程を順番通りに進め、工程完了ごとに品質担保を図る開発手法）で定めたゴールをシステム導入時に実現し、そのまま運用保守に移行することが多かった。しかし、このやり方では運用保守期間中のサービス進化は難しい。これからのＤＸでの生成ＡＩの活用は、「学習によって成長する」という大きな特長を活かすためにも、サービス開始前の学習データだけでなく、サービス開始後に得られるデータを取り込み、サービスを継続的に進化させる計画とすることが極めて重要なのである。

当然のことながら、新たなサービスが展開されると、それに対して、ユーザーからのフィードバックや利用データが集まり、新しいニーズが明らかになる。生成ＡＩでは、これらのデータを継続的に取り込むことで、サービスを進化させることができる。すなわち、生成ＡＩを活用したサービスは、固定されたものではなく、常に成長し続ける「生き物」のようなものであり、これをいかに効果的に成長させるかが鍵となる。

この際には、サービス開始後の学習データの質を見極めることが非常に重要だ。適切な特徴量（言語モデルを学習させるために必要なサービスに関連する固有情報）を入力し、モデルのパフォーマンスを監視・チューニングすることが求められる。オンライン小売業者が生成ＡＩを活用してパーソナライズされた商品推薦サービスを導入した場合でも、サービス開始後に発掘した「ロングテール商品」の推薦により高収益商品があわせて購買される事例などが出てきている。また、適切な特徴量を収集できる業務プロセス設計が重要となる。学習データの収集に手間がかかる仕組みになってしまうと、従業員負荷は高まり、良い学習データが収集できない結果に陥るのだ。

このように、生成ＡＩを活用したパーソナライズされたアウトプットの提供は、企業にとって大きな可能性を秘めている。しかし、その成功には、これまで未知・潜在化していたナレッジを顕在化させるための継続的な取り組みと見直しが不可欠であり、これを怠るとせっかくのＤＸも効果を発揮できない。常に顧客のニーズを把握し、運用実態を把握し、それらの情報をＡＩに学習させ、サービスを進化させることで、期待するビジネス価値を創出するのだ。

4 ＤＸ方法論Ⅲ――FitToStandard（標準への一致）

〈1〉「まやかしＤＸ」での誤った使い方

① 既存優位な「標準化」

業務フローを標準化する目的は、業務品質と効率の向上、そして業務の属人化を防ぐことにある。業務フローや作業内容を統一し、業務のブラックボックス化を解消し、全体の業務プロセスを見える化する。これにより、誰が担当しても同じ品質で業務を遂行できるようになり、効率的で一貫性のある運営が実現すると考えられている。FitToStandard（標準への一致）とは、システム導入において、システムが保有する数多くの標準機能の中から必要なものを組み合わせて使い、それに合わせて業務を変革する導入方式である。追加開発を行わず標準機能を最大限利用することでベストプラクティスによる短期間・低コスト導入が可能となる。

ＤＸにおいても、システム導入前にＢＰＲを実行し、業務を抜本的に見直す際に標準化に取り組む。手作業ではばらつきがあるやり方でも非効率ながらも業務は遂行可能だ。しかし、ＤＸでは、定義されなかった手作業等の例外処理は運用回避になってしまう（システム処理されない）ため、実現する業務プロセスは全て標準化し、網羅的にシステム機能、画面・帳票などとして実装する必要がある。

このようにBPRと標準化はあわせて取り組むことがとても重要な作業だと言えるが、「まやかしDX」において標準化を進める際には、様々な前提にとらわれてしまいがちだった。その一つは「自社の優位性は（例外処理を含む丁寧な）作業プロセスにあるため、現状は絶対に変えられない」という発想である。多くの企業は、自社の優位性は独自の作業プロセスにあり、それを変えると優位性が失われてしまうと考えている。すなわち、こだわりの作業にこそ大きな価値の源泉があると考え、こだわりの作業に係る追加の工数に比して、それが生み出す効果の検証や、こだわり作業の標準プロセスへの置き換えにより価値がどのように変化するかなどの検討をしない。

その結果、ソリューションが提供している標準業務プロセス／テンプレートは自社にとっての最適解にはならず、独自のやりかたが最適であると妄信してしまう。さらには、必要最低限への絞り込みをすることは、漏れが起きて品質が下がるので、属人化している多様性を網羅するパターンを「標準」として全て実装する。すなわち、自社流の「標準」をソリューションの標準に上乗せして実現するというやり方である。この自社流の「標準」は、必要不可欠とは言えない多様性を許容するものであるため、冗長な作業や非効率な手順を取り込んだものとなり、本来目指すべき効率化から遠ざかってしまう。

もう一つの前提は、業務や人が変化に対応できないという発想だ。新しいやり方を導入するには教育コストが高い、すぐに元のやり方に戻ってしまって定着しない、新しいやり方の裏で旧来のやり方を継続してしまうという懸念を持ちつつ、慣れたやり方をそのまま踏襲したプロセスを「標準プロセス」としてしまうのである。これでは既存の業務プロセスをそのまま新しいシステムに移行させる「カイゼン」にとどまり、真の意味での変革を生み出すことはできない。

さらには、手の届く範囲のみを標準化の対象とすることも起こりがちである。断片化され、サイロ化された現在の業務やシステムの範囲を検討対象として各部署で標準化を行うやり方であり、隣接する業務やシステムには手を付けないのだ。それぞれのサイロ化された領域での効率化が図られても、全社的な連携や一貫性が欠如し、また相互の連携が難しくなる。

②各社流の狭い世界の「標準化像」の限界

このように、「まやかしＤＸ」では各社が自社流の狭い世界の「標準化像」を作っていることが非常に多い。会社全体としての最適化は優先されず、バランスの取れない個別最適化が複数生まれてしまう状態である。また、個別最適化においても、現在のありとあらゆる属人化した要素を取り込んでしまい、時間とコストをかけて巨大で複雑な標準化像が作り上げられる。この「標準化像」は冗長な作業まで取り込んでしまうだけでなく、当然デジタルを活用した最適解にもならず、真の生産性向上を果たせない。ソリューションが定義する「標準業務プロセス」と比較して冗長であり、ギャップが大きくカスタマイズも多数必要となる。システム導入の開発工数がどんどん増え、保守性も下がるという「ＤＸ投資」の高コスト化という弊害も起きている。

ここで、通信業界のある企業の失敗事例を紹介したい。この企業では、経営管理における業績マネジメントの効率化・精度向上を進めることとし、事業部ごとに業績の見通しを報告するプロセスをＳセンターに移管し、業務を標準化する取り組みを始めた。企業内には50近い事業部と何百ものサービスがあった。Ｓセンターでの効率的な業務を可能とするために、類似サービスやビジネスモデルの観点から類型化して報告モデルを作成することとし、データモデルとデータ収集・分析プロセスの組み合わせで10パターン程度の報告モデルに標準化する案がたたき台として挙がった。

しかし、データモデルにおいては、「念のため参照するかもしれない根拠データを入れたい」「過去の実績値も月次で入れたい」「将来予測は1年後だけでなく3年後も見たい」「リスク要因を多次元で管理したい」「事業部報告としての修正履歴だけでなく、チーム・担当者の修正履歴を全て保持したい」といった要求が次々に出てきた。これにより取り扱うデータは激増し、全ての部署が管理する共通データはわずか3割、10％未満の部署しか使わないデータが5割を超える状況となった。

さらに、現在のデータ収集・分析のプロセスが事業部ごとに異なっており、それに対してどのように標準化するかを決定するのに難航した。例えば、A事業部では、部門・チームの報告は信用できないため、事業管理担当者がヒアリングして数字を作成する。一方、B事業部では、現場が責任を持つべきという方針で、現場からボトムアップで収集したデータを事業管理担当者が個別に査定する。C事業部では、現場がシステムで予測値を早期に入力し、事業管理担当者が横並びでレビューし、修正指示を出す。さらに、D事業部では、現場で複数人が合議しながら入力し、部門長が承認すると事業管理担当者が分析のみを行う。

このように、各事業部が独自の方法でデータを収集・分析している現状に対し、全ての事業部が自身のやり方が最適であり、他の部署のやり方はデータの信頼性・効率性双方の観点から許容できないと主張した。全社的な標準化は難航し、個別最適化にとどまってしまった。この結果、画面・帳票のみは共通化し、業績見通しの事業部案作成、案確定、全社分析という3手順のみは共通化されたものの、細かいプロセスは様々なオプションが定義され、システム制御は限定的になり管理に多数の部署ごとに異なる手作業が介在する結果となってしまったのである。本来であれば、ソリューションが定義する「標準業務プロセス」の生み出す価値を全社で合意し、そのデータモデルをどう使うか、新たな共通データをどう持つかという発想で進めるべきであったのだ。

〈2〉正しいFitToStandardの適用方法

このように、これまでの「まやかしＤＸ」では、ＤＸの観点から「正しい」と言える標準を作れず、さらに標準を正しく使いこなすことができなかった事例が山積している。これからのＤＸでは、自社の優位性をプロセスではなくコンテンツやデータに求める発想に切り替えることから始める必要がある。ＤＸ時代には、価値の源泉はデータの活用と迅速な対応にあり、ビジネスモデルや業務プロセスは、顧客ニーズなどに応じて進化し、さらなる価値を生むことを目指すべきである。

これを実現するためにも、これからは「FitToStandard」を正しく適用すべきである。すなわち、ベストプラクティスであるソリューションの「標準業務プロセス」を最大限に活用するアプローチを採用するべきだろう。全体最適の考えを徹底し、個別最適を徹底して排除し、幅広い関係者を巻き込んで関連部署の業務プロセスを全て対象とする。また、ベストプラクティスを活用する発想で汎用モジュール・テンプレートを活用する。これらのアプローチにより、業務効率を高めるだけでなく、導入時のカスタマイズコストを下げ、さらには運用時のアプリケーションの保守性を向上させることができるため、「ＤＸ投資」の高コスト化を避けることができる。

以下では、「FitToStandard」の正しい適用方法・工夫を3点紹介しよう。

①業界テンプレートを利用したプロトタイピングでのギャップの最小化

DXにおいて要件定義を行う際、多くの企業では現状の業務と課題を洗い出し、理想の姿との「Fit&Gap分析」を行い、現実的な解決策を見つけようとする。このアプローチでは、誤った、目指すべきでない「理想の姿」に対してギャップを可視化してしまうことがある。また、たとえ「理想の姿」が正しく設定されていても、洗い出したギャップに対し、現状に引きずられ「現実的な解決策」を採用してしまうことが多い。

これを避けるためには、ソリューションの「標準業務プロセス」を「ベストプラクティス」として最大限に活用する発想が必要だ。具体的には、まずは業界テンプレートを出発点として採用する。業界テンプレートには、その業界のベストプラクティスが組み込まれており、効率的かつ効果的な業務プロセスが標準化された形で用意されている。この「ベストプラクティス」に対して自社にとって非合理な部分や実現不可能な部分を洗い出す。ここでの作業は、まずはこれまでの経験を活かし「非合理」「実現不可能」と思われるものは全て挙げて構わない。全て洗い出したタイミングで、洗い出した項目が本当に「非合理」または「実現不可能」であるかを精査する。精査にあたっては、他社事例を学ぶことも有効だ。他社がどのように標準業務プロセスを取り入れ、どのようなメリットを享受しているかを知ることで、自社の業務プロセスに対する新たな視点を得ることができ、「非合理」「実現不可能」とした箇所も、実は「合理的」だったり、実現する方法を理解することができるだろう。また、ベンダーやコンサルタントに標準業務プロセス通りに進める方法やそのメリット・デメリットを教わることも有益だ。

プロトタイピングも非常に効果的な手法だ。標準テンプレートだけで実現しているプロトタイプを実際に操作してみることで、新たなやり方の効率性や価値を実際に体感することができる。これにより、自社が「非合理」「実現不可能」と評価した根拠の妥当性を検証することができるだろう。

ある中堅システム開発会社の事例を見ていこう。これまで従業員に対して、プロジェクト評価、期末評価、賞与反映、スキル（ベンダー資格取得状況）可視化などは行っていたが、キャリア育成や人材ミックスな組織作成、プロジェクト要件に合った人材アサインは十分にできていなかった。大型SaaS提供に向けた技術人材の強化が求められる中で、タレントマネジメントを強化することにし、業界で定評のあるタレントマネジメントSaaSを活用することにした。

タレントマネジメントSaaSの活用範囲はタレントマネジメントが中心ではあるものの、別システムで実施しているプロジェクト管理業務のうち人材アサインとの連携を含め、「従業員の育成からアサイン評価まで」の一連の業務をDX対象とした。ソリューションのベストプラクティス適用に向けた議論では、「従業員が自身で稼働登録するのは手間がかかる」「プロジェクト評価と期末評価を連動させると不適切なプロジェクト評価が反映され正しい昇進者が決定できない」「総合的にスキルレベルを評価できる人材が限られている」といったギャップが浮上した。

これを解消する方法の検討にあたっては、他社事例から学んだ。その結果、稼働登録はプロジェクト計画からの自動入力を基本とすることで従業員の負荷を軽減し、正確性を向上させた。また、プロジェクト評価と期末評価の粒度を合わせ、複数の目でチェックできる仕組みにして恣意性を排除した。

さらに、プロトタイピングではシステム機能だけでなく、システム機能間で発生する手作業も対象に含めて実施することで、一連の作業としての実行性・効率性を見極めた。その過程で、スキルレベルの評価はベンダー資格やプロジェクト評価のうちコンピテンシーを引用する形とし、限定された人以外でも汎用的にできるスキル評価方法を採用した。

このようにして、標準業務プロセスを最大限に活用しつつ、自社のルールを適切な形で見直し、効率的で効果的なタレントマネジメントとプロジェクト管理を導入した。この取り組みによって、技術人材の可視化・不足している部分の採用および強化が図られ、プロジェクトの成功率が向上した。

②カスタマイズ・アドオンの徹底排除

DXを成功させるための方法論として、真の「FitToStandard」を実現するには、アドオン率を0％に近づけることが理想だ。多くのソリューション会社はこの理想像を追求し、アドオンを行わなくて済むような様々なベストプラクティスを包含するソリューション開発に取り組んでいる。とはいえ、現実問題として、最大でも10％のアドオン、もしくは過去のアドオンの80％削減が現実的な落としどころになるだろう。この高い目標に向けて、変革のために大胆に業務プロセスを見直し、新しい業務のやり方にどのように取り組むかを検討することが重要なのだ。

一説には、アドオンの内容は帳票が50％、画面が30％、インタフェースが20％、ロジックが10％を占めると言われている。帳票や画面の変更は、慣れとデジタル改革によって対応するのがよい。

多くの企業では、従来の業務プロセスに基づいた帳票や画面レイアウトに慣れ親しんでいるため、新しいシステムに移行する際にこれらをそのまま再現しようとする。これは、デジタルを用いた効率的な作業を阻害する要因にしかならない。標準的な帳票や画面レイアウトを受け入れ、デジタル処理の効率性の成果を享受することで、業務プロセスの効率化が実現できる。慣れるまでの期間は必要だが、長期的には大幅な改善が見込める。

次に、インタフェースの変更は、API（アプリケーション・プログラミング・インタフェース）エコノミーを活かすべきである。従来のシステム間のデータ連携を維持するために、多くのアドオンが導入されている。これを標準的なAPIを利用したシステム間のデータ連携に見直すのだ。連携要件・データ項目が変更になることも多いが、新たなやり方を否定せず、標準的な連携による全体最適の価値を得ることが重要である。

最後に、ロジックの変更について。多くの場合、紙ベース時代の業務プロセスへの固執などにより、不要なロジックを維持してしまっている。このような不要なロジックを排除し、標準的な業務プロセスに従うこと、これには「切り捨てる」勇気が必要であるが、当該ロジックが差別化・競争力の維持・強化に不可欠か慎重に検討した上で、要否を判断すべきなのだ。

③ 変化の大きさに対応できるようにする

特にこれまでのやり方が人のノウハウや手作業に頼っていた場合、情報の共有が進んでいなかった場合、特定の人だけがシステム処理をしていた場合などは、「FitToStandard」への変化は大きな挑戦となる。そのため、実行するにあたっては「変化の大きさ」を緩和する方法を取り入れることが重要だ。

一つの目の工夫としては、ローコード開発基盤を活用し、低コストでユーザーインタフェース画面に対して合理的なカスタマイズを行い、タッチポイントの抵抗感を下げる方法がある。システムに慣れない人にとって、操作性に対する評価は見た目で大きく左右されるからだ。触って実際に使ってみれば、意外と使える、わかる、そんな人は非常に多い。操作ガイドを強化したり、自身が必要な処理に容易に辿り着ける環境整備を進めるのがよいだろう。

また、過渡期においては例外処理を認め、それをＲＰＡ（ロボティック・プロセス・オートメーション）で実装することも効果的だ。ＲＰＡを活用することで、ラストワンマイルの利便性を高めることができる。ただし、ＲＰＡの利用が「野良ＲＰＡ（現場の裁量でＲＰＡツールで利便性向上のために作られたロボットが誰にも管理されずに放置またはブラックボックス化する状態）」とならないように適切に管理することや、過渡期だったはずが恒久対応といったことにならないように暫定対応期間をあらかじめ決めることが重要だ。

さらに、サポートの強化も不可欠だ。特にデジタルサポートを導入することで、サポートの必要な箇所や内容をブラッシュアップできる。デジタルサポートは、リアルタイムでのヘルプ提供や、よくある質問に対する自動応答など、効率的にサポートを提供する手段となる。これにより、従業員が新しいシステムに適応する過程での不安や疑問を解消できる。

これらの対策に加え、従業員体験を可視化し、ベストプラクティスによる変化の定量化と価値評価を行うことが重要だ。新しいシステムの導入後に従業員の反応や業務効率の変化をデータで把握し、その成果を評価することで、変化を肯定的に受け入れられる状況を作り出す。そのためにも、従業員のフィードバックを定期的に収集し、それに基づいてシステムやプロセスを改善していくことで、新システムへの継続的な適応を促進するべきだろう。

成否の分かれ目

まやかしＤＸにおいても、多くのケースで標準化には取り組んできた。しかしながら、「システムを活かす」という発想が不十分で、現行の手作業などに依存する業務プロセスを「最適解」として標準化を進め、結果として多数のカスタマイズを行ったり、実現した業務プロセスが真の効率化を成し遂げないものになっているのだ。

FitToStandardにおける成否の分かれ目は、ベストプラクティスを見極める点にある。業務プロセスの変化の大きさは「どのように受け止め適応するか」を社内で徹底して議論すべきであり、移行時の慣れ親しみやすさを優先して現状に寄せる判断をしてはいけない。現場リーダーは採用すべきStandardを見極め、それを徹底する勇気を持つことが重要となる。

〈3〉「まやかしＤＸ」に回帰する癖とその回避方法

FitToStandardを実施するということは、今のやり方との決別を意味する。しかし、多くの人は「今のやり方を踏襲する」「カスタマイズせざるを得ない」という思いを捨てることができない。むしろ、こうした考えを捨てられる人のほうが少数派だ。

「今のやり方を踏襲する」、すなわち、多くの人が現行のやり方に固執する理由は、今のやり方が最適であり、利益を上げられると信じ込んでいるからだ。この信念には、慣れ親しんだ方法への愛着や、変化への抵抗や恐怖が含まれる。現状を変えることに対する恐怖は非常に大きく、変革を阻む大きな壁となる。また、余計だと思っても捨てる勇気を持てない場面も多い。誰も「それが正しい」と明言してくれない中で、自身の判断で多くの処理を捨てることには大きなプレッシャーが伴う。さらに、他の人がその部分を好きかもしれないという忖度も働き、捨てる決断ができなくなることもある。

「カスタマイズせざるを得ない」すなわち、多くの人が「自社のやり方が（自社にとっては）最適なやり方である」と考えてソリューションに多数のカスタマイズを行う理由は、ソリューションが未熟だと感じるからだ。これまでのカスタマイズに満足しており、引き続きその方法を採用したいという気持ちも強い。しかし、カスタマイズを続けることは、システム導入において多くの問題を引き起こす。工期やコストが高くなり、運用においても効果が出ないことが多い。そして、「未熟」と感じるのも、感じている側の理解不足が原因の場合も少なくない。

このような思考法から脱却するためには、FitToStandard を徹底する勇気が必要だ。思い切って、社内の多くの人の抵抗を受けながらも FitToStandard を実施した人たちは、結果として成功している。現場での捨てる勇気と、経営者が正しい「標準」に絞り込む潔さが重要だ。

FitToStandard を徹底することは、事業変革を達成するための鍵となる。現状のやり方に固執せず、新しい標準を受け入れることで、企業はより効率的で効果的な業務プロセスを実現することができる。経営者と現場の両方が一体となって、正しい「標準」に基づく変革を推進することが重要だ。

5 DX方法論Ⅳ――PDCAからOODA／DADAなアジャイルへ

〈1〉「まやかしDX」での誤った使い方

① PDCAによる管理の形骸化

第3章で述べた通り、段階的に進めてビジネスモデルを成長させるために、DXではアジャイル手法を用いることが効果的である。まやかしDXでは、ウォーターフォール手法のみでビジネスを進めた企業も多く、その際にはQCD（品質、コスト、納期）のゴールを定めPDCAを回すことが一般的であった。PDCA手法は、よく知られているようにPlan（計画）、Do（実行）、Check（評価）、Action（改善）の四つのステップを繰り返すことで、プロジェクトを継続的に進化させる方法だ。まず、計画を立てて目標を設定し、その計画に基づいて実行に移す。その後、実行結果を評価し、目標に対してどれだけ達成できたかを確認する。最後に、評価の結果に基づいて改善策を講じ、次の計画に反映させる。このサイクルを繰り返すことで、計画当初は精度が低くても、状況を汲み取り、ゴールに向けて進むことができるようになり、プロジェクトの質は向上する。

しかしながらPDCA手法は、いくつかの課題があり、DXを効果的に推進するためにアジャイル手法と組み合わせる場合には、その課題が顕著になることが多い。

まず、PDCAが形骸化してしまうことが問題だ。PDCAを回すこと自体が目的となり、実際の改善が行われないケースが多い。例えば、報告会では形式的な報告に終始し、具体的なアクションが取られないことがある。また、完璧な計画を立てようとするあまり、計画作成に時間がかかりすぎ、実行に移るまでにリソースが浪費されてしまうことも少なくない。日本の企業文化では、完璧主義が強調される傾向があり、この問題が特に顕著だ。

さらに、実行記録が不十分で評価に必要な情報が欠落することもある。これにより、課題の発見や適切な改善策の策定が困難になる。また、評価基準が曖昧で、何となく良い結果としてしまうことも多い。これでは、真の改善にはつながらない。実行スピードの速さに追いつけず、管理が後追いになりがちで、場当たり的な対応が増えてしまうケースもよく見られる。さらには、課題改善が過去の成功体験踏襲になり、革新的な見直しができないリスクも内在している。

②DX時代のプロジェクト管理に実現すべきこと

DX時代においては、前述した課題を克服する、より柔軟で迅速なアプローチが求められていると言える。DX時代のプロジェクト管理で実現すべきことは3点ある。

一つ目はプロジェクトのゴールに向けて、現在の位置を全員が共通して認識できるようにすることである。その際には、各メンバーが自分の立場から意見を述べることができ、その結果、チーム全体で課題や対応方針を共有できるようにすべきである。二つ目に、課題や失敗を次の成功につなげるためのフィードバックループ（調整・改善のサイクル）を確立すること。トライ&エラーの精神を持ち、失敗から学び、次のステップに活かすことが重要である。三つ目は、管理プロセスを習慣化し、誰でも実施できるような仕組みを作ること。これには、デジタルツールの活用を検討したい。例えば、プロジェクト管理ツールやコラボレーションツールを使って、リアルタイムで情報を共有し、進捗を管理することができる。また、データ分析ツールを活用して、プロジェクトの状況を可視化し、迅速に意思決定を行うことができる。

〈2〉正しい「OODA／DADA」の適用方法

DX時代のプロジェクト管理では、プロジェクトのゴールに向けて全員が共通認識を持ち、短いサイクルで振り返り、課題や失敗を次の成功につなげるためのフィードバックループを確立し、管理プロセスを習慣化することが重要だ。ここでは、OODAループを対象に、柔軟で迅速なアプローチを用いてプロジェクトを成功させる方法を解説する。

① OODAループの特徴

DXでは、アジャイル方式で短いサイクル（スクラム）で振り返り、「Start Small, Fail Early, Learn Fast」のポリシーで進めることが推奨されている。OODAループは「Observe：観察」「Orient：状況判断」「Decide：意思決定」「Action：行動・改善」を繰り返す仕組みだ。ポイントは、綿密に計画を立てるのではなく、観察して瞬時に状況判断し、実行するかしないかを迅速に意思決定することにある（図表4－7）。

図表4-7　OODAループ

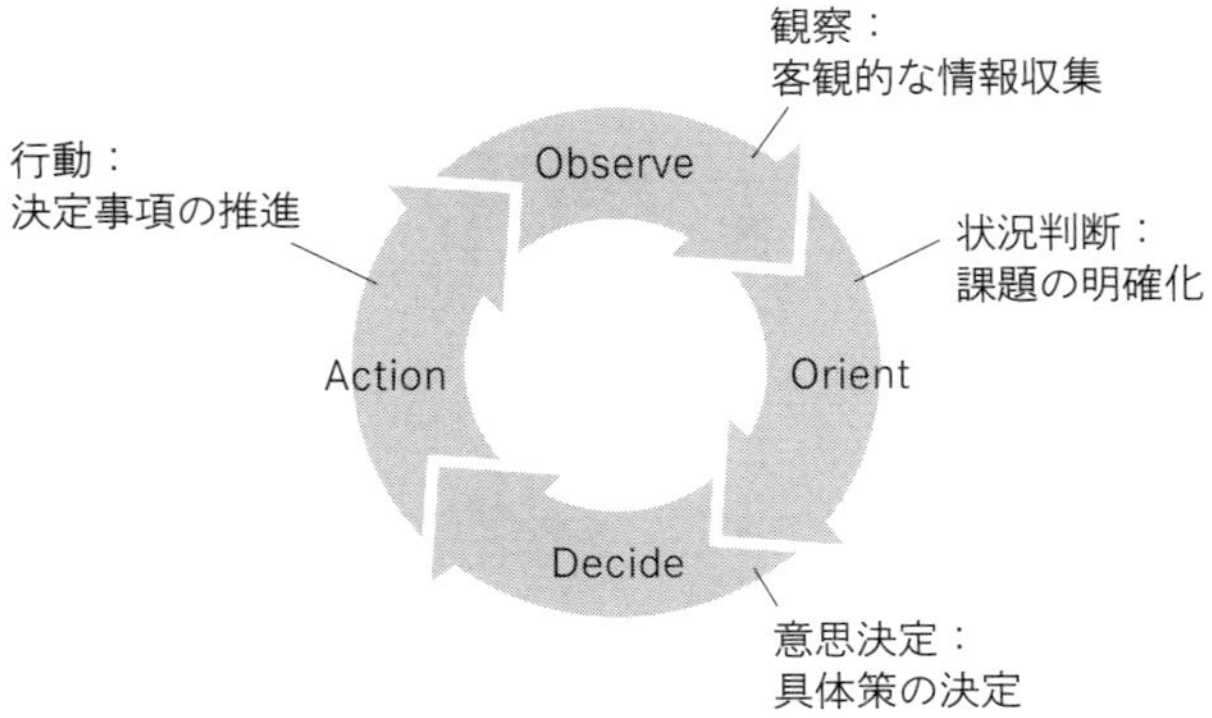

出所：筆者作成

■Observe（観察）　OODAループの最初のステップは観察だ。プロジェクト期間中は、同じ項目での定点観測（長期目線での観察）と、今この瞬間に起きている変化（前回との差分および目標との乖離）の両方を観測する。観察時には、情報を多く取ることに時間をかけるのではなく、「変化把握」に必要な情報を明確にし、効率的に収集する。また、客観的・論理的な観察に注力し、結論ありきの整理や過去の常識にとらわれないようにする必要がある。

■Orient（状況判断）　次に、観察したデータを基に状況判断を行う。観察結果から課題やニーズを整理し、それに対する改善案（仮説）を即座に立てる。表面的に起きている現象の裏にある要因を探り当て、理想形・目指すべき姿との差異から「今」取るべき最初のアクション仮説を考えることが重要だ。この段階では、現場の感性を大切にし、自身のプロとしての判断を行うのがよい。

■**Decide（意思決定）**　状況判断に対し、測定可能なＫＰＩを使って意思決定を行う。ＫＰＩは目指す姿やビジネスモデルと紐づけ、観察で収集したデータを用いる。この段階で重要なのは、捨てる勇気を持つことだ。仮説が間違っていると判断したら、すぐに捨て、新たな意思決定を行う。それにより、新たな意思決定のタイミングを速め、成功につなげられるのだ。また、経営目線で状況判断を検証し、コントロールできる範囲でリスクを取ることも必要だ。

■**Action（行動・改善）**　最後に、決定したアクションを実行し、改善を繰り返す。このためには、全てのリソースに自走力を持たせ、自律的に行動できるようにするとより効果が高まる。行動においては、オーナーシップを持って自分ごととして捉え、かつ、様々な行動に対し、優先順位をつける必要がある。また、分野横断的なリソースアサインを行い、必要となるケーパビリティを充足させるとよいだろう。すなわち、テクノロジー人材は当然、ビジネス（経営）人材や機能（現場）人材も交えて取り組むべきなのだ。

以上の取り組みの全体を通して、目指す姿やビジネスモデルを常に念頭に置き、ブレずに進めることが重要だ。ＤＸプロジェクトでは、迅速な意思決定と行動が求められるが、そのためにはＯＯＤＡループの各ステップを確実に実行し、フィードバックループを確立することが不可欠だ。これにより、プロジェクトの成功率を高め、事業変革を実現することができる。

②ＤＡＤＡのみでのさらなる加速化

ＤＸにおいては、ＯＯＤＡのように従来の計画重視のアプローチから脱却し、より柔軟で迅速な手法を取り入れることが重要であり、さらに発展させて「ＤＡＤＡ方式」とすることも可能である。

この方式は、実施しながら課題を見つけて改善するという発想に基づいたものであり、「Do：実行」「Assess：評価」「Decide：意思決定」「Act：行動」のサイクルを回す、もしくは、「Do：実行」「Act：行動」のみを繰り返す手法である。この方式の利点は、計画に時間をかけず、迅速に実行に移ることで現実のフィードバックを即座に得られる点にある。

日本人は計画を立てるのが好きで、計画通りに進めることが最高の成果をもたらすと信じていることが多い。しかし、DXの現場では、計画通りに進まないことがほとんどである。計画時に見通せない流動的な要素や新たなアイデアが次々と出てくるため、初めから完璧な計画を立てるのは不可能なのだ。すなわち、DADA／DAの発想も取り入れることで、「計画通りにやらなくてはいけない」という呪縛から抜け出し、感度高く実行／行動を進めることが可能になる。

成否の分かれ目

まやかしDXでは、ウォーターフォールアプローチでPDCAのサイクルを回してプロジェクトを推進するケースが多数であったことから、多くの場合、現場リーダーにとっても、企業にとってもOODA／DADAアプローチは新たな取り組みになるだろう。

これまでのDXでのアプローチとの大きな違いは、実行することに焦点を当てる点である。これまで保守的に計画をじっくり練っていた人や、計画の実行状況を細かく確認・報告していた人にとって、この管理方法は方向性（到達点）を見出しにくく、動きにくいものに感じるかもしれない。注意すべきことは、実行することは闇雲に動くことではない、という点だ。最終ゴールである「あるべき姿」等を羅針盤とし、今の立ち位置がどこにあるか、そのギャップはどの程度なのかを常に意識しながら実行することが重要なのだ。すなわち、実行とフィードバックを両立させることが、成否の分かれ目になる。

〈3〉「まやかしDX」に回帰する癖とその回避方法

ＯＯＤＡループでビジネス推進をするということは、後ろを振り向かず、今を見つめて切り拓き続けることであり、計画を拠り所にしがちな日本人には非常にハードルが高いとも言える。

しかしながら、ＯＯＤＡループ、ＤＡＤＡアプローチは「計画をしない」ことが目的ではなく、プロジェクトのゴールを意識して共通認識を持ちながら高速にフィードバックループを回すことが目的であるという点を意識したい。

すなわち、「計画をしないこと」に対しては、あるべき姿やビジネスモデルの明確化をしっかりやることで対処すべきである。目指すものが明確であれば、自ずと意思決定はできるからだ。また、目指すものとのギャップの可視化とその理解も重要である。ＯＯＤＡループでは、計画に沿って、ではなく、差異に対してどのようにアプローチするのが最適かを考える。差異の解像度が高ければ、最適なアプローチを選定することが可能となる。

短時間で状況判断・行動することに対する不安を持つ者も多いだろう。拙速すぎるのではないか、間違っていて失敗するのではないか、そんな思いにより次に動けないケースは少なくない。ＫＰＩ

に基づく定量的な判断を行うことはもちろんであるが、ライフサイクル全体を見た効果への寄与、という意識を持つこと、そして、それまでの繰り返し行った状況判断の結果も踏まえて判断することでリスクを最小化することが重要だ。そしてそれ以上に重要なのは、次の短期間の状況判断により、立ち止まったり、元に戻したりすることもできる、それにより失敗の最小化も可能、という精神的な余裕を持つことだろう。

多くの企業で計画が「絵に描いた餅」になってしまう要因は様々であるが、絵に描いた餅を作らず、ゴールを見ながら常に軌道修正し続ける、ＤＸにおいては、そのようなアプローチをとっていただきたい。

第 5 章

ビジネス目線でシステムを作る

――Responsibilityの視点

原則4：経営を革新しないDXとの決別！
デジタル転換スキルの発揮

1 次の10年の企業成長に向けたＤＸスキルを獲得する

第1章で触れたように、ＩＰＡの調査（ＤＸ動向２０２４）でＤＸ人材が不足していると回答する企業が大多数を占めるなど、人材不足は年々深刻化している。本節では、どのようなスキルを保有する内部人材がＤＸ推進でどのような役割を果たすべきかを紐解き、事業部門の現場リーダーがどのようなＤＸリテラシー（デジタルを使いこなし、事業変革をやり遂げる能力）を獲得し、どのようにリーダーシップを発揮することが、企業成長の源になりうるのかを考えてみたい。

〈1〉事業のＤＸ推進に必要な新たな三つの役割・スキル

「まやかしＤＸ」では、ＩＴやシステムの知見を持つ人が企業内部で「プロジェクトマネジャー」としてＤＸをリードしていた。プロジェクトマネジャーの責任はＱＣＤ（品質・コスト・納期）を管理し、プロダクトをサービスインし、安定運用すること。専門知識を有するベンダーとやりとりしてモダナイを推進していた。

これからは、事業部門の現場リーダーがデジタルを武器に事業変革をリードする時代だ。これまで多くの日本企業では、事業部はＩＴをブラックボックスとして扱って業務を推進し、業務推進上で困ったことがあればＩＴ部門等に課題を伝えるだけの役割にとどまっていた。しかし、これからの現場リーダーには、現場目線の課題をシステム技術と結び付け、外部のＤＸ人材であるベンダーなどと共創して目指す姿・ビジネスモデルを実現するシステムを作り、さらにそれを活用してＤＸ事業を実践しビジネス価値を創出する役割が求められる。すなわち、「こんなシステムがあればいいのに」を構想し、「Ａ機能とＢ機能、どちらを優先すべきか」を事業目線で判断し、これを作るのにいくらまで投資する価値があるかを見極め、作ってくれる人（社内の情報システム部門、または社外の専門ベンダー）を探し出して適切に依頼し、構築プロジェクトで持ち上がる様々な課題を解決する、これら全てを「事業推進」の観点に加え、「デジタル実装」の観点で行うのである。

そのため、これからの現場リーダーには、内部のＤＸ人材として旧来のプロジェクトマネジャーに加え、以下の三つの役割・スキルが重要となる。

一つ目がプロダクトディレクターである。プロダクトディレクターは、製品やサービスのライフサイクル全体の価値や投資対効果に責任を負う。経営スキルや事業戦略スキルを用いてビジネスモデルを描く。市場の動向や顧客ニーズを把握し、それに基づいて製品やサービスの方向性を定め、投資対効果を最大化する戦略を策定する役割だ。システム導入を担当するベンダーに対し、ＤＸで創出する提供価値をシステム要求として伝え、ベンダーからの提案を製品・サービスのコンセプトの観点から評価する。

二つ目がプロダクトデザイナー。狙うビジネス価値を得るためにビジネスモデルの実践と達成に責任を負う。市場・業界知見、サービスデザインスキル、ＢＰＲ（ビジネスプロセス再設計）スキルを用いてビジネスアーキテクチャやユースケースを描く。顧客体験を最適化し、競争力を高めるための具体的な施策を設計・実行する役割とも言える。顧客目線からのあるべき姿・業務フローを具体的にベンダーに伝え、ベンダーが提示するシステムフローやデータマネジメント方法に対し、市場ニーズ・顧客体験の観点からの評価を行う。

三つ目がビジネスアーキテクト。ビジネスモデルを合理的にデジタル実装することに責任を負う。デジタル知見（情報システムやソフトウェアなどのデジタル技術とその活用方法に関する知見）、プロダクト要件定義スキル、ユーザー体験アーキテクト（ユーザー体験に基づき業務フローやシステムの機能構成を定義すること）スキルを活かし、システムアーキテクチャ（システムの構成要素とその関連性、動作原理などを説明した枠組みや設計）やビジネスプロセスを描く。技術的な視点からビジネス要件を満たすシステムを設計し、最適なユーザー体験を提供するためのアーキテクチャを明確にする役割を担うのだ。ベンダーは明確にしたアーキテクチャに基づきシステム開発・導入を進めるが、その際にはビジネスアーキテクトは機能のみならずシステム性能やセキュリティ、ユーザビリティなど非機能要件の実装の妥当性を評価する役割を担う。

役割の詳細は次節以降で詳述するが、これらは複数人で担うのが理想的であるものの、プロジェクトの規模や内容、フェーズによっては一人が複数の役割を兼任することも可能だ。また、内部リソースのみで充足できない場合は、外部リソースの支援を受けることも検討すべきだろう。重要なのは、これらのスキルを持つ人材が協力して、ＤＸ推進のためのプロジェクトを成功に導くことである。

〈2〉「予測型リーダーシップ」と「適応型リーダーシップ」

様々なタイプの従業員が働く組織で、共通の目標やビジョンを達成するために、経営層や現場リーダーはリーダーシップをもって組織を牽引することが必要であることは言うまでもない。

これからのDXは経営変革の手段とすべきであり、アジャイル型（第3章参照）で進めるほうが（ウォーターフォール型よりも）柔軟にプロジェクトを進めることができるだろう。「計画を守ることばかりを考えていてはダメだ」という発想で、経営層・現場リーダーは、予測型リーダーシップではなく、適応型リーダーシップで進めるべきと考える人もいるだろう。また、イノベーティブなことは予測できないので、予測型リーダーシップで進めることは難しいと考える人もいる。さらには、権限と責任を経営層と現場リーダーで分け合い共創する以上、ピラミッド型の統制にはならず、適応型リーダーシップであるべきという意見もあるだろう。

これらの発想はいずれも誤りではないが、漏れ落ちている視点が二つある。一つは、DXは現在のカイゼンの延長線上では実現しない非連続なゴールを意識し、バックキャストでそのギャップを埋める活動がメインであるため、ゴールに対しどのようなギャップになっているかを常に「予測」し、現在取り組んでいることの妥当性を検証することが前提になるということ。二つ目は、DXは共創で取り組むが、各人が役割と責任を果たす以上、その範囲での権限を果たし、他人に任せず押し付けないことが重要であるということである。この観点を踏まえると、適応型リーダーシップ一辺倒では、組織的な行動としての未熟さや各人のできる範囲での対応という制約が強くなり、あるべき姿が達成できなくなるリスクが高まることは容易に理解できるだろう。

以上から明らかなように、経営層、そして現場リーダーは「適応型リーダーシップ」をメインに、「予測型リーダーシップ」の要素も盛り込むべきである。そして、リーダーシップを発揮する際には、従業員のモチベーションやスキル向上に配慮することや、ゴールに向けて確実に成功できる明確な道筋を示すことが必要となる。しかしながら、保守的な考え方の従業員が多い日本では、DXに対する従業員の向き合い方を計画的に変化させることや、DXという非連続な変革に対して明確な予想をしながら道筋を示すことが難しいケースが多い。

これらの課題を乗り越えるためには、まず、柔軟性を活かしつつ、一貫性を維持する必要がある。すなわち変化に着目し、過去にとらわれない「柔軟性」が重要だが、「ビジネス価値」というゴールや企業が得る「競争優位性」に対しては一貫性を保つことが重要だ。これにより、変化に対応しつつも、企業の目標に向かってブレずに進むことができる。

経営層・現場リーダーは支援者としての役割を果たしつつ、監督者としても機能することが大切だ。現場の発想やノウハウを活かし、チームメンバーが最大限の力を発揮できるように支援する一方で、企業全体の目標達成に向けた監督も欠かせない。このバランスを取ることで、チームの力を引き出しつつ、企業全体の成功に貢献することができる。

また、データに基づく分析力をメインとしつつも、直感力を疎《おろそ》かにしすぎてはいけない。DXにおいてはデータ分析力を生かし、客観的なファクトに基づいて意思決定を行うべきであるが、データは過去の結果を示すものでしかない点にも注意が必要である。すなわち、データ分析結果のみでは連続的な将来しか描けないことが少なくない。特に経営層はこれまでのビジネス経験に基づく直

図表5-1　リーダーシップ方法の発揮

自己特性の理解	適応・共創	状況認知・バランス
●発揮しやすいリーダーシップスタイル ●状況によって強調されるリーダーシップスタイル ●自己認知／他者認知のギャップ ●組織で受け入れられやすいリーダーシップスタイル ●変革で必要となるリーダーシップスタイル	●弱みの克服 ●チームでの助け合い ●特定シーンでの立ち振る舞いの学び	●プロジェクトの進捗状況を踏まえたバランス ●メンバー状況を踏まえたバランス

出所：筆者作成

感による「飛躍的に変化した将来予測」を打ち出すことも重要なのだ。

そして、迅速な成功を目指しつつ、失敗リスクをコントロールすることを忘れてはいけない。小さな失敗も含め迅速な成功を目指す一方で、無闇に失敗してよいわけではない。失敗リスクを管理し、正しい失敗以外は起きないようにすることが大切だ。これにより、現場リーダーは迅速な成功を目指しつつ、リスクを最小限に抑えることができる。

このように、現場リーダーが適応型リーダーシップを発揮しつつ、予測型リーダーシップの要素も取り入れることで、ＤＸの成功確率は飛躍的に高まる。全ての能力を全方位持っている人はいない。よって、自身の傾向を理解し、弱みを自身／チームで克服し、状況に応じてバランスさせることを考えるとよい（図表５－１）

〈3〉企業ポテンシャルの開放

①現場リーダーが獲得すべきDXリテラシー――トップダウン的なビジネス可視化力

現場リーダーがDXを具体化するために必要となる能力（DXリテラシー）を一言で言い換えるのであれば、デジタルやITをビジネスにつなげて事業変革を描く能力と言える。現在の多くの現場リーダーはボトムアップ的なビジネス可視化力を保有している。したがって、それを基礎とし、デジタルやITのスキルを強化することに加え、さらに非連続な変革を描けるようになるために、トップダウン的なビジネス可視化力である「仮説検証力」「先読み力」「掛け算力」「構造化力」を獲得することが重要である。

「仮説検証力」は、勝ち筋のある仮説を立て、正解をすぐに出そうとせず、短期間で検証しながらブラッシュアップしてゴールに近づけていく能力である。DXは常に変化する環境の中で進められるため、初めから完璧な計画を立てることは難しい。そのため、筋のいい仮説を立てて、それを素早く検証し、修正を加えながら進めることが求められる。

次に「先読み力」である。現在の状況は過去の結果であり、これからの行動が将来を創る。リーダーはその流れがどこにあるのかを感じ、視《み》る力を持つことが重要だ。過去を振り返る時間は最小化し、可能な限り未来を予測し、少しでも、一歩でも先を見据えて行動することで、ビジネスの競争力を高め、さらなる成長を目指すことができる。

「掛け算力」も重要なスキルだ。これは、従来つなげていなかったものを組み合わせて新たな価値を出す力である。非連続なものをつなぎ、意味を持たせることで、独自の価値を創出し、競争優位を築くことができる。この力を持つリーダーは、既存のリソースや知識を最大限に活用し、新たなビジネスチャンスを見つけ出すことができる。

最後に「構造化力」である。様々な要素を俯瞰し、その関係性を可視化する能力だ。幹と枝葉を切り分けることで、複雑な情報を整理し、効率的に意思決定を行うことができる。この力を持つリーダーは、ビジネス全体を見渡し、どの要素が重要で、どの要素を連携させるべきか、どこにリソースを集中させるべきかを明確にすることができる。

② 中堅人材のリスキリングを通じたDX人材スキルの獲得

このような現場リーダーを育成するためには、中堅人材をリスキリングし、企業が持っているポテンシャルを顕在化させ、ビジネスで活用できるようにすることが重要だ。多くの企業には潜在能力を有する人材が存在するが、それを自身でも認知できず、組織も活かしきれていない状態である。したがって、まずはスキルの棚卸しを行い、過去のスキルを陳腐化させて終わりにするのではなく、コアとなるものを残して新たな役割を与えることが必要だ。新たな知識やスキルを獲得させ、コアスキルと組み合わせることで、より高い付加価値を生み出すことができる。

特に、ビジネスに関心のあるシニアなＩＴ人材は、リスキリングによりプロダクトディレクターのスキルを獲得させやすいと思われる。彼らに対しては、経営目線での判断や枠にとどまらずに発想することの重要性、市場や顧客のニーズの把握などのスキルを獲得させることで、もともと保持しているデジタル理解力・実践力を活かしたＤＸ検討ができる人材に成長できる。また、顧客理解や市場理解の深い営業・マーケティング部門の中で理系の素養がある人もリスキリングしやすく、プロダクトディレクターのスキル獲得が可能だ。彼らに新たなデジタルスキルを習得させることで、ビジネスモデルの実現可能性を高め、企業全体のＤＸ推進力を強化することができる。ＩＴ部門でプロジェクトマネジメント方法論を理解している人材に対しては、ＤＸならではの検討アプローチやプロダクト全体をマネジメントするスキルなどをリスキリングすることで、ビジネスアーキテクトのスキル獲得ができるだろう。

このように、リスキリングは単なるスキルアップではなく、企業の未来を創るための重要な投資である。政府が２０２４年６月に閣議決定された「新しい資本主義のグランドデザイン及び実行計画　２０２４年改訂版」でもジョブ型人事の導入やリスキリングの強化による経済構造改革が強く主張されており、このような後押しも受けながら、従業員のスキル強化を図るべきだろう。

〈4〉学習する文化の確立

新たなスキルを獲得するためには、カリキュラムの受講だけでは不十分だ。受け身の姿勢ではスキルが定着しない上に、技術の進化がカリキュラムの進化よりも早いため、現行の課題への対応スキルにとどまり、将来の課題への準備まで辿り着かないことが多いのである。

そのため、経営層は従業員に学習と成長の機会を提供し、自発的な行動でスキルアップを図る文化を作ることが重要だ。それには、成長したいという社員を増やすために、ＤＸを含む組織でのキャリアデザインを描けるようにすることが前提となる。キャリアデザインを明確にすることで、従業員が自身の成長の方向性を理解し、積極的に学ぶ意欲が高まる。

さらに、誰もが気軽に楽しく学習し、それを業務や他者に展開できるような環境を整えることも重要だ。そのためには、多様な学習スタイルを提供すべきである。オンライン研修、集合研修、ランチオンイベント、ネットワーキング、技術ライトニングトーク、パネルディスカッション、ワークショップなど、多様な学習の場を設けることで、従業員が自分に合った方法で学び、それを他者に展開できるようになる。

オンライン研修は、場所を選ばずに学べる利点がある。忙しい日常業務の合間でも、自分のペースで学習を進めることができるため、多くの従業員が利用しやすい。一方、集合研修は、同じ目的を持った仲間と一緒に学ぶことで、互いに刺激を受け、モチベーションを高め合う効果がある。ランチオンイベントやネットワーキングは、業務の合間に気軽に参加できるため、日常の業務からのリフレッシュにもなり、新しい視点やアイデアを得る機会となる。

技術ライトトークやパネルディスカッションは、最新の技術やトレンドについて学ぶ場として有効だ。業界のエキスパートや先進企業の事例を学ぶことで、自社のDX推進に役立つ知見を得ることができる。ワークショップは、実際に手を動かすことでスキルの定着を図るとともに、実践的な知識を身につけることができる。

また、助成金補助やコミュニケーション強化も重要な要素だ。学習費用を企業が負担することで、従業員の経済的負担を軽減し、学習意欲を高めることができる。コミュニケーションを強化することで、相互にサポートし合い、他者に学びを共有する文化を醸成することができる。

このように、多様な学習スタイルを提供し、学習と成長の文化を作ることで、従業員が自発的にスキルアップを図る環境を整えることができる。これにより、企業は現在の課題への対応だけでなく、将来の課題への準備も整えることができるようになるのだ。

2 プロダクトディレクター

前節で述べた現場リーダーの四つの役割の一つ、プロダクトディレクターが製品やサービスのライフサイクル全体の価値や投資対効果を最大化するためにはどのような機能・責任を負うべきか、そのために必要となる経営スキルや事業戦略スキルとはどのようなものなのか、「まやかしＤＸ」の習慣に陥らないように何をすべきかについて以下では見ていこう。

〈1〉事業のＤＸ推進における機能・責任

①プロダクトディレクターの基本的な役割・必要な能力

プロダクトディレクターは、端的に言えばビジネスモデルを描く人である。一定領域の専門性が高いエキスパートというよりも、管理職寄りの立場であり、プロジェクトの経営革新を実現するゴールを設定し、製品やサービスの品質を管理し、チームメンバーが効率的に機能するように指導する役割である。予算管理も彼らの責務である。

ここで、プロダクトディレクターは、過去の成功体験にとらわれず、未来を見据え、複数の未来予想に対して確度の高い賭けを行う能力が求められる。技術と市場が急速に変化し、顧客ニーズが多様化している今、経営革新を行うためには、柔軟性を持ちつつリスク管理を行い、未来を見据えたイノベーションを推進することが必要だからだ。

「まやかしＤＸ」では、「モダナイ」などの技術的観点からの「カイゼン」を中心とした変革にとどまっていたため、「製品やサービス」といった経営革新の発想が不足しがちなＩＴベンダーなどの外部人材でもシステム導入が可能ではあったとも言える。これからは、プロダクトディレクターによる自社の「未来予想」をベースとしたＤＸが重要であり、まさに内部人材が果たすべき役割であると言える。

②プロダクトディレクターのＤＸアプローチにおける主な役割・活動

プロダクトディレクターはニーズ特定・要求定義を主導する役割を担う。プロジェクトの初期段階での方向性を正確に設定し、顧客の期待を直接理解することが重要だからである。具体的には、顧客インタビューやアンケート調査、競合分析を実施する。非連続な価値を創出する新しいサービスの開発に向け、ターゲットとなる顧客層のニーズを深く理解し、それに対応する具体的な機能やサービス内容を明確にするのだ。プロダクトディレクターは、これらの調査活動を主導し、得られたデータを基に要求定義を具体化する。これにより、製品・サービスに対する「要求」を可視化できる。

その上で、顧客や市場が抱える課題やペインポイントの把握でも中心的な役割を担う。あるべき姿に対するギャップを直接理解し、戦略的な解決策を考案する必要があるからである。既存の製

図表5-2　DXアプローチでのプロダクトディレクターの機能・役割

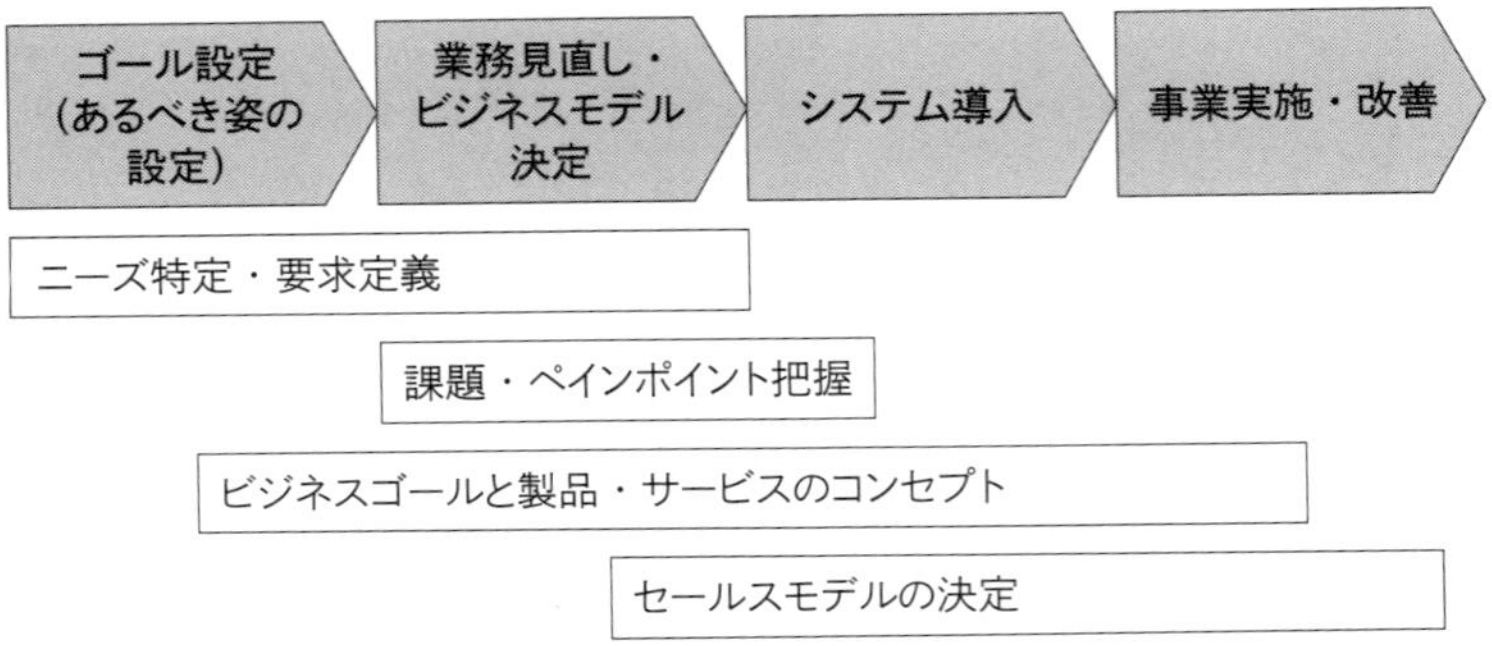

出所：筆者作成

品・サービスに対する不満点にとどまらず、新しい製品・サービスに対する期待をしっかり調査することが求められる。これらの情報を分析し、提供する製品・サービスがどのように顧客の問題を解決してビジネス価値を提供できるかを明確にするのだ。このプロセスでは、市場・顧客の声を聞き、潜在化している示唆を浮き彫りにすることが重要である。

プロジェクト全体の方向性と合致した戦略的なビジョンをチームに提示するために、ビジネスゴールと製品・サービスのコンセプトを定義することもプロダクトディレクターの重要な役割だ。ビジネスゴールとは、具体的な売上目標や市場シェアの獲得など、企業が達成したい目標のことを指す。一方、製品・サービスのコンセプトとは、提供する製品やサービスが持つべき特徴や価値を明確にするものだ。例えば、新しいアプリケーションプログラムを開発する際には、そのアプリがどのような機能を持ち、どのようなユーザー体験を提供するかを定義する。プロダクトディレクターは、これらの要素を統合し、製品・サービスのあるべき姿を明確にし、経営革新をどのように進めるかを具体化する活動を行う。

最後に、ビジネス価値と企業の収益性のバランスを最適化するため、製品・サービスの価格を定義し、セールスモデルを決定することも重要な役割である。価格設定は、顧客が支払う価値と提供する価値のバランスを取る上で重要だ。市場調査や競合分析を通じて適正な価格を設定する。また、セールスモデルとは、どのようにしてサービスを販売するかの戦略を指す。例えば、サブスクリプションモデル、ワンタイム購入、フリーミアムモデルなど、様々な方法が考えられる。プロダクトディレクターは、どのセールスモデルが最も効果的であるかを検討し、決定する活動を行うのだ。

〈2〉「シン事業変革」に必要なスキル

ＤＸを成功させるためには、プロダクトディレクターはビジネスモデルを描くための必要スキルを身に付け、内部人材として未来を見据えたイノベーションを推進する役割を果たす必要がある。プロダクトディレクターは次に示す五つのスキルを獲得し、外部のＩＴベンダーに自社のビジネス要求、デジタル要求を経営目線から明確に伝えることが重要だ。

①市場理解

市場理解とは、自社の製品やサービスがどのような市場で競争しているのか、またその市場がどのように変化しているのかを深く理解することだ。市場のトレンドや競合他社の動向、消費者のニーズなどを把握するためには、様々な情報源からデータを収集し分析することが求められる。第三者レポートのみに頼らず、自社の顧客の声、自社が参加する業界団体などの動きなど、自らの手で一次情報を得ることも重要である。

②インタビュー・データ分析

適切な情報を得て示唆を抽出するためのインタビュー・データ分析のスキルも重要だ。インタビューを通じて得られる情報は、DX検討の初期段階、あるべき姿の具体化などで非常に重要になる。例えば、新しい製品のコンセプトを検証するためにターゲットユーザーにインタビューを行い、その反応を詳細に分析することで、製品の強みや改善点を明確にすることができる。

なお、現状を正確に把握するために、定量分析も含めて客観的に事実を積み上げることに留意したい。例えば、新しい市場に進出する際には、その市場の規模や成長率、競合他社のシェアなどをデータで明確にする。この客観的なデータを基に分析することで、現実的な戦略を立てることができる。

③問題解決・バリュープロポジション

問題解決とバリュープロポジション（value proposition、企業が顧客に提供する価値）のスキルも不可欠だ。問題解決とは、様々な現象からその要因である「問題」を特定し、それに対する解決策を提案する力だ。バリュープロポジションは、自社の製品やサービスが顧客に提供する価値を明確にすることだ。顧客が望む価値、自社が提供できる価値、競合優位性を明らかにして、顧客のニーズと自社が提供できている独自の価値の差異とその解消方法を明らかにすることで、競合の製品やサービスが乱立している現在の市場において、顧客に自社の製品やサービスを選んでもらえる「独自の価値」を具体化する。これは実態・現象のデータ分析にとどまらず、そこからビジネス価値を具体化するためのスキルと言える。

なお、解決策として解像度の高い「あるべき姿」を定義するためには、ニーズや課題を「ファクト」として扱いつつも、固定観念を捨てて未来を見据えることが必要だ。VUCA（変動性、不確実性、複雑性、曖昧性）の高い現在、企業や事業部の「こうありたい」「こうなるべき」という意思が事業推進の源になることを強く意識し、ビジネス価値を具体化してもらいたい。

④事業企画・ポートフォリオマネジメント

プロジェクトを包括的にとりまとめるためには、事業企画とポートフォリオマネジメントのスキルが必要となる。事業企画は、新しいビジネスアイデアを具体的な計画に落とし込む力だ。ポートフォリオマネジメントは、複数のプロジェクトや製品ラインを一元管理し、リソースを最適に配分する力だ。DXを効果的に進めるためには、それぞれのプロジェクトの進捗やリソース配分を効率的に管理することで、全体としての成功確率を高めることができる。なお、複数のDXプロジェクトを全社的に俯瞰して管理するレベルのポートフォリオマネジメントは、事業部横断的に経営層で行うべきものである。事業部では、事業部の責任範囲・職掌に応じたマネジメントを行うことが必要であり、また、経営層は事業部ごとに適切な裁量を与え、かつ、四半期マネジメントレビュー等の全社で整合させるような仕組みを取り入れるのがよいだろう。

⑤チームビルディングとコミュニケーション

DXはチーム全体で取り組むプロジェクトであり、各メンバーが最大限の力を発揮できるようにするためには、強力なチームビルディングと効果的なコミュニケーションが必要だ。定期的にチームビルディングのワークショップを開催し、メンバー間の信頼関係を築く工夫などが施されるケースは多いが、これをリードするためのスキルが必要となる。プロジェクトの進捗状況を共有するための定例ミーティングを設定し、問題が発生した場合には迅速に対応することも一般的であるが、チーム全体のパフォーマンスを向上させるコミュニケーションスキルが重要となる。

〈3〉「まやかしＤＸ」の習慣と回避する方法

①「まやかしＤＸ」で起きていた習慣・問題

「まやかしＤＸ」においても、現場リーダーは既存の製品・ビジネスを「カイゼン」させるために、現場課題を特定し、それを解消するための見直し案をＩＴ部門／ＩＴベンダーに伝える役割は果たしていた。ただし、その見直し案は目の前にある事象のカイゼンにとどまるケースが多く、さらにはＤＸ全体の企画・推進の主体はＩＴ部門であるために、事業全体にわたる「変革」や、ビジネスプロセスを抜本から見直すような変化を生じさせることは難しかった。

ある大手小売業者が在庫管理の効率化とダイナミックプライシングの導入を目指してＤＸプロジェクトを立ち上げた事例を紹介しよう。目的は、リアルタイムでの在庫状況の把握と価格設定の最適化によって、売上と利益率を向上させることだった。プロジェクトの初期段階では、最新のＩｏＴ技術を活用して店舗と倉庫の在庫情報を連携し、ＡＩを使った価格設定アルゴリズムを導入する計画が立てられた。

しかし、初期計画の解像度を高めることなくＩＴベンダーに要求が伝えられ、システム導入をするフェーズに進むと、プロジェクトは次第に問題を抱えるようになった。「あるべき姿」や「ビジネスモデル」が具体化されないままに機能検討が進んだため、各部門がそれぞれ独自のゴール・現状の課題に注力した課題解決策を設定し、統一された戦略が欠如した結果、プロジェクトの進行にバラつきが生じた。

また、品質管理が不十分で、導入されたシステムには多くのバグや不具合が発生した。特に、在庫管理システムがリアルタイムで正確な情報を提供できず、店舗では在庫不足や過剰在庫が頻発した。この問題は、製品が適切なタイミングで補充されない、あるいは過剰在庫が発生することで、売上機会の喪失や無駄なコスト増加を招いた。必然的に、ダイナミックプライシングとして提示する価格の合理性も担保できない結果になった。

予算管理の面でも問題が生じた。プロジェクトの予算管理が当初予算から乖離し、当初に計画した機能を実装することに注力した結果、本来は品質問題の修正やシステムの再構築に予算を振り直さず、目指すべき品質に達しないままビジネス開始となってしまった。

この事例では、急速に変化する市場の状況や顧客ニーズに対応する柔軟性が考慮されなかった。予算の都合で決定された品質が、市場の変化や顧客ニーズに合致していないということを明確化できず、ダイナミックプライシングの有効性が大きく下がり、競合他社に後れをとる結果となった。

これらの問題は、全体のビジョンと戦略の欠如、品質管理の不備、チームの非効率な運営、予算管理の失敗、そして市場変化への対応力の欠如という、多くの要因が複雑に絡み合った結果である。旧来のプロジェクトマネジャーが果たしていたQCDの管理だけでは、カイゼンを上回るビジネス価値の創出は非常に困難であり、経営変革を成し遂げることが難しいのである。

②経営革新を成し遂げる「ビジネスモデル」を描くための工夫

プロダクトディレクターとして重要なのは、目の前の課題に対処するのでなく、将来の展望を意識したビジネスモデルを描くことである。経営革新を成し遂げるためにも、「まやかしＤＸ」では頻繁に起きていた、矮小化した「あるべき姿」や現在の課題にのみ焦点を当てた「ビジネスモデル」を描くことは、ぜひとも避けたいところだ。

そのための工夫の一つが、インタビューやデータ分析において、現状のヒアリングや分析に終始するのではなく、将来の展望や期待に対する意識をもって、それを目指すために何をすべきかを明確にすることである。すなわち、現状を詳細に把握するのではなく、将来の姿を描くための情報収集を行うのである。そのためにも、市場理解に基づく「複数の未来予想に対して一定の成功確率を有する選択肢」の仮説を早期に持てるスキルを獲得すべきである。今後の技術トレンドや顧客ニーズの変化を正確に評価し、それに基づいて仮説を立て、どの方向に進むべきかを早期に見極めるスキルである。

また、常に将来のビジョンを念頭に置いて行動することも重要だ。信念を持ち、将来目線で動くことを徹底する。例えば、今の時点での顧客の声に耳を閉じずに、会社の理念や製品・サービスをあるべき姿で利用する将来の顧客のペルソナを描き、それらのニーズを見据えてプロダクト開発を進めることが大切だ。ほかにも、新しい技術の導入を考える場合、現状のインフラや技術にとらわれず、将来の技術進化を見据えた決断を行うことや、顧客インタビューにおいても、現在の不満や要望を聞くだけでなく、彼らが未来に何を求めるかを掘り下げる質問を行うなど工夫したいところだ。

予測の具体的な事例を挙げておこう。ある企業が自社のマーケティングを強化するためにデジタルマーケティングを導入する場合、現状の課題としては、例えば広告のリーチが限られている、ターゲット層への訴求力が低い、顧客データの活用が不十分といったことがあるかもしれない。これらの問題を解決するために、SNS広告の利用を拡大し、特定のターゲット層に合わせたコンテンツを作成する、顧客データを分析してパーソナライズされたメッセージを送るといった具体的な対応を検討するだろう。しかし、それだけでは不十分だ。5年後のマーケットトレンドや顧客ニーズを予測し、それに対応する戦略を組み込むことが求められる。

例えば、将来的には動画コンテンツの需要がさらに高まると予想される場合、今から協業先を探すなどして動画制作能力を強化し、動画マーケティングの戦略を構築することが必要だ。また、AIを活用したチャットボットやカスタマージャーニーの自動化が普及することが予測されるならば、AI技術を導入し、顧客対応を効率化することが考えられる。他にも、デジタルマーケティングのプラットフォームが進化し、より精密なターゲティングが可能になることが予想される場合、データ分析能力を向上させ、リアルタイムでのマーケティング活動の最適化を行うことなども視野に入れてよいだろう。例えば、ユーザーの行動データをリアルタイムで分析し、その場で最適な広告を配信するシステムを構築することなどを検討する必要がある。

また、将来のビジョンを念頭に置いて行動するために、現状のデータやトレンドだけでなく、将来的な市場の変化や技術の進化を考慮する例としては、現状のデジタル広告のリーチが限られている場合、次世代のＳＮＳプラットフォームや新たなデジタルチャネルを調査し、どのように活用できるかを検討することなどが挙げられる。顧客層が今後どのようなメディアを使用するかを予測し、そのメディアに適したコンテンツを今から準備することが重要だ。

顧客インタビューにおいても、現在の不満や要望を聞くだけでなく、彼らが未来に何を求めるかを掘り下げること、例えば、現行のマーケティングキャンペーンについてのフィードバックを集める際に、「今後、どのような形式の広告を期待するか」「どのような新しい技術やサービスに興味を引かれるか」といった具体的な質問をする。このようにして、顧客が次に求める機能やサービスを具体的に把握し、５年後にどのような広告形式が主流になるか、どのような技術（例えばＶＲやＡＲ）を取り入れた広告が受け入れられるかを考えるために工夫をすべきである。

現状のデジタル広告が静的なバナー広告に依存している一方で、将来的にインタラクティブな広告形式が主流になると予想されるならば、今のうちからインタラクティブな動画広告やＡＩを活用したパーソナライズ広告の開発を進めるべきだ。現在の顧客はスマートフォンを主に使用しているが、５年後にはウェアラブルデバイスが普及すると予測されるならば、そのデバイスに適したマーケティング戦略を今から検討し、試作を行うことも必要になるかもしれない。

このように現状の課題を解決するだけでなく、将来の技術進化やマーケットトレンドを見据えた戦略が成功の鍵となる。信念を持ち、現状に固執せず、未来を見据えて新しい手法や技術を取り入れれることで、競争力のある事業展開が可能になるのだ。

3 プロダクトデザイナー

以下では、第1節で述べた現場リーダーの四つの役割の一つ、プロダクトデザイナーについて取り上げる。主にビジネスモデルの実践を通じてビジネス価値を得るためにどのような機能・責任を負うべきか、そのために必要な顧客体験を最適化し、競争力を高めるための具体的な施策を設計・実行するためのスキルはどのようなものなのか、「まやかしＤＸ」の習慣に陥らないように何をすべきかについて考えたい。

〈1〉事業のＤＸ推進における機能・責任

① プロダクトデザイナーの基本的な役割・活動

プロダクトデザイナーは、製品やサービスを具体化する人である。顧客中心の発想からＩＴとビジネスをつなぐ人であることから、スペシャリスト的な立ち位置を取ることが多く、また、経営そのものに対する深い関与というよりも、より顧客に寄り添った価値を検討・定義する場合が多い。したがって、顧客体験をデザインし、製品・サービスのビジネス価値を明確にし、それを実現するためにライフサイクル全体にわたる対応方法を策定する役割を担う。その上で、製品やサービスの成長と普及を促進するために、市場展開計画を立案し、実行することで、事業変革を推進する役割も担う。

この役割は、自社がどのような製品・サービスのビジネス価値を顧客に届けたいか、その意思に基づき進めることが最も重要である。顧客に寄り添う前提として、事業変革を通じ、世の中にどのような価値を提供すべきか、提供したいかを明確にしておく必要がある。明快な意思表示があってこそ、先行きが不透明な時代の進むべき方向が定まるのである。外部ＩＴベンダーでは、自社の意思の言語化を支援することは可能であっても、意思決定そのものは不可能であり、だからこそ内部人材が担う必要があるのだ。

顧客中心の発想からＩＴをビジネスにつなぐ際のデザインの活動は4種類存在する。

一つ目はデザインリサーチ。ユーザーのニーズや市場のトレンドを深く理解するための調査活動である。ターゲットユーザーに対してインタビューを行い、彼らのニーズや要望を直接聞き出す。また、市場の動向や競合製品の分析を行い、製品のポジショニングを明確にする。ユーザーがどのように製品を使用するかを観察し、使用環境や使用状況を把握する。これにより、収集したデータを分析し、ユーザーの行動パターンやニーズを明確にすることができる。

二つ目は製品・サービスデザイン。製品・サービスの「あるべき姿」をデジタルデザインとして具体的な形に落とし込む活動である。デザインリサーチ結果からの示唆に基づき、製品・サービスの基本的仕様、機能、概観、性能を決定する。その際にはプロトタイプを作成し、フィードバックを収集して製品の改良点を見つけ出す「プロトタイプのテスト」などを使うことも多い。

三つ目はＵＸデザイン。ユーザーが製品やサービスを使用する際の顧客、サービス提供者の体験を設計する活動である。ユーザーが製品を使用する際のステップを設計し、ユーザーが簡素に、できる限り直感的に製品を使えるようにする。主要な利用場面・価値を享受するタイミングなどに関するインタラクティブなプロトタイプを作成し、ユーザーにテストしてもらうことで、ユーザーインタフェースの使いやすさを確認する。これに基づき、ユーザー体験の価値を高めていく。これらの実現には、社外のリソースを最大限活用することになるだろう。

最後はグラフィックデザイン。製品の見た目を設計する活動であり、製品・サービスの視覚的な一貫性を保ちながら、ユーザーに魅力的なデザインを提供することを目的としている。ブランドのロゴ、カラー、タイポグラフィなどの視覚的な要素を設計し、ブランドのイメージを統一する。また、ユーザーインタフェースのビジュアル要素をデザインし、ボタンやアイコン、メニューなどを含む。インタラクティブな要素やアニメーションを設計し、ユーザー体験を向上させることも重要な活動である。

②プロダクトデザイナーのＤＸアプローチにおける主な活動

プロダクトデザイナーは「ビジネス価値定義／投資アセスメント」を主導する役割を担う。プロダクトディレクターが主導したニーズ・要求定義のインプットを受けて、顧客が本当に求める価値を具体的に描き出す。例えば、顧客のニーズをくみ取った機能や、競合他社では提供できていない差別化価値を明確にし、それらを製品やサービスに組み込むことで、自社の競争力を高められるビジネス価値を明らかにするのだ。そして、その価値と投資額を比較し、ビジネスとして成り立つの

図表5-3　DXアプローチでのプロダクトデザイナーの機能・役割

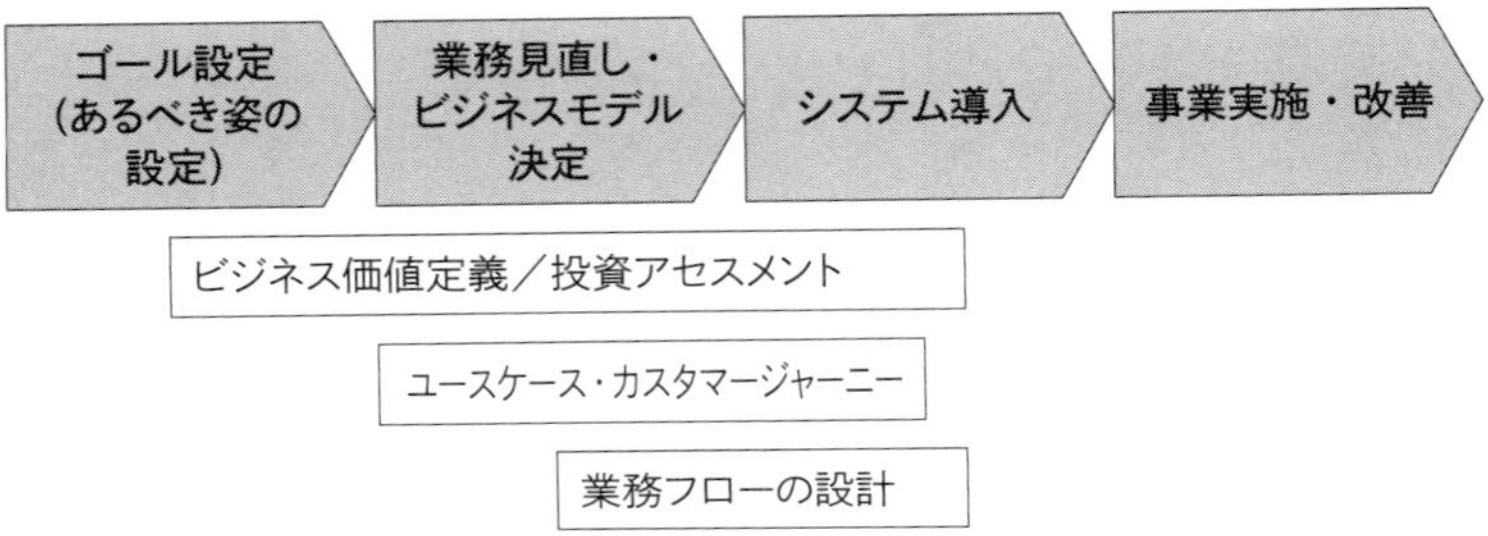

出所：筆者作成

か、顧客目線から経営が改革されているかを評価する。

その上で、ビジネスモデルのうち、ユースケースやカスタマージャーニーを具体化する役割を担う。ユーザーが製品やサービスを利用する場面を想定して具体的なシナリオを描くのだ。例えば、ユーザーがどのようにアプリをダウンロードし、登録し、日常的に利用するかを詳細にシミュレーションする。このユースケースやカスタマージャーニーを作成することで、顧客がどのように製品やサービスと接触し、どのような価値を感じるかを具体的に示すことができる。顧客体験の細部にわたるデザインが、顧客満足度を大きく左右することから、プロダクトデザイナーがこのプロセスを担当することで、デザイン視点からの一貫性を保つことが可能になる。

最後に、顧客体験と業務プロセスの整合性を確保し、顧客がスムーズに製品・サービスを利用できるようにするための「業務フローの設計」を担当する。この業務フローは、カスタマージャーニーの実現のためには抜本的な見直しを行うＢＰＲを伴うものであり、製品やサービスがどのように提供されるか、その内部プロセスを設計する役割である。この段階では、顧客に製品・サービスを提供するための、最初から最後までの効率的かつ効果的なフローを構築する。新しいサブスクリプションサービスを例にとると、顧客の申し込みからサービス利用開始までの流れ、支払い処理、カスタマーサポート対応までの全てがプロダクトデザイナーの仕事の対象となる。

〈2〉「シン事業変革」に必要なスキル

ＤＸを成功させるためには、プロダクトデザイナーは製品やサービスを具体化する活動を効果的に行うための必要スキルを身に付け、内部人材として製品・サービスのビジネス価値を明確にする役割を果たす必要がある。プロダクトデザイナーは次に示す五つのスキルを獲得し、外部のＩＴベンダーに自社が獲得したい顧客目線のビジネス価値、業務要求を明確に伝えることが重要だ。

①ビジネスイノベーションとクリエイティビティ

ビジネスイノベーションとクリエイティビティとは、新しいアイデアを生み出し、市場・顧客に新たなビジネス価値を提供する能力を指す。ある企業が従来の製品販売からサービス提供型のビジネスモデルに移行したいと考えたとする。例えば、家電メーカーが製品を単に売るのではなく、家電の使用データを活用してエネルギー効率を最適化するサービスを提供することで、新たな収益源を創出したいと考えるケースなどで必要となるスキルである。また、カスタマージャーニーを実現する業務フロー設計においても、既存の業務フローを抜本的に見直すＢＰＲを行うためには、新しい方式、タッチポイントの定義などをする際に求められるスキルである。

②デジタルプロダクトの知見・理解

市場に存在する最新のテクノロジーやデジタルツールの機能・性能を理解し、それを適切に選択し、活用する能力を指す。例えば、オンラインショッピングサイトを運営する企業が、顧客の購買履歴を分析してパーソナライズした商品提案を行うためにAIを導入する場合、自社に相応しいAIソリューションを選定するためにこのスキルが必要となる。市場に普及している各種デジタルプロダクトをしっかり理解し、その適用事例・方法を学ぶことで、企業は競争力を高めるための適切なテクノロジーを選び、効果的に実装することができる。

③想像力と共感力

顧客に訴求するデザインとするためには、想像力と共感力も欠かせない。想像力は、未来のビジネス環境を予測し、新しいビジネスモデルを構築する能力であり、共感力は、顧客や利用者の立場から物事を捉え直す能力である。例えば、ヘルスケア企業が患者の立場に立って、遠隔医療サービスを開発する場合、このスキルが役に立つ。想像力と共感力を活用することで、顧客の潜在的なニーズを捉え、革新的なサービスを提供することができる。

共感力の観点からは、顧客中心の発想も重要なスキルの一つだ。これは、顧客のニーズや期待を最優先に考える視点を持ち、顧客満足度を高め、長期的な信頼関係を築くことを狙うものである。例えば、銀行が顧客の利便性を向上させるために、モバイルアプリを通じて24時間対応のチャットサポートを導入する場合、この発想が重要となる。

④言語化力と可視化力

デザインの力は、視覚的に理解させる力であり、そのためには言語化力と可視化力が重要だ。すなわち、複雑なアイデアやデータをわかりやすく表現し、共有する能力を指す。ビジョンを図やチャートを用いてチームに説明したり、ユーザーのニーズの全体像をプレゼンテーションして理解してもらうときなどにスキルが活きる。

〈3〉「まやかしDX」の習慣と回避する方法

①「まやかしDX」で起きていた習慣・問題

「まやかしＤＸ」では、供給者目線での検討が主流であった。第2章で解説した通り、「ニーズ・動向に合致する顧客体験の提供」というビジネス価値がいまだ十分理解されていない。多くの企業で、製品・サービスを供給者目線で改善すれば、自ずと顧客が付いてきて売上が増えるという発想が根強く残っているのである。

これからのＤＸでは、自社がどのような製品・サービスのビジネス価値を顧客に届けたいかという意思を明確に持ち、その上で顧客に寄り添う姿勢が重要である。これまでデザイン＝グラフィックデザインと捉えていた企業も少なくないと思うが、ＤＸにおいてはＩＴをビジネスにつなぐためのデザインリサーチ、製品・サービスデザイン、ＵＸデザインという新たな活動が必要になるのだ。

すなわちプロダクトデザイナーは、顧客体験（従業員体験）に寄り添って、どのような価値を提供するか、変革を起こすかを可視化する活動にしっかり取り組む必要がある。「まやかしＤＸ」で頻繁に起きていた、断片的な顧客体験のみを捉えて個別最適化にとどまってしまうことや、グラフィックデザインのみしかできず見た目の良さや印象は高まっても、製品・サービス価値は高まらないといったことを避ける必要がある。

② 顧客体験に寄り添う際の四つの工夫

顧客体験に寄り添う工夫の一つが、第2章で解説したゼロベース／先進技術の導入にデザインスキルを活用することである。既存の常識や枠組みにとらわれず、全く新しい視点で物事を捉えるゼロベースの発想を用いる際には、現状の問題点や課題を全て取り払い、白紙の状態からアイデアを生み出すことが重要だ。そのためには、プロダクトデザイナーは、ユーザー視点の徹底的な理解を行うのがよい。例えば、ユーザーインタビューや観察を通じて、ユーザーの潜在的なニーズや痛点を深く掘り下げる。この段階では、現状の製品やサービスにとらわれず、ユーザーの生活や業務の中でどのような問題があるのかを広い視野で捉えることに心がける。

その上で、例えば、エンパシーマップといった「感情」を可視化する方策を取り入れるのも一手である。エンパシーマップを用いてユーザーの感情や行動、思考を視覚的に整理する。これにより、ユーザーの真のニーズや欲求が明確になり、見落としていた新たな機会を発見することができる。デザイナーはこの過程で、ユーザーの視点に立ち、共感する力を発揮する。

ここで、ある金融機関でエンパシーマップを用いてローン申請プロセスのDXを進めた事例を紹介したい。従来のローン申請手続きは、ユーザーにとって複雑で時間がかかり、気軽に利用できるものではないことが多かった。この金融機関は、このプロセスを簡素化し、ユーザー体験を向上させることを目指した。まず、プロジェクトチームはエンパシーマップを使用して、ローン申請を行うユーザーの感情や行動を詳細に分析した。

エンパシーマップは、ユーザーが「見る」「聞く」「考える」「感じる」「言う」「行動する」などの視点から情報を整理するためのツールだ。これにより、ユーザーがローン申請プロセス中に直面する具体的な課題や不満が明らかになった。例えば、ユーザーは「見る」視点では、申請書類の多さに圧倒され、「感じる」視点では、手続きが煩雑であることに対して不安を抱いていた。また、「聞く」視点では、他のユーザーからのネガティブな口コミが影響しており、「考える」視点では、申請が通らなかった場合の時間と労力が無駄になることを懸念していた。

これらの情報をもとに、プロジェクトチームは以下の改善策を導入した。

- **オンライン申請フォームの簡素化**　必要な情報を最小限にし、添付書類を削減し、ユーザーが入力しやすいフォームを設計した。これにより、申請にかかる時間を大幅に短縮した。
- **ガイド付きプロセス**　各ステップでユーザーをサポートするオンラインガイドを追加し、手続きの進行状況をリアルタイムで表示する機能を導入した。これにより、ユーザーの不安を軽減し、手続きの途中で諦めることが減少した。
- **ポジティブな口コミの活用**　成功事例や満足度の高いユーザーの声をエンパシーマップの「聞く」視点で反映させ、ウェブサイトや申請プロセスの各段階で紹介することで、新たなユーザーの不安を和らげた。
- **リアルタイムサポート**　ユーザーが申請中に疑問や問題が発生した場合、すぐに対応できるチャットボットやカスタマーサポートを強化した。これにより、ユーザーの疑問を即座に解決し、スムーズな申請を実現した。

このようにエンパシーマップを活用することで、ユーザーの視点に立ち、共感する力を発揮した改善策を立てることができた。また、金融機関はローン申請プロセスを大幅に改善し、ユーザー体験を向上させることができた。

ブレインストーミングとアイデアの発散も効果的な工夫の一つである。制約を設けずに、自由にアイデアを出し合うブレインストーミングセッションでは、デザイナー自身だけでなく、他のチームメンバーや異なる視点を持つ人々を巻き込み、多様な意見やアイデアを引き出す。多様な視点を取り入れることで、新しい発想が生まれやすくなる。

ビジュアルシンキングもデザイナーならではの工夫と言えよう（図表5－4）。考えやアイデアを視覚化することで、チーム内の共通理解を促進する。スケッチやダイアグラムを使ってアイデアを視覚的に表現し、具体的なイメージを共有することで、議論が深まりやすくなる。デザイナーはこの視覚化のプロセスを通じて、抽象的なアイデアを具体的な形に落とし込む力を発揮する。

このような工夫を通じて、プロダクトデザイナーは顧客体験に寄り添い、革新的でユーザーに価値を提供する製品やサービスの創造に挑戦することを期待したい。デザイナーだからこそ持つ感性と創造力が、ゼロベースの発想をより効果的に実現する鍵となる。

③ 先進技術活用×プロダクトデザイン

プロダクトデザイナーが、企業が持つ技術や資源を最大限に活用する際には、活用可能性のある

図表5-4　ビジュアルシンキング

1	グラフィック レコーディング	●会議やワークショップの内容をリアルタイムで視覚的に記録する手法。議論の内容やアイデアを図やイラスト、テキストを使って描き出すことで、参加者全員が理解しやすくなる。 • 視覚的な記録により、情報の共有と理解が容易になる。 • 会議の内容を後で見返す際にも、視覚的な記録が助けになる。 • 参加者の集中力と参加意欲が向上する。
2	ストーリー ボーディング	●顧客体験やプロジェクトの進行を一連のイラストで表現する。各シーンを視覚的に描くことで、全体の流れを把握しやすくする。 • プロジェクトやストーリーの全体像を把握しやすい。 • チーム全体でビジョンを共有しやすくなる。 • 各シーンの詳細を視覚的に確認できる。
3	マインド マップ	●中央にテーマや問題を置き、そこから放射状に関連するアイデアや情報を広げていく手法。枝葉のように広がる構造が特徴で、思考を整理しやすくする。 • アイデアの関連性や階層構造を視覚的に整理できる。 • 複雑な情報を簡単に見える形でまとめることができる。 • 記憶力と創造力を刺激しやすい。
4	インフォ グラフィックス	●データや情報を視覚的に表現する手法。グラフ、チャート、イラストなどを使って、複雑な情報を一目で理解できる形にする。 • データや統計情報を視覚的に簡潔に伝えられる。 • 一目で理解できるため、情報伝達がスムーズ。 • 視覚的に魅力的なデザインにより、注目を集めやすい。

出所：筆者作成

デジタルプロダクトの強み・価値を深く理解することから始まる。デジタルプロダクトの特性、社会変革への寄与を把握し、企業のリソースも加味し、それらをどのように組み合わせて新しい製品やサービスに活用できるかを考える。例えば、市場において他社と差別化できているビジネス価値を提供する場合、そのビジネス価値はどのような点で評価されているのかを見極め、新たなデジタルプロダクトの掛け算で、どのような市場ニーズに応えられるか、どのように顧客の問題を解決できるかを検討する。

次に、デジタルプロダクトの活用範囲を広げるアイデアを生み出す。既存顧客に異なるビジネス価値を提供する方法や、新たなデジタルプロダクトの組み合わせで価値を創出する方法を探る。プロダクトデザイナーはこの過程で、技術と市場の橋渡し役を担い、技術がどのように顧客に価値を提供できるかを具体化する。

さらに、プロダクトデザイナーならではの工夫として、先に述べたビジュアルシンキングをプロトタイピングに組み合わせて活用することが挙げられる。技術や資源の特性を視覚化し、具体的なイメージとしてチーム内で共有する。これにより、技術の応用方法や市場への適用可能性を具体的に検討できる。また、早期にプロトタイプを作成し、技術が実際にどのように機能するかを確認することで、フィードバックを基に迅速に改良を加えることができる。

こうしたデザイナーの創造力と技術の理解力を生成ＡＩ等の先進技術の活用に加味することで、生まれるアイデアがよりイノベーティブになり、従来の枠を超えた展開の可能性が高まるため、企業の競争力を大幅に向上させることができる。

④ レストラン予約ＤＸ事例

以下では、レストラン予約サイトのＤＸを進める事例を紹介したい。この企業では、ゼロベースの発想を取り入れるために、ユーザーから「どんな体験をしたいのか」という声を徹底的に洗い出し、その上で未来の予約体験をゼロからデザインすることにした。シニア層からは「簡単に好みのレストランをスマホから予約したい」という声が大きく、プロダクトデザイナーは予約のプロセスをシンプル化し、ユーザーが希望する日時に予約が取りやすいシステム構想を描いた。

レストラン予約サイトはモダンなクラウド技術等を用いて構築していたことから、その技術的な強みを生かし、豊富なレストランデータベースやユーザーの嗜好データを最大限に活用することとした。ユーザーの過去の予約履歴や類似ペルソナからの人気・評判を加味し、個々のユーザーに最適なレストランを提案するシステムを導入した。

具体的な実施事項としては、まずビッグデータを活用してユーザーの予約履歴や嗜好を分析し、生成ＡＩを用いて個々のユーザーに最適なレストランを各人の意向を踏まえた誘い文句で提案する機能を開発する。また、レストラン側との連携を強化し、リアルタイムで空き状況や特別メニューの情報を取得し、ユーザーがその場で予約・決済できる仕組みを構築する。これらの一連の体験を、シニアの人にとっても「心地よい」スピード感で処理ができるようにする。これにより、ユーザーは自分の嗜好に合ったレストランを簡単に見つけて気分よく予約することができる。

プロダクトデザイナーならではの工夫として、デザイン思考を取り入れた。ヘビーユーザーがよりサービスを利用してもらうために潜在的なニーズを掘り起こし、これまでにない予約体験を提案するために、ヘビーユーザーとの共創ワークショップを開催する。そこで得られた「カード決済サービスとの連携強化」「ユーザー間リコメンデーションのポイント化」「健康サービス、日常健康食品とのコラボレーション」などのアイデアを基に、迅速にプロトタイプを作成し、ユーザーからのフィードバックを基に改良を重ね、ビジネス価値の向上を図った。

このように、プロダクトデザイナーがデザインスキルを活かし、ゼロベースの発想と先進技術を活用する発想で取り組むことにより、レストラン予約サイトは新たな価値を創出し、ユーザーに対してこれまでにない予約体験を提供することができた。競争の激しい市場においても、工夫次第で持続可能性の高いサービス提供が可能になるのである。

4 ビジネスアーキテクト

以下では、第1節で述べた現場リーダーの四つの役割の一つ、ビジネスアーキテクトを取り上げる。ビジネスモデルを合理的にデジタル実装するためにどのような機能・責任を負うべきか、そのために必要な最適なユーザー体験を提供するためのアーキテクチャを明確にするスキルとはどのようなものなのかについて考えてみたい。

〈1〉事業のＤＸ推進における機能・責任

①ビジネスアーキテクトの基本的な役割・必要な能力

ビジネスアーキテクトは、具体化した製品・サービスのビジネスモデルをシステム仕様に落とし込み、経営革新をどのような手段で実現するかを具体化する役割を担う。エンジニア寄りのポジションであり、システムの構想から実装までをリードする。これまで述べた通り、ＤＸを成功させるためにはデータマネジメント環境の確立が不可欠であるため、ビジネスアーキテクトはデータのライフサイクルを意識し、データの流れと取り扱い（集める・加工する・可視化する・予測する）を明確にする役割も担う。

このような役割を果たすためには、ビジネスアーキテクトはシステム技術能力のみならず、ビジネス戦略とデジタル技術を統合する能力が求められる。「あるべき姿」が絵に描いた餅にならぬよう、そして経営革新が現状のカイゼンにとどまらないよう、現実解を導き出し、ビジネスモデルを現実の製品・サービスとして具現化するための能力が必要なのだ。

②ビジネスアーキテクトのＤＸアプローチにおける主な活動

ビジネスアーキテクトがビジネスをシステム仕様に落とし込む際の具体的な活動としては以下の四つが挙げられる。

一つ目が実装内容の決定。経営革新を果たす製品やサービスを実現するためのどのような機能やシステムが必要かを決定する活動である。この活動では、プロダクトディレクターやプロダクトデザイナーと密接に連携し、ユーザーのニーズやビジネスゴールに合致した仕様を策定する。例えば、新しいオンライン予約システムを導入する場合、ユーザーが簡単に予約を完了できるインタフェースや、予約データを効率的に管理できるバックエンドシステムの仕様を決定する。また、ユーザー体験を向上させるためのＡＩチャットボットの導入や、リアルタイムの空き状況表示などの機能も検討する。

二つ目がソリューション・技術選定。既存の技術や新しい技術の適用可能性を評価し、最適なものを選び出す活動である。ＤＸにおいては、クラウドサービス、ＡＩ、ＩｏＴなどの技術が考慮されることが多い。例えば、予約システムのデータをリアルタイムで処理するためにクラウドプラットフォームを利用し、ＡＩを用いてユーザーの予約パターンを分析して、最適なレコメンデーションを提供するシステムを構築することが考えられる。また、セキュリティやスケーラビリティも重要な評価基準となる。選定した技術が将来的な拡張や変更に対応できるかどうかも重要なポイントだ。

三つ目は関係者のコーディネートおよびリソース調整。システム実装では、エンジニア、デザイナー、マーケティング担当者、営業担当者など、多岐にわたるチームと協力が必要であり、その調整役を担う。また、経営層が経営判断をするための報告をし、指示をチームに周知する役割も持つ。この際に、各チームのリソースを最適に配分し、プロジェクトを円滑に進行させる。例えば、エンジニアチームがシステム開発を進める一方で、マーケティングチームが新システムのプロモーションを計画・実施する。また、開発中に発生する課題や変更に迅速に対応し、プロジェクトの進行に支障が出ないようにする。さらに、定期的にステークホルダーとの会議を開催し、進捗状況を

図表5-5　DXアプローチでのビジネスアーキテクトの機能・役割

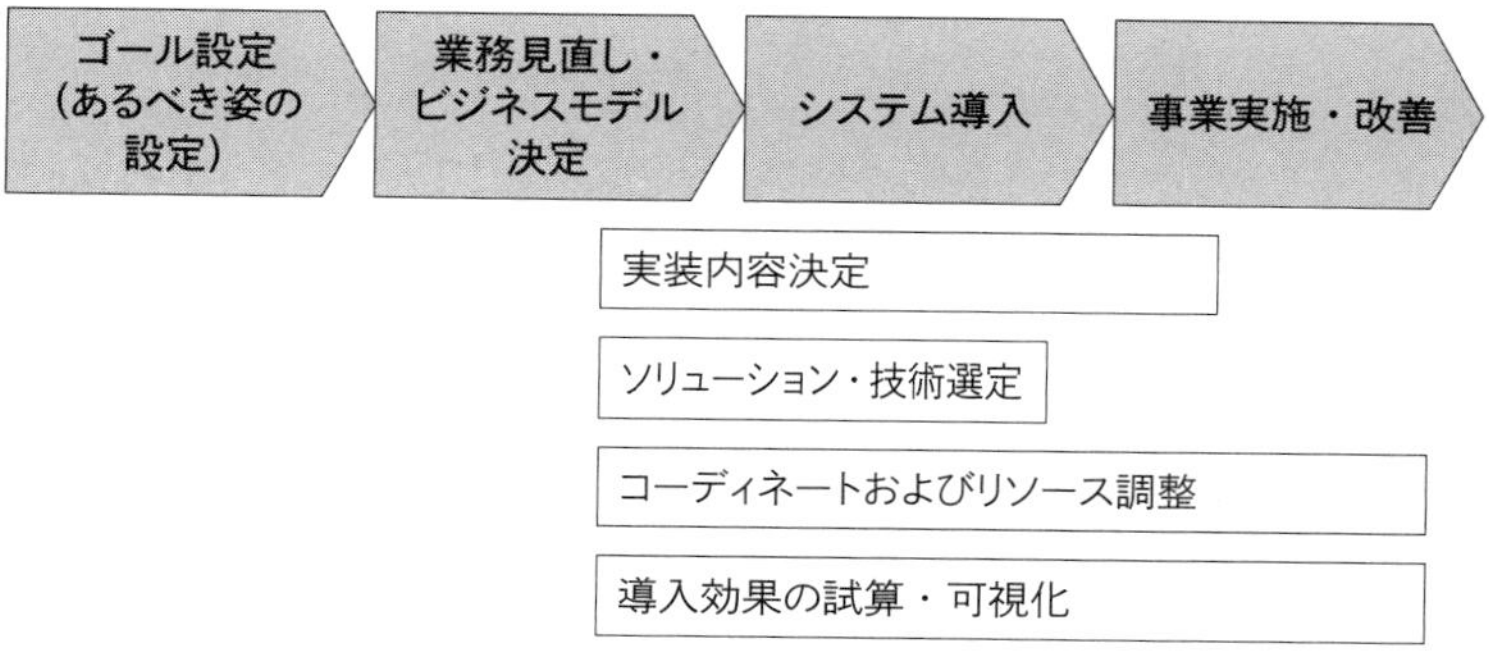

出所：筆者作成

共有してフィードバックを得ることで、プロジェクトの方向性を適宜見直す。

四つ目は導入効果の試算／可視化、見直し。これは、導入前後のパフォーマンス指標を比較し、システムが期待通りの効果を発揮しているか、その結果として経営革新は達成できるかを評価する活動である。システム導入後のみならず、システム実装の途中段階でも効果予測は適宜確認することが重要である。評価結果を踏まえ、システムの見直しや改善を行い、継続的に最適化を図る。これにより、システムが長期にわたって効果的に機能し、累積ビジネス価値によるＤＸの成功を可能にする。

なお、一連の活動において、データマネジメント環境を確立する観点からの取り組みも重要となる。例えば、機能やシステム検討に際しては、どのようなデータを扱い、どのように最新性を担保しながら管理すべきかを明らかにするべきだ。あわせて蓄積するデータの他事業・ビジネスへの活用も考慮しておくとよいだろう。また、ソリューション・技術選定においては、将来の拡張、他業務システムと連携するデータへの柔軟な対応ができるようにするべきだ。関係者との調整においては、似て非なるデータを標準化したり、適切なマスタ管理ができたりするよう、データオーナーを適切に定めて決定することが求められる。

③金融業コールセンターＤＸ――ビジネスアーキテクト不在のままＤＸ推進

ここでは、金融業のコールセンターでのＤＸを紹介する。ビジネスアーキテクトが不在のまま従来のプロジェクトマネジャーによるプロジェクト推進を行い、デジタル技術を適切に活用できなかった事例である。

ある大手金融機関が、コールセンターの業務効率化と顧客満足度の向上を目的にＤＸプロジェクトを立ち上げた。計画は、最新のＡＩ技術を活用して自動応答システムを導入し、データ分析に基づく顧客対応を強化することだった。

まず、実装内容の決定において問題が生じた。ユーザーのニーズである「必要な情報を短時間で入手したい」点やビジネスゴールである「サービス解約率低減」などに合致した仕様を策定する点が十分議論されず、ソリューションの機能分析・活用に注力した検討が進んだ結果、顧客の期待に応えるシステムが構築できなかった。具体的には、顧客の問い合わせ内容に応じてＡＩが迅速に回答は行うものの、顧客のサービス利用実態や問い合わせの裏にある真の課題を明らかにするようなコミュニケーションや人へのエスカレーションが不十分となり、便利なＦＡＱ以上の価値を顧客に届けることができなかった。

技術選定にも問題が発生した。クラウドソリューションの活用は前提となったが、実現するビジネスモデルで必要となるセキュリティやスケーラビリティの評価が不十分であり、ベンダー任せになってしまった。トラブル・インシデントを保守的に捉えたベンダーは、最低限の情報を短期的に保持するアーキテクチャとすることを提案し、それを受け入れたため、様々な情報を使ったサービスへの拡張も難しく、またセキュリティ対策コストも想定を大きく上回る結果となった。

データマネジメント環境の確立も十分に行われなかった。情報管理は最低限の情報を短期的にという方針となったこともあり、顧客の問い合わせデータを収集し、適切に匿名加工して分析・可視化するプロセスは横展開に使えるレベルの品質にならなかった。リアルタイムでの顧客対応においても生成AIの機能を十分活用できず、回答が適切にパーソナライズされたものにはならなかった。過去の問い合わせ履歴や顧客の取引情報を統合して分析する機能も制約が大きく、カスタマーサービス担当者は断片的な情報に基づいて対応するしかなかった。

また、リソース調整においても問題が生じた。プロジェクト内部の進捗管理はPMBOK（第3章第5節第〈1〉項「①期待成果の定量化評価」参照）に沿って行われていたものの、経営層が経営判断をするための報告が遅れ、経営判断に基づく指示がチームに適切に連携されなかった。各チームのリソース配分が不適切であり、プロジェクトが円滑に進行しなかった。例えば、エンジニアリングチームに対するリソースが不足し、システムの開発が遅延した一方で、マーケティングチームは新システムのプロモーションを早期に開始するなど、タイミングの不一致が生じた。

このように実装内容の決定、ソリューションと技術選定、データマネジメント環境の確立、リソース調整という複数の要因に対し複合的に最適解を検討しながら、推進する作業が欠落してしまうと、あるべき姿・ビジネスモデルをデジタル実装することは難しくなり、「ビジネスモデル」を現実の製品・サービスとして具現化することが不可能になると言える。

〈2〉「シン事業変革」に必要なスキル

ＤＸを成功させるためには、ビジネスアーキテクトは経営革新を具体化するための必要スキルを身に付け、ビジネス戦略とデジタル技術を統合する役割を果たす必要がある。ビジネスアーキテクトは主として次に示す四つのスキルを獲得し、外部のＩＴベンダーに自社のビジネス環境・ＩＴ環境を踏まえた目指すべきビジネスアーキテクチャを明確に伝え、実装イメージを共有することが重要だ。

① ロジカルシンキング、ビジネス分析力

要求や制約を踏まえて論理的に合理的な結論を導くためにはロジカルシンキングが重要だ。製品・サービスに対する多岐にわたる要求や、企業で活用可能なリソース、順守すべきガバナンス等の制約を論理的に整理し、Pros & Cons（賛否両論）を整理して、最適な解決策を選択する能力である。このスキルを活用し、例えば、新しいデジタルプロダクトの開発に際しては、どのような機能やサービスが市場に訴求可能かを整理し、それに基づいて財務的な効率性も考慮し、機能構成や性能等を総合的に判断し、事業変革に寄与することが求められる。

② ソリューション知見、システムアーキテクト

ソリューションの設計と実装を担うことから、ビジネスの要件を技術的なソリューションに落と

し込む能力が必要である。これには、システムの機能と非機能要件を理解し、異なる技術の組み合わせによってどのようにしてビジネス目標を達成するか、経営革新を実現するかを考える能力が含まれる。例えば、クラウドサービスの選定やインフラストラクチャの設計、システムのスケーラビリティ（拡張性）やセキュリティの確保などが該当する。

プロダクトデザイナーに求められるスキルと比較すると、より技術目線なものとなる。ただし、純粋に技術知見を獲得すれば十分というわけではなく、ビジネスモデルのユースケースに照らし合わせての技術の活用方法に対する理解など、ビジネス実装の観点も重要である。

ＤＸを推進する上でも、セキュリティ対策の重要性はますます高まっている。ＤＸは企業のビジネスプロセスをデジタル技術を活用して革新する取り組みであり、その過程で大量のデータが生成、収集、処理される。これらのデータには、顧客情報や企業の機密情報など、機微に触れる情報が含まれていることが多い。デジタル時代においては、セキュリティ対策が不十分だと、これらのデータが不正にアクセスされたり、漏洩したりするリスクがある。データ漏洩は企業の信頼を損ない、法的な問題を引き起こし、甚大な経済的損失をもたらす可能性がある。また、ＤＸを進める過程で、企業は新たなシステムやアプリケーションを導入することが多い。これらのシステムはしばしばクラウド環境や外部サービスと連携するため、外部からの攻撃に対する脆弱性が増加する。セキュリティ対策を怠ると、これらのシステムが攻撃の標的となり、サービスの停止やデータの改ざんなどの深刻な問題が発生するリスクが高まる。

以上のように、企業におけるセキュリティの確保は情報システムの機能や運用に大きく依存している。こうした現状において、セキュリティ対策を適切に実施し、企業の機密性・安全性を確保するためのスキル、そしてセキュリティ対策の徹底を導入後も継続し、常に最新の技術や手法に対応する姿勢が重要である。

③データマネジメント、ガバナンス

ビジネスアーキテクトはデータマネジメント環境の確立を主導する立場であることから、データの価値をビジネス成果に結びつけるための戦略的なデータマネジメントとガバナンスに関するスキルが重要となる。これは、データの収集、分析、提供のプロセスを機能的および非機能的な側面で詳細に計画し、データ駆動型の意思決定とビジネス効果の最大化を図るためのスキルである。IPAの調査（DX動向2024）でも、わが国におけるデータマネジメントの課題として「人材の確保」を挙げた企業は他の課題と比較しても飛び抜けて多く、スキル獲得・強化の必要性が高い領域であると言える。

データがどのように収集され、保管され、分析され、活用されるかを設計する能力に関しては、システムのデータフローを理解し、適切なデータストレージや処理方法を選択する能力が含まれる。例えば、クラウドベースのデータレイク（様々なタイプのデータを一元的に格納するシステム）の設計や、データウェアハウスの構築に関する知識などを獲得すべきである。

また、データ品質の管理と改善のためには、データの正確性、完全性、信頼性を保証するための品質管理のフレームワークの理解、データ品質の問題を解決するためのプロセスに関する知見の獲得が必要だ。例えば、データプロファイリングやクレンジングの手法を適用し、データの精度を向

上する方法などを学ぶのも一手である。

そして、忘れてはならないのは、データセキュリティである。ここには、法的規制への適合性を確保することも含まれる。データアクセスの制御、データの暗号化、セキュリティポリシーの策定と順守の監視を行い、組織のデータ資産を守る方法、EUのGDPR（一般データ保護規則）や米国のHIPAA（医療保険の携行性と責任に関する法律）といった規制の要件に対応し、法的リスクを最小限に抑える方法などを学ぶ必要がある。

④ステークホルダーマネジメント

ビジネスアーキテクトは、内外の関係者とコミュニケーションを行い、ビジネス目標の達成に向けて利害調整や交渉を行うことが求められるため、ステークホルダーマネジメント力が必要だ。異なる部門や利害関係者間での意思疎通を円滑にし、サイロ化しがちな組織内の壁を打ち破り、横断的な連携を促進するスキルである。経営層への報・連・相も欠かせない。コミュニケーション力、交渉力、説得力もさることながら、あるべき姿を関係者一丸となって進めるための影響力、リーダーシップ力が強く求められることは読者の想像に難くないだろう。

ビジネスアーキテクトとして重要なのは、ビジネス価値を創出するために最適なシステムアーキテクチャーを描くこと、それは身の丈に合った挑戦的な「現実解」とするべきであり、また、投資対効果の観点からの合理性確保が非常に重要である。

「まやかしDX」では、経営層からの期待やベンダーからの楽観的な提案を受け、実現不可能なビジネス価値であることを直視せずに非現実なシステムアーキテクチャを描き、結果としてシステム導入の過程でそれが発覚し、コスト超過と期間延長を繰り返してしまうケースが少なくなかった。

このような事態を避けるためには、優先順位の設定がとても重要となる。実行可能性を高めるためにも、企業の優位性を活かし、小さくても確実な成果を創出できる箇所や、市場ニーズが大きかったり現状課題が大きく改善によって価値訴求がしやすい箇所などを特定し、これらの優先度を高くして、リソースの最適配分を行うべきだろう。

同時に、投資対効果を正確に見極めるべきだ。すなわち、投資するリソース（人材、技術、資金）と得られるビジネス上の効果とのバランスを精査するのである。あるべき姿の大きな目標、ビジネスモデルの革新性・将来的に創出可能性のあるビジネス価値を意識しつつも、そこに至る過程で必要となるリソースがどの程度であるのか具体的に明らかにする。これは、システムアーキテクチャ案を実際に描くことで初めて試算できるものであり、ビジネスアーキテクトの責務として具体化すべき内容と言える。なお、ＤＸの取り組みにより改善されるデータマネジメントについても、将来的にどのようなビジネス価値を創出するかも精査することが重要だ。

優先順位の設定とあわせて検討すべきは、ＭＶＰ（最小限の実行可能製品）の開発の採用だ。これは、市場投入までの最短距離で学びを得る手法である。ＭＶＰでは、最も基本的で必要最小限の機能を優先して開発し、早期に市場に実装してフィードバックを受けることで、製品やサービスの改善を進めるものである。受け入れられる市場・顧客を選定しマーケティングする、価値を段階的に高めることに対して理解を得るなどの前提を満たす必要があるが、この手法を適切に活用することで、リスクを最小限に抑えつつ市場の反応や顧客の本当のニーズを把握し、その後の開発方針を柔軟に調整することが可能となるのだ。

ある電気設備会社の事例を紹介しよう。この企業では、深刻な担い手不足の一方、長時間労働解消や高度に多様化した顧客ニーズへの対応を目指し、工事契約の一連の業務のＤＸを進めることにした。これまで職人の経験と勘を活かして行っていた工事仕様の決定や手作業で行っていた見積もりを標準化・自動化し、工事後の現場報告の省力化につなげることで、顧客・従業員双方にビジネス価値を与えることを狙ったのである。

このために必要な施策を五つに絞り込んだ。顧客設備情報のデジタル化、工事実績のＤＢ化、設計・見積の標準化、顧客問い合わせの一元管理、現場での報告書類の自動作成化である。最終的には全てを実現することが重要であると同時に、早期に価値を出すために、顧客設備情報のデジタル化と設計・見積の標準化から着手することに決定した。工事契約ＤＸにおいては、工事関連情報のデータがビジネス価値の源であり、このデータが自社の他業務にも利用可能であること、見積もりの標準化により、作業の省力化に加えて利益率の向上も期待できるからである。

また、この二つの機能に絞ったＭＶＰも作成し、リピーター顧客を対象にサービスを開始した。これにより、顧客設備情報の早期収集や見積もり精度の検証などを行うことができ、その後に実装する顧客問い合わせや現場報告書のあるべき姿をより現実的なものにすることができた。

このように、ビジネスアーキテクトがシステム設計スキルのみならず、ビジネス視点からアーキテクトを判断することで、身の丈に合った挑戦的な「現実解」を描き、その投資対効果を高めることが可能になるのだ。

5 プロジェクトマネジャー

本章の冒頭でも述べたように、システム導入においてQCDを管理するためには、これまで説明してきたプロダクトディレクターなど三つの役割とともにプロジェクトマネジャーが欠かせない存在である。本節では、破壊と創造のDXにおいて、プロジェクトマネジャーが果たすべき役割、他の三つの役割との連携方法などを検討したい。

〈1〉事業のDX推進における機能・責任

①プロジェクトマネジャーの基本的な役割・必要な能力

プロジェクトマネジャーは、システム仕様を確定させ、サービスやソリューションを現実のものにする役割を担い、システム導入時に大きな役割を果たすとともに、運用時も重要な役割を持つ。全体を俯瞰的に把握しながら、必要に応じて細部にも入り込んで様々な管理を行う立場であり、管理職寄りのポジションとも言える。

プロジェクトマネジャーが行う「管理」とは、プロジェクト計画に沿ってその通りに進めるための管理をすることではない。プロジェクト計画は過去の時点での予定であり、DXプロジェクトにおいては、その時点その時点で様々な変化が生じていることが通常だ。そのため、プロジェクトマネジャーは状況を正確に把握し、的確に評価し、将来を予測して計画を見直し、その見直しに沿って管理することが求められる。これはアジャイル手法、ウォーターフォール手法、いずれの場合も重要な役割である。

②プロジェクトマネジャーのＤＸアプローチにおける主な活動

プロジェクトマネジャーが、ＤＸプロジェクトで実施すべき特徴的な活動を四つ挙げておこう。

一つ目が調達管理だ。ＤＸではＩＴベンダーと対等にやり取りすることが求められる。ベンダーの技術論に対し適切な打ち返しができるようになるために、技術的な知識と論理的判断力が必要である。例えば、新しいクラウドソリューションを導入する際には、ベンダーから提供されるサービスの詳細を理解し、自社のニーズに最適なものを選定する。また、契約内容やコストについても交渉を行い、最適な条件で調達を進めることが重要だ。この時、ビジネスアーキテクトと意見が一致しないときもあるだろう。何が全体最適か十分に検討し、長期的視点も加えて判断することが求められる。

二つ目がスコープ管理と進捗管理である。ＤＸでは、これらが成果管理と直結することから、「あるべき姿」をターゲットに正確に行う必要がある。プロジェクトの現フェーズでの実現の範囲を明確にし、進捗を正確に捕捉する。そして、小さな失敗を早期に発見し、次の成功につなげるための活動が重要だ。例えば、定期的なステータスミーティングを開催し、現場の状況を把握する。現場リーダーやチームメンバーと連携して進捗状況を確認し、問題が発生した場合には迅速に対応する。これにより、プロジェクトの立ち位置を明らかにし、目標達成に向けた道筋を常に確保するこ

図表5-6　DXアプローチでのプロジェクトマネジャーの機能・役割

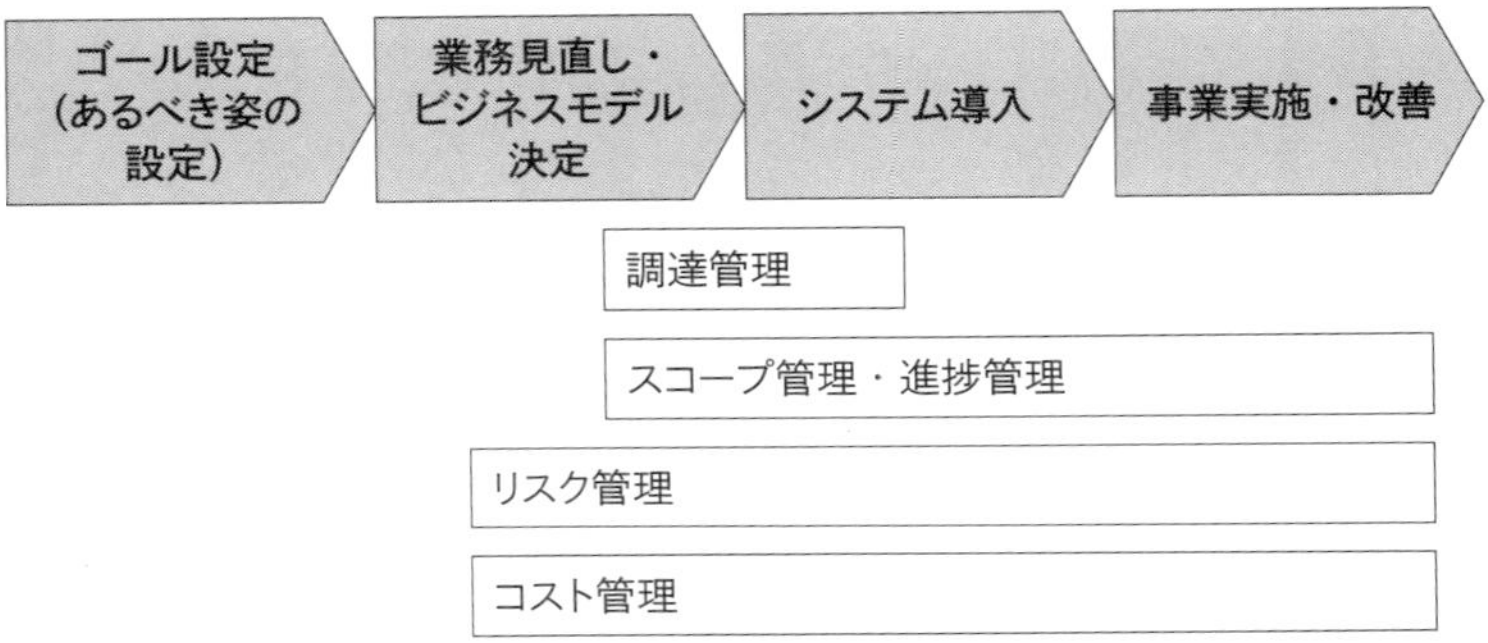

出所：筆者作成

とができる。

リスク管理も重要な活動の一つだ。DXでは全てを決めても、計画通りに進めるわけではない。常に「流動性」のリスクと対峙する必要がある。システム実装後の業務面のリスクも含め、しっかりとコントロールすることが求められる。例えば、新しいシステムが導入された後に、現場で例外処理などの対応が想定以上に頻発することがある。そうしたリスクを事前に予測し、対応策を準備しておくことが必要だ。また、リスクが顕在化した場合には、迅速に対応して被害を最小限に抑えるための計画も重要だ。

最後に、コスト管理がある。稼働調整の観点からの工数の管理は、ビジネスアーキテクトが主導する投資対効果の見極めの基礎情報としても重要な役割を果たす。また、DXプロジェクトにおいては前述の通りリスクは常に存在し、それをコントロールすることが前提となるため、リスク費（予備費）の管理も非常に重要だ。どのような基準で予備費を切り崩すのか、その際にはどのように後工程の進捗・リスクを変更・管理するのか、プロジェクトマネジャーはその責任を負う必要がある。

〈2〉「シン事業変革」に必要なスキル

システム仕様を確定させ、サービスやソリューションを現実のものにするだけでなく、その活動の結果DXを成功させるためには、プロジェクトマネジャーはこれまでと異なるコミュニケーションスキル、可視化・分析スキル、リーダーシップ力が必要となる。以下に、それぞれのスキルの詳細を解説する。

①コミュニケーション力

DXプロジェクトにおいては、目標達成に向けて細かく調整を図る必要があり、かつ、経営層から現場まで様々な関係者がそれぞれの立場で責任分界し、能動的に役割を果たすことが重要である。その全体調整を図り、ベンダーマネジメントを行ってプロジェクトを推進するのがプロジェクトマネジャーの役割であることから、客観性と論理性を持ちつつも、それぞれの立場から納得し合意できるようにコミュニケーションする能力が必要となる。

「まやかしDX」でも、「コミュニケーションマネジメント」領域のスキルはステークホルダーマネジメントの手段として位置付けられており、様々な形で経験してきたエンジニアは多い。ただし、日本社会の特徴・風土でよく見られるのは、上意下達の意思伝達であり、現場からの意見や発想が生の声で伝わらない場合が多い。失敗・瑕疵は存在してはいけないものという共通認識により、発生しなかったかのように処理される場合も少なくない。これからのDXでは、正確かつ迅速に状況把握し、意思・意義あるコミュニケーションが求められている。チェンジマインド・組織変革とあわせての実施とすべきであるが、従業員が能動的に仕事に取り組み、各人の立場・スキル・役割を発揮できるよう、よりフラットな頻度の高いオープンなコミュニケーションを行えるようプロジェクトマネジャーは努めるべきである。

このようなプロジェクト推進におけるコミュニケーションの手段は、対面・メール・ビジネスチャット・オンライン会議・文書など多岐にわたるため、散逸しやすく、履歴や証跡として管理しにくい場合も多い。コミュニケーション内容に相応しい手段を選択することと同時に、関係者がコミュニケーション結果を把握・理解できる環境を整えることも重要となる。

②可視化・予知予測スキル

管理することとは、可視化することが前提になる。これからのＤＸプロジェクトでは、現在の状況から将来の着地見込みを適切なタイミングで予測し、計画を見直すことが必須となる。そのため、プロジェクトマネジャーは、プロジェクトの各種状況を明らかにし、将来予測をする能力が必要になる。可視化・予知予測スキルを高めるためには、データリテラシー、すなわちデータの中から有用な情報を見つけ出し、それを正確に解釈する力が必要となるが、さらにＢＩツールも活用できるようになると、ＡＩ活用も含めたより高度な予測・評価なども可能となる。

③リーダーシップ

サービスやソリューションを現実のものにするシステム導入の様々な場面で、プロジェクトマネジャーは主体的に意思決断を行う。すなわち、管理者にとどまらず推進者であることが重要であり、そのためには、例えば周囲の意見や先入観に惑わされることなく状況を客観的に認知する力、誤りを認める勇気と決断・見直しの実行力、イレギュラーな事態に対しても先頭に立って突き進む力などが必要となる。まさに、現場において実際に生じる些細なことも含めた様々なことに責任をもって対応する力を発揮しなければならない。

前項でリーダーシップのスタイルについて解説したが、これまで以上に現場リーダーが主体的に様々な判断をしていく役割・責任を負う状況が生じている。経営層は適切な権限委譲を行うだけでなく、現場リーダーを守り、支援することが重要であり、推進者である現場リーダーを正しく導くことと同時に、現場リーダーの判断や行動がスムーズに進むように助言し、必要なリソースを提供するべきである。

〈3〉「まやかしDX」の習慣と回避する方法

プロジェクトマネジャーとして重要なのは、流動的な状況を当たり前に受け止め、小さな失敗を重ねつつ、確実な成功を生み出すことである。「まやかしDX」では当たり前とされがちな計画通りの着地・標準に照らし合わせての課題・対応策洗い出しだけでは、あるべき姿を達成し、ビジネス価値を生み出すことは難しい。

これまで繰り返し「失敗リスクをコントロールする」「正しい失敗をする」「小さい失敗を成功のためにする」というポイントを述べてきた。日本社会は、恥の文化や年功序列による保守的な行動、集団主義とコンセンサス重視などの特性により、失敗に対する許容度が低い傾向にある。このような中、「小さな失敗を重ねつつ、確実な成功を生み出す」ことを可能とするためには、「小さな失敗」の定義と、許容方法を明確にしておくことが必要になるだろう。

ＩＰＡが２０２０年に実施した国内外のＤＸ先進企業を対象とした調査*でも、約半数の企業が明確に、ＤＸプロジェクトの失敗を責めることは、従業員のチャレンジ精神を毀損し、変革とほど遠い状態となるリスクを感じ、対策を打っているという回答を得ている。

チャレンジなくして変革は起きない。チャレンジにおいて失敗リスクは必ずある。その両立をどのようにバランスさせるか、これこそまさに経営者のＤＸに対するコミットと言えよう。

＊https://www.ipsj.or.jp/dp/contents/publication/48/S1204-S01.html

第6章

リスクを減らし、競争優位を確立
――Competencyの視点

原則5：失敗リスクをコントロールできないDXとの決別！　早く、低コストで、確実なビジネス価値増大を狙う

1 民主化したＤＸによる真のビジネス価値創出

これからのＤＸでは、ＩＴはコストから投資へと位置づけが変化しており、企業は新しい戦略を求められている。まやかしＤＸでは、支払った金額に見合うコスト削減や業務効率の向上のみで許されていたが、これからはリスクを取りつつも支払う対価の数倍以上の効果や競争力を生み出す投資としての役割を果たす必要があると言える。

日本はまだこの変化に十分に対応できていない。世界の時価総額上位企業を見ても、グローバルではデジタルを武器に戦う「ＧＡＦＡＭ」にテスラとエヌビディアを加えた「マグニフィセント・セブン」がその存在感を示しているが、日本企業の存在感は乏しい。日本発デジタルサービスの提供は非常に限定的であることがわかる。また、ＯＥＣＤ諸国のＩＣＴ投資の状況を見ても、日本の伸び率は非常に低く、諸外国がデジタルを武器に経済成長しているのに対し、日本ではまだまだデジタルを変革の手段に使えていないことがわかる。

このように企業がＩＴ投資をできずに事業変革が遅れている状況に甘んじていては、日本経済を立て直すことは難しく、また、10年後も生き残る企業にはなれない。これからの破壊と創造のＤＸを成功させ、10年後もビジネス成長を果たすためには、企業はＤＸにより「早い・安い・確実」な変革を達成するための企業文化・組織体制を確立する必要がある。

まず、「早い」ことが重要だ。ビジネススピードの加速化に対応し、事業変革を迅速に進める環境の確立が必要だ。例えば、新しい技術や市場の変化に対して素早く対応し、競争優位を維持することが不可欠だ。これには、アジャイルな開発手法や迅速な意思決定プロセスが必要となる。組織全体が柔軟に動ける体制を整え、変化に即応することが求められる。

次に、「安い」ことも大切だ。DXを特別なことではなく通常の企業活動として実施するためには、特殊予算ではなく通常予算の中での実現が必要である。DXにかけるコストのうち、無駄なコストは見直し、民主化した技術をフル活用することで、良いものを安く実現することができる。クラウドコンピューティングやオープンソースソフトウェアの利用が一例だ。これにより、割り勘効果を享受し、高機能なシステムを構築することが可能になる。また、効率的な運用管理を通じて、ランニングコストを最小限に抑えることも重要だ。コストパフォーマンスを最大化するために、継続的な改善とコスト管理を徹底することが求められる。

さらに、「確実」であることも追求すべきである。企業が直面する痛みを受け止め、必要であれば金のなる木を変革させる決断も含まれる。抜本的な変革を実行し、将来にわたる持続的な成果を生み出すことが必要だ。リスクを恐れず、変革に必要なリソースを投入し、確実に成果を上げるための戦略を立てることが求められる。

このように、DXにより「早い・安い・確実」な変革を達成できる企業文化・組織体制を持つ企業は、変化の激しいVUCA時代においても競争力を維持し、10年後も企業成長を続けることができる。そのために現場リーダーが持つべきコンピテンシーや行動、経営者が持つべきコンピテンシーや覚悟について次節以降で解説する。

2 より早く進める

〈1〉「まやかしＤＸ」が抱える失敗リスク

ＤＸ推進において、現場リーダーは事業変革を「早く」進めることを期待される。「まやかしＤＸ」では、縦社会における根回しや稟議を上げ、多段階の承認を経て進めているプロジェクトマネジメントを行っていたが、これではスピード感が足りない。「早く」推進できるようにするために、これからのＤＸでは、現場リーダーには調整する権限や判断する権限の委譲、方針を直接決定権者に説明し合意を得る責任が与えられるべきだ。しかしながら、このように現場リーダーの役割と責任が変化しても、遂行する内容が新たな挑戦であることもあり、いくつもの失敗リスクと対峙する状況になる。

まず、新しいやり方がわからず不安を感じること。従来のプロジェクト進行方法に慣れている現場リーダーは、急速な変革や新しいツールの導入に対して戸惑うことが多い。特に、デジタルツールの選定やその効果的な活用方法については、十分な知識と経験が求められるが、これが不足している場合にはプロジェクトの進行が滞るリスクがある。

また、常に変化する不安定さに戸惑うことも多い。ＤＸは、その性質上、迅速な環境の変化に対応することが求められる。市場の動向や技術の進化、顧客のニーズに即応するために、計画は頻繁に見直される必要がある。しかし、このような不安定な状況に対する適応力が欠けていると、現場リーダーはプロジェクトを適切に進めることができない。これにより、プロジェクト全体が遅延するリスクが高まる。

さらに、時間が足りず合意できない、見切り発車してしまうこともある。迅速な決定が求められるDXプロジェクトでは、全ての関係者の意見を集約し、合意形成を図ることが難しくなることがある。その結果、十分な検討を経ないままプロジェクトが進行し、後から重大な問題が発覚することも少なくない。

ここで、ある企業のデータ駆動型経営を「早く」導入しようとしたものの、成功しなかった事例を紹介しよう。その企業はELTツール（業務データを各システムから抽出して活用するためのツール）とダッシュボードをSaaSで導入し、迅速なデータ活用を目指した。SaaSで導入することで、システム導入に係る期間を大幅に短縮し、「早く」実現することを狙ったのである。これまで、経営者は「勘」で多くの判断を行っていたが、今後「データ駆動型経営」への移行に際し、従来のやり方は一切引き継がないという大胆な発想をとった。現場リーダーは、関係者と協議したものの、具体的に何を見るべきか、何を見たいかという明確なビジョンを具体化できず、SaaSベンダーのテンプレートをそのまま利用した。その結果、一見するとわかりやすく、必要と思われる経営指標が表示されるダッシュボードが完成した。

しかし、このダッシュボードは財務指標や営業パイプラインのデータなどを表示するものの、元データの多くが手入力であり、データのリアルタイム性や精度に疑問が残った。また、財務指標と営業パイプラインの関係が不明瞭で、営業活動に対する改善は判断できても、経営目標の達成方法を検討することができないものであった。結局、データに基づく経営判断を実現するためには、データの品質を高め、意味のある指標を設定することが重要であり、単にツールを導入するだけでは不十分だということが明らかになったのである。

〈2〉コンピテンシーを活かした現場リーダーの動き方

このような失敗リスクをコントロールし、「早く」DXを実現するために効果的なコンピテンシーとそれを活かした現場リーダーの動き方を四つ紹介しておきたい。

①新しいやり方をすぐに吸収する・自分のやり方にする

新しいやり方にすぐに慣れることは、DXを推進する現場リーダーにとって不可欠なコンピテンシーだ。DXのプロジェクトは、常に流動的で、状況が朝令暮改のように変わることが多い。これを不快と受け止めず、迅速に対応できることが重要だ。そのためには、「まやかしDX」からの意識改革・発想法の変更が重要となる。

一つ目は「前例踏襲はしない」である。変化を前向きに捉え、新しいアイデアやアプローチを積極的に取り入れる姿勢を持ちたい。柔軟な思考を持つことも必要だ。新しいやり方に適応するためには、従来の方法に固執せず、状況に応じて最適な手段を選択することが求められる。例えば、ある現場リーダーが新しいプロジェクト管理ツールを導入する場面を考えてみる。このツールは従来の手動管理方法を大きく変えるもので、最初はチーム全体が混乱するかもしれない。しかし、現場リーダーが前例踏襲の発想を捨て、ツールの利便性や効率性を客観的に評価していれば、その適切な使い方をチームに伝え、導入をスムーズに進めることができる。また、DXはBPRを伴うものであり、ほぼ全てにおいてプロセスを変更することになるが、変更後もインタフェースの利便性向上やツールの適切な活用を徹底することで、プロセス変更が定着するという点も意識しておきたい。

次に、正しい失敗をする姿勢も重要だ。これまでの章でも、DXにおける正しい失敗を成功につなげる必要性を解説してきたが、DXにおいて失敗は避けられないため、失敗を恐れず、正しい失敗をする意識が重要だ。失敗を隠すのは最も避けるべき行為であり、オープンに共有し、そこから学ぶことが求められる。なお、経営層は、失敗をオープンに共有できる仕組み、失敗に対して次の成功の種につなげることができる制度を用意することも重要だ。失敗が負の評価をされるだけでは、心理的安全性は担保されず、あたかも成功したかのような報告がなされるリスクは避けられない。こうしたことを防ぐという意識で環境整備をすべきだ。

さらに、今できることを後回しにせず、迅速に対応する姿勢も大切だ。現場リーダーは、自身が判断できることについて、念のため、関係者に確認をしてから、という発想で判断を後回しにするようなことをしてはいけない。これまでは、現行のやり方を変えるためには全ての関係者が変更することに合意しないと先に進めず、結果として「まやかしDX」となったケースも多く、非常に長い時間をかけて物事を進めていた。しかし、「早く」DXを行うためには、的を絞って論点を明確にして前に進めるべきだ。クイックにチームを集め、意識合わせを行うことで、共通の理解を持ちながらプロジェクトを進めるべきなのだ。ＤＡＤＡ（Do, Assess, Decide, Act）サイクルを取り入れ、現在の課題を見つめ、それを迅速に改善することを是とする。このサイクルを回すことで、小さな問題を早期に発見し、対処することで大きな問題に発展するのを防ぐことができる。また、この姿勢は、ＤＸプロジェクトの勢いを保ち、スピード感をもって物事を進めることにも寄与する。

これらのポイントを押さえることで、現場リーダーは新しいやり方にすぐに慣れ、チームを柔軟に率いることでＤＸの推進がスムーズに進み、組織全体の変革が加速するだろう。

②標準化の徹底／自己流の排除

現場リーダーがＤＸを成功させるためには、標準化の徹底と自己流の排除が重要だ。これは、第4章で述べたFit To Standard、すなわち、ソリューションを利用する際の業界テンプレートやベストプラクティスの活用だけでなく、開発方法そのものを標準化することも含む。「２０２５年の崖」対策やＤＸビジネスの活性化により、ＩＴベンダーにおける人材不足も非常に深刻になっている。開発方法論の標準化による開発導入の自動化や省力化、保守の効率化を通じ、開発生産性を向上させることは、人手不足の状況でも「早い」ＤＸを可能とする環境をもたらす。

具体的には、継続的インテグレーション／継続的デリバリー（ＣＩ／ＣＤ）の徹底が重要となる。ＣＩ／ＣＤを徹底することで、開発プロセス全体を自動化し、エラーを減少させることができる。その際には、バージョン管理システムを導入し、ソフトウェアフレームワークを活用することでコードの一貫性を保つことや、コード記述ルールを徹底し、チーム全体でのコードの品質を向上させることにも取り組むべきだ。テストフレームワークを活用することで、自動的にテストを実行し、バグを早期に発見・修正することなどにも取り組むことができる。

また、標準開発環境として、セルフサービスで立ち上げられる開発サンドボックスを提供することも効果的だ。これにより、開発者は最新かつ標準化された各種ツール（コード作成、検証、パッケージング、ストレージ、監視など）を自由に使えるようになり、開発スピードを大幅に向上させることができる。

以上のように、標準化により様々な自動化が可能になる。標準化されたプロセスにより、開発者は一貫した方法で作業を進めることができるため、エラーやミスが減少し、品質が向上する。また、自動化により、手作業による無駄な作業が減り、開発スピードが向上する。これにより、プロジェクト全体の効率が上がり、迅速に市場に出すことができるのである。

③しっかりとした合意・腹落ち

現場リーダーがＤＸを「早く」推進する際に重要なのは、しっかりとした合意形成と腹落ち感の確保だ。これを実現するためには、透明性を確保することがとても大切になる。密室の議論、根拠なく偏った声の大きい人の意見がそのまま通る、合意したことが前提とされずに違う方向に進む、このような「不透明」なやり方では、関係者が一枚岩になって変革を進めることはできない。情報を共有し、結論や合意事項を明確に記録する。これにより、全員が同じ情報を持ち、同じ方向を目指すことができる。プロジェクトで変更管理を徹底し、結果と根拠をリストアップして共有する取り組みや、会議の都度議事録を即座に共有するといった手法もその一例である。

次に重要なのは、ちょっとした違和感や些細な不一致も丁寧に解きほぐすことだ。それぞれの立場から意見を表明し、相手の意見を傾聴することで、誤解や不満を未然に防ぐことができる。例えば、定期的に意見交換の場を設け、全員が自由に意見を述べる機会を持つことや、定例会では全てのチームから必ず発言をするといったルールを作ることなども良いやり方である。

また、後出しじゃんけんをしないことも重要だ。問題が発生したときにすぐに報告し、タイムリーに対応することで、手戻りを防ぐことができる。特に、問題が発生した際にはすぐに共有し、関係者全員で対策を協議することが、大きな手戻りを防ぎ、プロジェクトを予定通り進行させるために不可欠と言える。

④部門間・機能間での連携・助け合い

部門間・機能間での連携と助け合いは、ＤＸを「早く」進めるための重要な要素だ。連携を促進するためには、まずそれぞれの責任分界の外側に対しても支援する姿勢が大切だ。主役は各部門だが、他部門の職掌・責任範囲に対しても、助言や支援を躊躇せずに行うことで、全体のパフォーマンスが向上する。プロジェクトマネジャーが現場の意見を取り入れやすい環境を作り、ビジネスアーキテクトがその意見に基づいてビジネスモデルを具体化するなど、お互いが働きやすくなるよう支援し合うことで、よりスムーズな業務運営が可能となる。なお、当然のことながら、全体統制の中でプロジェクトを進行させるためには、意見の反映においてはそれぞれの責任分界を守ることは前提であり、また、助言や支援においては他部門の状況や検討経緯を踏まえたものとすることで、連携が検討を不要に覆すような逆効果を生まない配慮が重要である。

次に、連携する過程で過ちを早期に発見し、正すことが重要だ。正しい失敗は、小さな気づきのタイミングで見つけられるものだ。ＤＸプロジェクトであっても、どうしても正常バイアスはかかってしまうため、何か違うと感じたときに立ち止まって確認する姿勢を育む必要がある。

また、他プロジェクトでのナレッジを横展開することも大切だ。成功体験だけでなく、失敗体験も共有することで、全体の学びが深まる。新しいシステムの導入がうまくいかなかった場合、その失敗の原因と対策を他のプロジェクトに共有することで、同じ過ちを繰り返さないようにすることなども重要である。このように、現象だけでなく、その背後にある原因も含めて共有することで、組織全体の知見が向上する。

〈3〉経営層による現場リーダーの活かし方

現場リーダーが「早く」ＤＸを推進するためには、経営層も適切にサポートする必要がある。

まず、経営目線で頻繁に合意を形成することが重要だ。例えば、新しいプロジェクトの方向性や目標について、定期的に確認し、修正すべき状況は早期に検知し、新しい内容で合意を得ることで、現場リーダーが迷わずに進めるようになる。

また、経営層はトップダウンで判断する立場であり、その判断は迅速に行うべきである。そして、仮に判断結果を変える場合は、一部の者に指示してこっそりと変更したりせずに、しっかりと全メンバーに伝えることが大切だ。これにより、現場リーダーは最新の方針に基づいて動くことができる。

さらに、委譲した部分については口出しをしないことも重要だ。現場リーダーが自らの判断で行動できる環境を整えることで、ＤＸのスピードが加速する。例えば、製造業の企業で、新しい生産ラインの導入を決定した場合、経営層が大枠の方針を示し、具体的な実施は現場リーダーに任せるといった形が理想的だ。これにより、経営層と現場が一体となってＤＸを「早く」推進できるようになる。

3 低コストの実現

〈1〉「まやかしＤＸ」が抱える失敗リスク

「まやかしＤＸ」では、モダナイを実行した企業は、レガシーとなって運用費が高止まりしていたインフラからは脱却した一方、本質的なコスト見直し、抜本的な省力化などは行われなかった。これからのＤＸでは現場リーダーはアーキテクチャをシステム・ビジネス双方から見直し、民主化した技術を活用し、標準化・自動化を最大限に活用することで、ＤＸを「安く」実現し、業務遂行コストを「安く」する責任を持つ。このような、これまでほぼ考慮されなかった「安く」への挑戦をする現場リーダーは、様々な失敗リスクをコントロールする必要がある。

まず、システム代替や自動化によって手作業を減らすことにより、業務品質が低下するリスクがある。手作業で行っていた業務をシステムに移行する際に、その業務を支える暗黙知をうまく標準化し、システム仕様に具体化することができなければ、重要なプロセスが漏れ、業務品質が落ちることがある。例えば、製造業において、熟練工が行っていた品質チェックをシステムに任せる場合、チェックポイントの全てを正確にプログラムに反映できなければ、不良品が増えるリスクが高まるのは当然のことである。

次に、不適切なツールやソリューションの選定によるコスト高止まりのリスクもある。将来を意識したスケーラビリティを念頭においても、身の丈に合わないソリューションを選んでしまうと、導入コストが予算を超過する。また、必要以上のサービスレベルを求めてしまうと、過剰な運用コストが発生する。ＤＸによりコストを抑えるつもりが、かえって高くなってしまうのだ。

また、新しいシステムやツールを導入する際、社員は利用時に不明点を往々にして自己解決する必要があり、業務負荷が増大するリスクがある。新しいやり方を習得することに時間がかかり、社員が慣れるまでに多くの作業工数が必要となり、短期的には業務効率が低下してしまうのだ。

ここで、ある不動産企業が賃貸物件の営業管理のＤＸを「安く」実施しようとして、成功しなかった事例を紹介したい。その企業はエクセルで管理していた営業活動データや日報、売り上げ見込みを一元管理し、顧客管理情報の充実と従業員の成果管理を実現することを目指した。ＳａａＳソリューションの導入で検討したが、複雑かつ詳細情報まで管理し、いわゆるＥＲＰシステムとＡＰＩ連携できるような「身の丈に合わない」ＳａａＳソリューションを選定してしまった。「安く」導入できるはずが、思ったほど安い金額にはならず、また、モバイル端末からも入力できる等の売り文句はあったものの、これまで作り込まれたエクセルで営業活動を登録していた従業員にとっては、情報を正しく登録できず、業務品質が落ちてしまう状況になってしまった。利便性が高く導入しやすいＳａａＳソリューションの利用であっても、業務要件をしっかり把握し、真に必要となる機能やデータ、外部連携の要件などに絞り込み「身の丈に合った」選択をするべきだと言える。

〈2〉コンピテンシーを活かした現場リーダーの動き方

このような失敗リスクをコントロールし、「安く」ＤＸを実現するために効果的なコンピテンシーとそれを活かした現場リーダーの動き方を四つ紹介しておこう。

①民主化している技術の徹底活用

現場リーダーがＤＸを「安く」成功させるためには、民主化している技術を最大限に活用することが求められる。デジタルの特長は、コピーが容易であり、生産性が無限大に高められる点にある。横展開ができ、他で成功したものを再活用できる。さらに、疎結合なインタフェースを通じて、異なるシステムやアプリケーションを柔軟に連携でき、サービスや業務実現の幅を広げられる。このような特徴を念頭に、基盤とアプリケーション、管理と利用の組み合わせを巧みに活用することで、デジタル技術の真価を引き出すことができる。

例えば、クラウド基盤を利用することで、初期投資を抑えつつ、必要に応じてリソースをスケールアップできる。また、クラウド上で提供されるＳａａＳを活用することで、迅速にサービスを展開し、運用コストを最適化すべきだ。そのためには、先進技術の利用可能性、今後の展開可能性などに関する情報収集・理解は非常に重要である。

外部パートナーを活用することも重要だ。全てのデジタルサービスを内製化する必要はない。専門知識を持つパートナーと連携し、餅は餅屋に任せることで、自社のリソースを効率的に活用できる。例えば、データ分析に強いパートナーを選び、自社の持つ顧客データの解析を依頼することで、外部リソースも掛け合わせた自社では得られない深い洞察を得ることができる。

なお、これからの時代、生成ＡＩは必須のツールと考えるべきであろう。生成ＡＩを活用することで、例えば、顧客対応の自動化やパーソナライズされたサービスの提供が可能となり、顧客満足度の向上に寄与する。チャットボットを導入し、24時間３６５日の顧客対応を実現し、問い合わせ対応の迅速化とコスト削減を同時に達成することなどは典型的な利用事例だろう。

②体験の重視

「安く」ＤＸを実現するためには、体験を重視する姿勢が重要となる。そのための第一ステップはユーザーが直感的に操作できるインタフェースをデザインすることだ。これにより、システムを使うハードルが下がり、新たなサービスの普及コストが下がり、精神的なハードルを低くして「安く」ＤＸを展開することができるからである。

次に、業務プロセス・ビジネスモデルにおいて、最低限の人の関与や判断ポイントを明確にすることが重要だ。人手による作業は不正確さや感情に左右されることが多く、時間もかかるという特徴を持つ。このような特徴、すなわち人間の感性や判断が必要となるポイントを絞り込み、それ以外の部分はできる限り自動化することで「安く」業務遂行が可能となる。体験を重視するからと言って、全ての体験を人手をかけてカバーするという発想ではなく、人とシステムの分界点を明確にし、システムをうまく使うことが、体験を「安く」実現するポイントになる。

また、パターンを増やしすぎないことも重要なポイントだ。管理できる範囲でプロセスを整理し、複雑さを避けることが求められる。例えば、顧客対応のパターンをシンプルにし、標準化したフローで業務遂行する。これにより、サービス品質を担保しつつ、顧客にもわかりやすい環境を作り「安い」DXを可能とする。「人の勘」は、往々にして思い込みであったり、偶然であったりして、実はビジネス価値を創出していないケースは少なくない。物足りないくらいのシンプルさが、効率化にも、サービス向上にも効果的である場合も少なくないことを理解し、モデル化・システム化に取り組むべきだ。

具体例として、ある製造業の企業がDXを推進した際の事例を挙げておこう。この企業では、従来は紙ベースで行われていた在庫管理をデジタル化し、直感的なUIを持つ在庫管理システムを導入した。目視での定期的発注に慣れていた社員は、初めは都度の利用量登録などに対して抵抗を示したが、使いやすいインタフェースと、関連業務に溶け込んだ作業の流れにより、すぐに日常業務として取り組めるようになった。さらに、在庫のチェックや発注業務を自動化することで、担当者の作業時間を大幅に削減し、リアルタイムでの在庫状況把握が可能になった。このように、体験を重視し、従業員負荷を意識することは、スムーズな導入をはかる上でポイントとなる。

③システムに頼る

DXを推進する現場リーダーは、システムに正しく頼り、自動処理を積極的に活用する姿勢が重要となる。生成AIの適用により、定型業務にとどまらずパーソナライズされた情報を用いるべき業務などにおいても手作業が自動処理される時代が到来している。いたずらに不安がらずに、人が介在しないシステムがサービスの裏側で稼働し作業が完遂される「体験」をポジティブに捉えることが重要である。手での転記によるデータ入力や集計作業は、システム間連携等による自動化、リアルタイム化に置き換え、手作業での「念のため」の再チェックを撲滅し、「デジタルが走った結果を使って人が考える」世界を創るという発想を持つべきなのだ。

また、ＡＩという新規技術を、自律的判断での自動処理や予測、最適化を担う、抜本的にプロセスを変革させるための手段として捉えることも重要だ。ＡＩにより大量のデータを迅速かつ正確に分析し、人が介在しない自律的な判断で業務品質が向上し、これまでにない精度で予測や最適化が可能となるため、これまで人が判断したり、明確なルールを都度定義していたりした箇所まで自動化し、リアルタイムで正確な処理を行うことも実現できる。

なお、ＡＩを活用する際には、データの質と量が成果に直結するため、データマネジメントの強化をあわせて実施すべきである。あるべき姿、ビジネスモデルを示し、必要となるデータを信頼性が確保できる形で収集・管理し、ＡＩがそのデータを効果的に利用できる環境を整備することが重要なのだ。また、ＡＩを用いた事業推進においては、学習データを継続的に収集し、それを用いた改善とチューニングにより、ビジネス価値が大きく向上する点も考慮すべきである。そのためにも、定期的にパフォーマンスを評価する仕組みは必須であり、必要に応じてモデルをチューニングすることで、ＡＩの精度と有用性を高めるべきである。

ＤＸにおいては、業務品質の向上も重要な課題であり、デジタルを用いた新しいやり方を前提とした新しい品質担保のルールを採用するべきであり、同時に効率化を図るべきだ。例えば、新しい

ＣＲＭシステムを導入し、顧客情報の管理を従来の手作業から自動化に切り替える場合、初めはベテラン営業マンのコミュニケーション記録が適切に管理されず、日報などの情報が貧弱になるなど品質が一時的に低下するかもしれない。しかし、システムの運用を通じて、顧客訪問数や連絡回数などの定量データをどのように活用するかも含め、ログや分析機能を活用してシステムの問題点を特定し、新しい品質向上策を検討し業務品質を育てることで、勘と手作業で担保していた業務品質を上回る品質の可視化・追跡・担保が可能になる。

また、過渡期におけるデジタルに対するリテラシー不足や理解不足に対しては、トレーニングを強化するだけでなく、システム自身にサポートしてもらうやり方も視野に入れたい。ＤＡＰ（Digital Adoption Platform）はそのための有力な手段である。ＤＡＰは、システムの画面上にガイドを表示したり、操作手順を示したりすることで、ユーザーが迷わずに作業を進められるようにするツールだ。システムの利用者が操作方法や機能についてリアルタイムで支援を受けられる仕組みとすることで、良い「体験」を通じてリテラシーの向上を図ることができるだけでなく、採用している「標準業務プロセス」の課題も分析でき、迅速な改善を図ることもできる。

④最適解への模索

ＤＸを「安く」実現するためには、最適解に最短で辿り着くことが重要となる。すなわち、最適解への模索を効率的に行い、効果を確実にかつ段階的に高めることが重要である。前節で解説した通り「早く」ＤＸを成功させるには「正しい失敗をする」ことが必要であるが、「安く」ＤＸを成功させるためにも「正しい失敗」は欠かせない。すなわち、小さく始めて大きく育てること、最初から大規模な投資を避け、リスクを最小限に抑えながら進めることが、手戻りを最小化し「安く」することに効果的だからである。

また、デジタル技術の優れた点の一つは、ログが取れることである。この特徴を生かし、客観的なデータに基づいて利用状況を定期的に分析し、課題を洗い出すことが、「安く」DXを成功させることに寄与する。ここで注意すべきは、課題の洗い出し後には、恣意的にではなく、客観的な事実・根拠に基づき優先順位を設定し、やるべきことを絞り込むことである。データに基づいた公正な評価を経るプロセスとすることで、「まやかしDX」にありがちだった「過去の成功体験にとらわれる」ことから脱却し、最適な方向に進むことが可能になるのである。

さらに、「安く」DXを成功させるためには、初期段階から、将来的に取り組みを拡大できるような計画とすることが重要だ。そのためには、地道に「DX」を推進する仲間を他の部門・組織にも増やしておくことが必要である。アンバサダーと呼ばれる支持者を増やすことで、プロジェクトが進む中、対象を広げたり、横展開をしたいと希望する部署が出てくる土壌が整う。また、システムの拡張性の担保は必須となる。そのためにはクラウドの採用は有効な手段である。クラウドを採用することで、スケーラビリティを確保でき、プロジェクトが拡大する際にも柔軟に対応できるのだ。

〈3〉経営層による現場リーダーの活かし方

DXにおいては、機能・業務要求が膨れ上がることによりコストが高止まりしてしまうことを理解している経営者は多いが、過度な非機能要求がコスト高の要因になることに無自覚・無理解な経営者は少なくない。すなわち、「安い」ＤＸを実現するためには、機能・業務要求に対する「過剰さ」をコントロールするだけでなく、非機能に関しても「身の丈に合った」要求に抑えるべきだと経営層が理解することで、現場リーダーは、「安い」ＤＸの現実解を模索できるようになる。

クラウド時代のＤＸにおいて、「身の丈に合った」非機能要求の考慮点は主に四つある。

一つ目は可用性。クラウドサービスでは99・5％での稼働率を保証するケースが一般的である。そのため、これを上回る可用性要求はコストを大幅に引き上げる。例えば、24時間３６５日休みなく稼働することを保証するには、冗長化や複数のデータセンター利用が必要になる。可用性を確保するための基本的な冗長性は必要であり、業務遂行に見合った稼働率の保証は検討すべきであるが、全てのシステムやサービスで、闇雲に完璧な可用性を求める必要はない。また、顧客ニーズのみならず、利用実態も含めての業務遂行レベルを見極め、サービスごとに可用性のレベルを判断することが重要である。

二つ目はセキュリティ。サイバーインシデントが大きな社会問題になっている昨今、セキュリティ対策は必須だが、同時に過剰なセキュリティ要求もコストを押し上げる。全てのデータを最高レベルの暗号化で保護する必要はない。データの重要度に応じて、適切なセキュリティレベルを設定するべきだ。例えば、内部データと顧客データ、個人情報はセキュリティ要求が異なり、管理方法は異なるものになる。再現できるデータと不可能なデータも扱いは変わる。リスク評価を行い、適切なセキュリティ対策を講じることで、無駄なコストを抑えることができる。

三つ目は信頼性。システムの信頼性を確保するためには、フォールトトレランスや障害時の自動復旧機能が必要だが、これも過度になるとコスト増につながる。ここでも、リスク評価が鍵となる。リスク評価を踏まえ、信頼性の必要性を評価し、サービスの重要度に応じた対策を講じるべきである。

最後がパフォーマンス・処理性能である。顧客満足度を高めるための手段でもあり、レスポンスが遅いサービスは死活問題になるともいえ、高性能なシステムは魅力的だ。しかしながら、全ての処理において高い処理性能が必要なわけではない。過剰な処理性能要求はハードウェアやクラウドリソースのコストを引き上げる。システムのパフォーマンス要件を適切に見極め、必要な部分を特定し高性能を求めることが重要になる。例えば、リアルタイム処理が求められる部分と1日1回のバッチ処理で十分な部分を区別し、それぞれに適したリソースを割り当てることを許容することで、顧客満足度と低コストのバランスを確保することを目指す。

経営層は、これらのポイントを理解し、現場リーダーに対しバランスの取れた非機能要求を行う、もしくは許容することで、効率的なDXを推進し、コストを抑えることができるだろう。段階的な成果創出に向けても、現場リーダーに適切な評価と見直しを繰り返させ、無駄なコストを防ぎ、効果的なデジタル変革を実現するべきなのだ。

4 確実な成果創出

〈1〉「まやかしＤＸ」が抱える失敗リスク

破壊と創造のＤＸは企業の競争力強化を目指すものであり、確実な成果創出は必達事項である。ＤＸを「早く」「安く」実現しても、成果が創出されなければ本末転倒である。

「まやかしＤＸ」では現在の延長線上の成果を目指していたのに対し、これからのＤＸでは抜本的な変革を行い、かつ、継続的な見直しを通じて、バリューチェーンやライフサイクルの積算として、大きな成果を創出することを目指す。このようなこれまでと真逆のアプローチで「確実な成果創出」への挑戦をする現場リーダーは、様々な失敗リスクをコントロールする必要がある。

まず、抜本的な見直しによる痛みをどのように受け入れられるかが課題となる。従業員のスキルや知見が無駄になるのではないか、という不安が抵抗を生み、ＤＸが進まないリスクをコントロールする必要があるのだ。第５章でリスキリングについて解説した通り、新たなビジネス価値を生み出せるような人材開発を行うことも一手ではあるものの、より根深い業務意識への働きかけや組織変革も含めた取り組みも検討課題だろう。

切り捨てるべきものを誤るリスクも頻繁に起こり得るものだ。第４章で解説した通り、ＤＸの過程では、過去の成功体験に固執せず、現在の「金のなる木」を見極め、変革の対象にすることが重要だ。例えば、現在の主要製品やサービスが将来的に競争力を失う可能性がある場合、早期にその事業を見直し、新たな成長分野に資源を投入することが求められる。しかし、これには正確な分析・評価・判断が必要であり、花形にならない金のなる木の変革に注力する、花形の段階的展開方法が無謀すぎる等の誤った選択をしてしまうと、DXの成功は不可能となる。

また、他部署のことが視野に入らず、取り組みが限定的になってしまうリスクへの対応も重要だ。DXの成果を最大化するためには、個別の取り組みが他の事業や部門にも波及するように計画する必要がある。しかしながら、各現場が横展開を意識し、適切に他部門や他企業との連携を強化することは難しく、また経営層が横断的な検討を調整・支援できずに、全社的な展開にまで至らないケースは非常に多い。また、経験や人的ネットワークの欠如から、自部署・自社に閉じることも非常に多く、例えば、エコシステムを活用し、外部パートナーとの協力関係を築くに至らないこともよく見られる事象と言えよう。

〈2〉コンピテンシーを活かした現場リーダーの動き方

このような失敗リスクをコントロールし、「確実な成果創出」を果たすDXを実現するために効果的なコンピテンシーと、それを活かした現場リーダーの動き方を四つ紹介しておきたい。

①全ての人にインセンティブ

破壊と創造のDXが痛みを伴うものである以上、痛みを乗り越えるためには、DXに関わる全ての従業員にインセンティブを提供することが効果的である。DXによってこれまでと異なる役割になり、新たなスキルを獲得しなくてはいけなくなる従業員は多数発生する。これらの従業員が大きな不安を抱えることなく、前向きに取り組めるようにすることが、抵抗勢力を減らし、組織全体としての成果を高めるために不可欠な要素であることを理解すべきだろう。そのためにも、組織として、DXの取り組みをスキル評価や給与評価に反映させ、まずは業務としてDXに積極的に関与できるようにすることが大切なのである。

熟練従業員に対するインセンティブを考える際、新たなスキルを獲得することはこれまでのスキルや知見が前提となり、これらは無用なものにはならないことを前提とすべきだ。リスキリングを行うとしても、全く新たな業務に転換するのではなく、これまでの知見・ナレッジをデジタルに転換させ、新たなビジネス価値を生む基盤とすべきなのだ。そのための一つとして、システム導入時の要件検討において、熟練従業員が保有する暗黙知を形式知化する取り組みを盛り込み、従業員の経験を役立たせる方法を取り入れるのもよい。

また、当然のことながら新しいやり方でも熟練従業員が自身のビジネス価値を存分に発揮できるようにするためには、デジタル活用スキルを身につけるリスキリングが重要だ。紙ベースの業務知見をデジタル対応に変換することで、従業員は新たな時代に適応し、より高度な貢献ができるようになる。また、部門を超えてのナレッジなどの展開も対象とすることが重要である。これまでの経験を活かせる場所は、今の部署のみではない。品質向上や効率化のためのノウハウは、従来の基本的な考え方・仕組みが応用可能であるケースは多く、より広く展開する、他部署と協業することなどもインセンティブに含めるべきだろう。

もう一つ重要な取り組みは、チェンジマインドである。熟練従業員に過去のやり方は、そのままでは現在のデジタル前提の時代には適さないことと新たなやり方がビジネス価値を大きく高めることを理解してもらうことが重要なのだ。これにより変革への抵抗を減らし、積極的に新しい方法を採用する姿勢を後押しすべきだ。長年の経験を経てスキルナレッジを蓄積してきた従業員ほど、現状に対する愛着は強く、変革に対しての不安・恐れ、そしてその意義に対する大きな懸念を持つ傾向にある。その懸念・不安を乗り越えられるようにするためには、新しいことに取り組むことができるようなマインドになること、新しいやり方に変えることこそが生き残る道であり自身にもメリットがあること、そしてそれを自身がやり遂げられるということを自分事の発想として持てるように促すべきなのだ。

新規サービスやビジネスプロセスの担当者に対しては、新たな取り組みで成果を出すことが評価される仕組みをインセンティブ設計に盛り込むとよいだろう。例えば、営業ＫＰＩを見直し、既存サービスではなく新規サービスの売上に比重を置くことが考えられる。他にも、新しいビジネスプロセスでのレポート作成には柔軟なスケジュール管理を認め、既存のプロセスには厳格な管理を適用することで、革新を促進するやり方も考えられる。

なお、インセンティブの提供方法としては、報酬だけでなく、認識や評価の場を設けることも有効だ。例えば、月例の社内報告会での表彰や、社内ＳＮＳでの成功事例の共有など、従業員が自分の成果を実感できる場を設定することで、モチベーションを高める機会にできるかもしれない。

ある製造業の会社がＤＸを推進する過程で、全従業員に対してインセンティブを提供した事例がある。この会社では、従業員のスキル評価にＤＸ取り組みを反映させ、特に熟練従業員には新たなデジタルスキルの習得を奨励した。デジタルリテラシーの獲得状況を確認できるような、資格試験の受講を推奨し、勉強会の開催や資格取得への報奨金も用意したのである。また、ＤＸにより新規に提供を開始したサービスの売上目標を高くすることで、新しい取り組みを積極的に進める文化を醸成した。この結果、従業員のモチベーションが向上し、ＤＸの取り組みが加速した。

このように、ＤＸ推進において、現場リーダーは従業員一人ひとりのモチベーションを引き出し、全体の成果を最大化する役割を担う。企業が用意するインセンティブを活用し、全員が主体的に関与できる環境を整えることが、成功への鍵となるだろう。

②複製と再利用

確実な成果創出には「複製と再利用」が効果的である。デジタル技術の特長は「コピーが容易であり、生産性を無限大に高められる」点であり、あるところで生み出したビジネス価値を正しく横展開できれば、成果創出の確実性がさらに高まる。

複製と再利用にあたっては、「コピー&ペースト」というアプローチではなく、「コピー&適応&ペースト&調整」というアプローチとするのが効果的だ。適応においては、原則として現行プロセスを「コピー」プロセスに合わせるやり方とすべきであるが、完全一致させる必要はなく、幹はそのままにし、枝葉は取捨選択して最適化するといった導入方法で従業員の自由度を残したい。また、最適化においては、他システムとの連携や法令順守などの制約事項をどのように合理的に対処するかは必須検討事項である。

調整においては、新しいシステムやプロセスに対する抵抗を減らし、スムーズに業務移行できるようにするために体験の微調整を行うとよい。例えば、例外処理やトラブル対応の明確化、導入初期のナレッジ蓄積・共有の強化などの取り込みが考えられる。これにより、途中の「適応」だけでは残ってしまう様々な「摩擦」を解消し、DXの定着のスムーズさを高めることができる。

また、再利用を効果的に行えるようにするために、アセット化（IT資源を意味のあるまとまりとして扱い、資産として活用できるようにすること）を進めることが重要だ。その際、APIを多用し、システム間の連携を容易にするアーキテクチャを採用したい。また、アセット化をする際の集約単位としては、機能をモジュール化して組み合わせやすくするだけでなく、その使い方もパッケージ化することで、再利用の効率を高めることができる。さらに、再利用パターンやモデルを作成すれば、横展開が加速し、会社全体の効率が向上する。

具体例として、ECサイトの事例を挙げておこう。ある企業がSaaSソリューションを利用してECサイトを立ち上げた。その後、複数のブランドや地域に展開する際に、再利用と適応のプロセスを徹底した。まず、SaaSが提供するテンプレートを前提としつつ、各ブランドの特性や地域のニーズ、法規制に応じて適応を行った。例えば、ブランドごとの商品カテゴリやプロモーション戦略を調整し、各国・地域の個人情報保護や独占禁止法などの法令順守を徹底した。また、APIも多用し、ブランドや商品ごとのマーケティングツールや経営マネジメントツールとも連携できるようにし、アセットの再利用による横展開を容易にした。このような機能の使い方も「再利用パッケージ」として形式知化することで、各ブランドや地域に最適化し、確実な成果を出すことが可能になったのである。

③プラットフォーム活用・エコシステム

「プラットフォーム活用・エコシステム」の活用もまた、確実性を高めるための発想法だ。様々なクラウドサービスが民主化し、技術者がシステムインテグレーター（SIer）に多く所属する日本では、内製化人材で自社のソリューションのみを使ってビジネス展開をするのは、割り勘効果を享受できずコスト高になるだけでなく、共創によるビジネス機会を逃し、「確実な成果」を得られない。

プラットフォームに参加するときには、どのプラットフォームにどう参加するかをしっかり検討すべきだ。プラットフォームに参加する以上、既存のルールと確立されたガバナンスに従わなければならない。自社のデータの管理権を守ることも重要である。自社を取り巻く市場・環境を踏まえ、どこを頼り、どこを守るのか、その見極めが成功の鍵となる。

なお、プラットフォームには、生産者（売り手）と消費者（買い手）をつなぐモデル、参加者が同じ立場でコミュニケーションするモデルの双方がある。ビジネスモデルを実現する際に、どちらの類型が使い勝手が良いかを考え、自社の立場をどこに置くかを考えてプラットフォームを選ぶべきだ。例えば、ECプラットフォームを利用する場合、自社を売り手としてのみ位置付けるのか、あるいは売り手のみならず、他の売り手と買い手とのマッチングまでビジネスとして実施するのかによって、利用すべきプラットフォームは大きく異なる。

プラットフォームベースのサービスを実現する際、プラットフォーム提供事業者を含めた外部パートナーとの共創を最大限に活用するためには、エコシステム全体の視点を持つことが重要だ。エコシステムとは、自社と外部パートナーが相互に補完し合い、ビジネス価値を共創する環境のことを指す。これにより、単独では成し得ない大規模なプロジェクトを迅速かつ効率的に実現できる。

例えば、自社製品の販売を強化するために、ECを展開する際に、ECプラットフォームの活用にとどまらず、外部の物流企業やマーケティング企業と連携することで、製品の配送から販売促進まで一貫して管理することができる。これにより、顧客満足度の向上や販売促進の効率化が図れるだけでなく、新たなビジネスチャンスも生まれる。

④ 技術の最前線を理解する

確実な成果を創出する現場リーダーの動き方の一つに「技術の最前線を理解する」がある。良いツール、すなわち、良い技術の採用は成果創出の源になる。そのため、現場リーダーは他社事例や他業界事例を含め、今の技術で何ができるか、今後どのようなことができそうかについてアンテナ感度を高く持つべきだ。技術の最前線を理解するためには、常に情報収集を行う必要がある。例えば、最新の技術動向を把握するために定期的に展示会に参加し、ベンダーが提供する技術白書や調査会社のレポートを読むことで、プロダクトディレクターは将来の技術進化の確からしい仮説を立案して決断を行うことや、顧客インタビューで彼らが未来に期待するものを技術的な裏付けをもって深掘りすることが可能となる。また、他社事例を研究し、どのような技術がどのように使われているのかを学ぶことで、ビジネスアーキテクトは選定した技術が将来的な拡張や変更に対応できるかどうかを具体的に評価できるようになる。

その上で、「あるべき姿」をどのように達成するか、どのような技術で実現するかは、仮説思考で考えることになる。「確実な成果」を目指す一方で、100%成功する保証がある技術方法論は存在しない。あくまで定義できるのは、確からしい、確度が期待できる「仮説」なのである。

よって、DXを成功に導くためには、失敗リスクを考慮して大きく賭けすぎないことも重要だ。まずは実験PoC（概念実証）を行い、自社に合った技術を見極める。すなわち、PoCによって小規模で技術を試し、その成果を評価するという手順を踏むべきだ。そして、PoCで終わらせないためには、PoCを展開するための条件やクライテリアを最初に決め、前向きに進めることが大切だ。例えば、PoCの成功条件として、業務効率が20%向上すること、コストが10%削減されることなどを設定する。これにより、PoCの成果を客観的に評価し、成功した場合には迅速に全社展開を行うことができる。

例として、ある製造業の企業が新しいIoT技術を導入し、工場の生産効率を向上させた事例がある。この企業は、まずは小規模な工場でPoCを行い、IoT技術が生産ラインの監視とメンテナンスにどのように役立つかを評価した。PoCの結果、故障予測とメンテナンスの効率が大幅に向上したため、全社的にIoT技術を展開し、生産効率を全体的に向上させることができたのである。

〈3〉経営層による現場リーダーの活かし方

確実な成果と早い・安いは両立が難しい。それに果敢に挑戦するのがDXであり、技術が民主化し、誰もがDXに取り組む時代ではあっても、成功確率は高くないと経営者は意識することが必要である。

もちろん、それでもなおこの難しい挑戦が抱える失敗リスクをコントロールし、ＤＸで「確実な成果」を上げる方法は存在する。リスク対応に必要なコストを計上し、リスク対策計画に沿った対応を行うことが前提であり、さらには前項で述べた通り「全ての人にインセンティブが感じられる環境整備」が重要であることから、経営層はそのための組織編制や人事制度を整えるべきである。一部の企業では、職能給や、ジョブ・ディスクリプションを利用した職務定義などの仕組みを取り入れ始めているが、それぞれの従業員がＤＸにどのように取り組むべきか、役割と責任を可視化することで、評価をしやすくなり、また、その妥当性も担保できる。

また、これまでの成功体験を経た従業員がチェンジマインドできるようなチェンジマネジメント・文化風土の見直しも重要となる。現場のやり方を変えることを「是」とするためには、それを「是」とする評価基準・文化風土が前提となるからだ。高いエンゲージメントを持つ従業員なくして変革は成功しない。ＤＸの成功は、企業の最大の試算である「従業員」の動き方にかかっているといっても過言ではない。ＤＸにより企業文化を発展させ、働き方を変えるためにも、企業に対する従業員の意識を強め、互いに共創するビジネス価値を認める文化・風土づくりを同時に実施することが不可欠だと言えるだろう。

おわりに

これまでの「まやかしＤＸ」であっても、当然ながら成果と無縁ではなかった。例えば、老朽化したシステムの刷新や、クラウドへの移行といった取り組みは、企業のインフラをモダン化し、処理のカイゼンに寄与してきた。しかしながら、こうした成果は、真の競争力強化や市場価値の創出とは程遠いものであったことを読者は本書を通じて理解いただけたことと思う。

現在の企業環境では、生成ＡＩをはじめとする先進技術を使ったＤＸへの不断の取り組みが当たり前となり、常に競争力を強化し、市場での価値提供を目指すことが求められている。したがって、まさに今こそ「まやかしＤＸとの決別！」をするタイミングなのだ。経済産業省では、ＤＸ経営による企業価値向上に向け、２０２４年９月に「デジタルガバナンス・コード」を３・０に改訂した。そこで新たに提言された三つの視点五つの柱は、奇しくも本書で解説したアプローチと類似のものとなっている。本書でご紹介した、五つの「まやかしＤＸとの決別！」の実践方法を通じて、ＤＸの成功に向けた具体的なステップや、実際のビジネスに応用する方法を具体的に学んでいただきたいと考えている

筆者は、日本企業の潜在能力は非常に高いと捉えている。日本の企業文化は、まじめで丁寧、着実に進めるという特長を持っている。しかし、同時に保守的であることが変革を妨げ、デジタルという新しい技術をうまく使いこなせない要因ともなっている。だからこそ、正しい「あるべき姿」

を描き、ビジネス目線でＤＸを紐解き、システム導入やデジタルサービスの提供・利用を行うことが重要である。その一連の取り組みのヒントとして、本書を参考にしていただきたい。

なかでも現場リーダーには、ぜひエコシステムづくりに取り組んでいただきたい。エコシステムとは、企業内部だけでなく、外部のパートナーや顧客、さらには競合他社とも連携し、共に成長する仕組みを指す。仲間の輪を広げ、刺激し合いながらイノベーションを生み出し、Win-Win の関係を築くことが、明るい未来の創造の原点となり、社会全体に広がるイノベーションの源泉となる。

そして、現場リーダーは、ＤＸ推進においてチームワークの重要性を活かしていただきたいとも考えている。ＤＸは一人で成し遂げるものではなく、多くの人々の協力と共創が不可欠である。様々なスキルセットを有するＤＸ人材が一丸となって取り組むことで、複雑な問題を解決し、新しい価値を創出することができる。個人のスキルや知識だけでなく、組織全体の協力と共創を可能とするためにも、オープンなコミュニケーションとフィードバックの文化を醸成し、チーム全体で問題解決に取り組む姿勢を育むことにもぜひ挑戦していただきたい。

本書は、筆者の25年超のＩＴ業界、コンサルティング業界、公共ビジネス業界で直面した課題、担当したプロジェクトでの経験、考察をベースに、共にもがき苦しんだ様々なお客様、同僚、友人からの情報共有、アイデア提供、助言・ディスカッションを通じ完成させたものである。特に、筆者が過去に勤務していた株式会社ローランド・ベルガーで日本代表を務めていらっしゃる大橋譲代表取締役からは、経営に対するＤＸの価値や経営者が取り組むべき企業変革などについて、多くの知見をご提供いただいた。様々な知見を有する多くのプロフェッショナルの多角的な視点からのご示唆により、本書には、実践的かつ具体的な内容、多数の失敗事例とその克服方法を盛り込むことができ、利用価値は大きく高まったと信じている。

また、本書の企画、執筆・編集にあたっては、日経ＢＰの渡辺一氏にご尽力いただいた。書籍執筆のイロハもわからぬ筆者が短期間でこの書籍を完成できたのも、渡辺氏のガイドによるものであり、心からの感謝を申し上げたい。

これからの時代、ＤＸは改めて重要なテーマとなるだろう。生成ＡＩをはじめとするデジタル技術の進化はますます加速し、ビジネス環境も急速に変化している。このような時代において、企業が競争力を維持し、成長を続けるためには、ＤＸを積極的に推進し、変革を恐れずに挑戦することが求められる。現場リーダーの皆さんが、この本を手に取り、自信を持ってＤＸに取り組むことで、企業の未来を切り拓いていくことを心から期待している。

２０２４年11月

横山 浩実

著者紹介
横山浩実（よこやま・ひろみ）
Gen-AX株式会社 プリンシパルコンサルタント
東京大学大学院工学系研究科機械工学専攻修了。総合系コンサルティングファーム、ERPベンダー、戦略コンサルティングファーム等を経て、現職では生成AIの社会実装のコンサルティング領域をリード。2021年よりデジタル庁にてビジネスアーキテクトも兼務。
大規模システムPMOや、DX戦略立案、ERPソリューション導入企画、クラウドソリューション等導入時の伴走の経験を有する。特に、新規性が求められる高度なプロジェクトでの変革推進やベンダー品質管理等を得意とする。

まやかしDXとの決別！
――生成AI時代を勝ち抜く真のデジタル事業変革

2024年12月5日　1版1刷

著　者　横山浩実

発行者　中川ヒロミ
発　行　株式会社日経BP
日本経済新聞出版
発　売　株式会社日経BPマーケティング
〒105-8308　東京都港区虎ノ門4-3-12
装　幀　OKIKATA
本文DTP　マーリンクレイン
印刷・製本　三松堂株式会社

ISBN978-4-296-12076-5　Printed in Japan